DEUTSCH EXPRESS!

WRITTEN BY TERRY HAWKIN

PRODUCED BY NICOLE CHURCH

LANGUAGE CONSULTANT ECKHARD BERKENBUSCH

BBC PUBLICATIONS

A BBC second-stage radio course in German
to follow DEUTSCH DIREKT!
First Broadcast from January 1987 on Radio 4 VHF
The series is produced by Nicole Church
The course consists of:
15 radio programmes
One course book covering the 15 programmes
A set of 3 cassettes
A guide for teachers

Diagrams by Mike Gilkes
Cartoons by Jim Hansen

Published to accompany a series of programmes
prepared in consultation with the
BBC Continuing Education Advisory Council
Published by BBC Publications,
a division of BBC Enterprises Limited,
35 Marylebone High Street, London WIM 4AA

ISBN 0 563 21184 9

First published 1986

Typeset in 9/11 Helvetica light by The Bath Press, Bath, Avon
Printed in Scotland by Thomson Litho, Glasgow
Cover printed by Malvern Press Limited, London

CONTENTS

The author and producer of this series would like to thank:

Roger Fletcher and Anthony Bussey for designing this book.

Iris Sprankling for reading the manuscript and making valuable comments and suggestions on the content of this course.

Jim Hansen for the cartoons.

Mike Gilkes for the maps.

INTRODUCTION

DEUTSCH EXPRESS! is a second-stage BBC German course. It consists of a series of fifteen radio programmes, a book of fifteen chapters, three cassettes and a Guide for Teachers. It follows *Deutsch direkt*! and is suitable for all home learners who wish to extend their knowledge of the German language, country and people. By the end of DEUTSCH EXPRESS! you should be able to cope successfully, not only with such situations as ordering food, finding accommodation and making enquiries about what's on, but also with conversations expressing opinions, intentions, wishes and feelings. Although the emphasis throughout is on the spoken language, there are opportunities for you to try out some simple written German.

The Radio Programmes

The fifteen radio programmes are based on recordings made in two very different parts of Germany: the Black Forest (Freiburg, Bad Krozingen and Staufen), where the interviewers were Rita Toussaint and

Rita

Arthur

Brigitte

Matthias

Arthur Tschuor, and Berlin, where the interviewers were Brigitte Mintz-Müller and Matthias Müller. You'll meet German people, going about their daily lives, talking about what they do and commenting on matters which concern them. You'll learn to understand what they say and to respond. The programmes will also contain language and grammar explanations and the opportunity for you to put into practice what you have learned.

The Book
Each chapter of the book has a different theme and corresponds to an accompanying radio programme. The introduction to each chapter is in English and gives some background information. There is a reference section towards the back of the book (*see page 288*), which contains a verb table, a range of answers to the exercises, the transcripts to the listening passages contained on the cassettes, and a glossary.

The Cassettes
Three BBC cassettes accompany the course. They contain most of the dialogues recorded in Germany, additional listening material (*Etwas zum Zuhören*), opportunities for pronunciation practice, supplementary language exercises and all exercises indicated with 😊 in the book.

Learning with DEUTSCH EXPRESS!

The course has been designed with the home learner in mind and therefore caters for many different individual needs. The first three units of the course give you the chance to revise the language needed in such situations as booking accommodation, travelling by train and asking the way. Each chapter of the book is divided into sections, allowing you to learn at your own pace and in your own way. The sections are as follows:

1 The Dialogues

These are transcriptions of the interviews recorded in Germany. If you have the cassettes, listen to each dialogue first, (indicated) replaying it until you've got the gist of it. It's really not so important to understand everything at first hearing, although it can seem frustrating. When learning a language, you'll find that with practice you'll understand a lot more than you thought. In fact, listening for gist is a very valuable skill, which you should try to develop. After this, have a go at the activity which follows and which is designed to help your understanding or to give you the chance to see how you would respond in a similar situation. Some words, with their relevant translation, are highlighted.

2 How to . . .

In the course of each chapter, you'll find a section called 'How to . . .' which gives you the basic structures and vocabulary you may need in a given situation – ordering drinks, or giving your opinion of the sights in Berlin. This section is really a revision guide for those who wish to brush up their German quickly, and is presented in such a way that the reader can learn phrases and particular structures without having to cope with grammar explanations.

3 Auf ein Wort!

Looks at word formation and vocabulary, including some 'false friends' – *Vorsicht!*

4 Übung macht den Meister

Gives some useful tips on how to brush up your pronunciation, with exercises linked to the cassettes.

5 Etwas zum Zuhören

If you have the cassettes, you can enjoy an extra passage for listening in every third chapter. (This is often related to the theme of the chapter.) Don't worry if you don't understand everything at once. Listen for gist comprehension at first. If you want to go into it in more detail, transcriptions are included in the book on page 326.

6 Reading for pleasure

This is a short passage which expands the theme of the chapter. In chapters one to three and in chapter fifteen it's in English, from chapters four to fourteen, in German (there is no reading passage in chapter 12). Again, you may at first reading be satisfied to read them for gist comprehension. More leisurely study will enable you to develop your vocabulary and your ability to acquire a deeper understanding of the written word.

7 Grammar

If at the end of the 'How to . . .' section you wish to know more, you can turn to the coloured pages at the end of each chapter, where the grammar points arising in the dialogues are looked at in more detail. All the examples used in this section are taken from the dialogues for easy reference. At the end of each explanation, there is an opportunity for you to put into practice what you've just learned, in an exercise called '*Jetzt sind Sie dran!*'

8 Zu guter Letzt!

At the end of each chapter you'll find an optional activity, which is designed for you to assess how well you've understood what you've heard and read.

Whilst it may be possible to make some progress with the book alone, it's essential to listen to the radio programmes to get the best from **Deutsch expreß**! and the cassettes offer a great deal more in the way of listening and speaking practice. Of course, if you can find another aspiring German speaker to practise with, or an adult education class to join, so much the better!

Achievement Test

At the end of the broadcasts, you can, if you wish, take an Achievement Test organised by the Royal Society of Arts, John Adam Street, Adelphi, London WC2N 6EZ. Details of this test, how to enter and how to obtain sample test papers will be given after the radio broadcasts.

The Government of the Federal Republic of Germany will award bursaries to the most successful and deserving candidates in the test. The winners will be able to visit Germany and try out their newly acquired knowledge.

And for those who want to take their knowledge of German further, BBC Radio will be broadcasting a third level course in German designed to follow on from **DEUTSCH EXPRESS!**

FINDING ACCOMMODATION
●
TALKING ABOUT A HOUSE OR FLAT

The *Schwarzwald* is said to be so called because the forest which covers the mountains is so dense that it seems black.

It may have, of course, its dark and sinister corners, lending themselves to suspicious goings-on. (Just think what happened to Little Red Riding Hood . . .) But since Jakob and Wilhelm Grimm trod their erudite path through the trees of the Black Forest, notebooks rampant, a lot has changed.

Today's visitors don't just want fairy-stories. They come for the spectacular beauty of the mountains and the lakes, and to take part in sports, winter and summer. They come for the climate, said to be the best in Germany, and to enjoy the picturesque elegance of Freiburg. They admire the mediaeval charm of Staufen and take the waters in spa towns such as Bad Krozingen.

The first job is to find somewhere to stay. Typical Black Forest farmhouses of the kind you see here often do let rooms, but perhaps we ought to go first to the tourist information office, to enquire what's available. (The German word *Fremdenverkehrsamt*, you'll notice, is being replaced by the more international *Informationsbüro*, or even just *Information*.

ein Doppelzimmer

ein Einzelzimmer

in der Stadtmitte

außerhalb der Stadt

mit Dusche und WC

 1 Here's Rita, looking for a double room with shower and WC, costing not more than DM100 a night and not too far from the town centre.

Angestellte	Guten Tag!
Rita	Guten Tag, ich bin gerade in Freiburg angekommen und suche ein Doppelzimmer. Haben Sie noch etwas frei?
Angestellte	Ja, wo suchen Sie denn das Doppelzimmer? In der Stadtmitte, oder etwas außerhalb?
Rita	Etwas außerhalb wäre mir eigentlich lieber.
Angestellte	Ja, suchen Sie es mit Dusche und WC oder ohne?
Rita	Mit Dusche, bitte, und WC.
Angestellte	Ja, dann müßte ich Ihnen mal den Plan zeigen, dann kann ich Ihnen zeigen, wo die Hotels liegen. In welcher Preisklasse suchten Sie es denn?
Rita	Ja, es sollte nicht so teuer sein.
Angestellte	Ja, also, es geht mit Dusche, WC etwa ab siebzig Mark los.
Rita	Ja, gut, so unter hundert. Also, das wäre mir schon recht.
Angestellte	Da käme in Frage beispielsweise im Ortsteil Günterstal, käme in Frage beispielsweise der Kühle Krug. Da kostet das Doppelzimmer zwischen achtzig und neunzig Mark mit Dusche, WC und Frühstück.
Rita	Ja, das ginge. Ortsteil Günterstal – gibt es da 'ne gute Verkehrsverbindung?
Angestellte	Ja, da könnten Sie von der Stadtmitte aus mit der Straßenbahn fahren, dann wären Sie etwa in zehn Minuten in Günterstal. Die fährt direkt durch.
Rita	Das wäre nicht schlecht.

Just in case, Rita asks about alternative accommodation . . .

Rita	Hätten Sie zur Sicherheit noch eine andere Möglichkeit?
Angestellte	Ja, beispielsweise in Kappel, im 'Kreuz', im Gasthaus Kreuz. Der Preis wäre zwischen sechsundsiebzig bis zweiundneunzig Mark je nach Größe des Zimmers. Nur wäre die Verkehrsverbindung dann nicht so günstig wie nach Günterstal. Da müßten Sie mit der Straßenbahn von der Innenstadt fahren bis Ortsteil Dittenweiler, und in Dittenweiler müßten Sie von der Straßenbahn in den Bus umsteigen, nach Kappel.
Rita	Ja, dann ziehe ich das Hotel in Günterstal doch vor. Machen Sie die Reservierung hier?
Angestellte	Ja, ich müßte jetzt telefonieren mit dem Hotel, und wenn ich für Sie vermittle und reserviere, kostet das pro Person drei Mark Vermittlungsgebühren.
Rita	Ja, das werde ich noch zahlen, und . . . ich möchte allerdings erst heute abend dort hingehen.
Angestellte	Ja, das geht, das ist . . . geht in Ordnung, ja.

- How would Rita get to the *Pension Kühler Krug*?
- How long would it take?
- What alternative accommodation is suggested?
- How would Rita get there?
- Which hotel does she choose?

außerhalb   outside
beispielsweise   for example
die Verkehrsverbindung   bus or train connection
zur Sicherheit   just in case
die Möglichkeit   possibility
je nach Größe   according to size
günstig   favourable
*um/steigen   to change
vermitteln   to act, do something for someone
die Gebühr   fee

Link up these German phrases with their English equivalents:

1 in der Stadtmitte

2 in welcher Preisklasse?

3 im (in dem) Ortsteil Günterstal

4 mit der Straßenbahn

5 zur Sicherheit

6 im (in dem) Gasthaus Kreuz

7 in der Innenstadt

☐ in the suburb of Günterstal

☐ in the Kreuz Inn

☐ for safety's sake

☐ in the town centre

☐ in the inner city

☐ in what price category?

☐ by tram

,,Ich suche eine kleine Ferienwohnung für sieben Personen. In der Stadtmitte. Unter dreißig Mark. In einer ruhigen Lage . . . und mit einem guten Parkplatz. Was könnten Sie mir empfehlen?''

HOW TO ASK ABOUT ACCOMMODATION

Guten Tag! Kann ich Ihnen helfen?

Ich suche	ein Hotel
Wir suchen	eine Pension
	eine Ferienwohnung
	ein Gasthaus
	ein Einzelzimmer
	ein Doppelzimmer

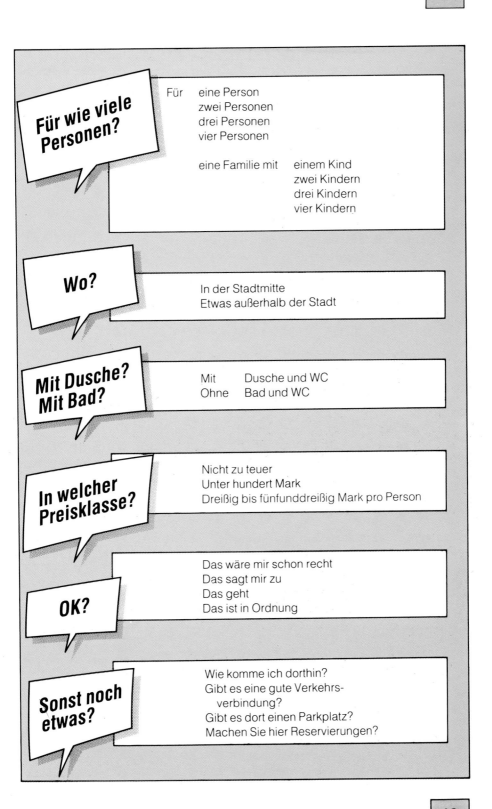

Für wie viele Personen?

Für eine Person
zwei Personen
drei Personen
vier Personen

eine Familie mit einem Kind
zwei Kindern
drei Kindern
vier Kindern

Wo?

In der Stadtmitte
Etwas außerhalb der Stadt

Mit Dusche? Mit Bad?

Mit Dusche und WC
Ohne Bad und WC

In welcher Preisklasse?

Nicht zu teuer
Unter hundert Mark
Dreißig bis fünfunddreißig Mark pro Person

OK?

Das wäre mir schon recht
Das sagt mir zu
Das geht
Das ist in Ordnung

Sonst noch etwas?

Wie komme ich dorthin?
Gibt es eine gute Verkehrs-
verbindung?
Gibt es dort einen Parkplatz?
Machen Sie hier Reservierungen?

JETZT SIND SIE DRAN!

 Im Fremdenverkehrsamt

Angestellte	Guten Morgen!
Sie	....
Angestellte	Kann ich Ihnen helfen?
Sie	*Say you're looking for a guesthouse.*
Angestellte	Außerhalb der Stadt, oder . . .?
Sie	*Say in the town centre.*
Angestellte	Für wie viele Personen?
Sie	*Say for a family with two children.*
Angestellte	In welcher Preisklasse?
Sie	*Say between 40 and 50 Marks.*
Angestellte	Im Gasthaus zur Krone ist der Preis zwischen 45 und 55 Mark. Geht das?
Sie	*Ask how you get there*
Angestellte	Von hier aus – fünf Minuten zu Fuß.
Sie	*Ask if there's anywhere to park there*
Angestellte	Ja, vor dem Gasthaus ist ein Parkplatz.
Sie	*Say that'll suit you fine!*

2 Not only tourists need somewhere to stay. Petra, a student, is looking for fun at some ads for vacant accommodation on a noticeboard at the University of Freiburg. She talks about the room she lives in, and how she found it.

Rita	Suchst du ein Zimmer?
Petra	Nein, ich such' kein Zimmer. Ich schau' nur so, zum Spaß.
Rita	Wo wohnst du?
Petra	Ich wohne in Freiburg.
Rita	Und war's schwierig, das Zimmer zu finden?
Petra	Es war etwas leichter als sonst, weil es gibt manche Zeiten, † in denen es leichter ist, eins zu finden, und manchmal ist es schwieriger.
Rita	Und wie hast du's gefunden?
Petra	Ich war beim Studentenwerk. Die haben dort eine Zimmervermittlung, und dort liegen so Karten aus mit Zimmerangeboten, und man kann dann schauen, ob man eins findet, was einem paßt oder nicht.
Rita	Wohnst du privat?
Petra	Ja, das ist ein Zimmer, es ist separat, und ich teile das Bad mit einem anderen. Das ist der Sohn der Vermieter.
Rita	Und die Familie ist nett?
Petra	Ja, ja, die sind sehr nett. Also, das ist sehr selten, daß man das findet. Die wohnen im selben Haus, und sie sind sehr freundlich und bieten mir an, die Wäsche zu waschen und alles mögliche, also bin ich sehr zufrieden . . .

† The word order here is grammatically incorrect. However, this is what you may hear sometimes instead of *weil es manche Zeiten gibt.* ... For more information about word order, see page 46.

- Warum schaut sich Petra die Anzeigen an?
- In welcher Stadt wohnt sie?
- Was hat sie beim Studentenwerk gesehen?
- Mit wem teilt sie das Bad?
- Wer wohnt sonst noch in dem Haus?
- Gefällt es Petra, da zu wohnen? Warum?

zum Spaß   for fun
die Vermittlung   agency
das Angebot   offer
passen   to be suitable
das Studentenwerk   the equivalent of a student union
der Vermieter   landlord
zufrieden   content, happy

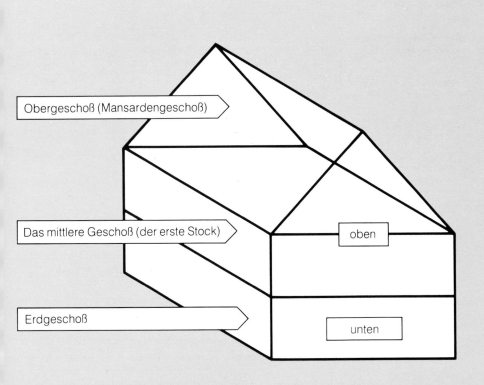

3 Frau Müller sometimes takes in students. Here she describes her house, situated near the picturesque little town of Staufen. It's almost ideal . . .

Rita	Frau Müller, Sie wohnen hier in einem herrlichen Haus. Wo liegt es?
Frau Müller	Es liegt fast am Ortsende von Staufen und Richtung Münstertal. Die Bahn fährt durch meinen Garten, und hier gegenüber ist ein kleiner Bahnhof. Das ist der sogenannte Bahnhof Süd. Und, es war früher eine ganz ruhige Wohngegend, aber durch diesen zunehmenden Verkehr, vor allen Dingen Ausflugsverkehr nach dem Münstertal, Belchen, ist es sehr, sehr laut für mich geworden.
Rita	Wie viele Zimmer hat Ihr Haus?
Frau Müller	Unten sind die Praxisräume eines Steuerberaters. Mein Wohntrakt liegt ausschließlich im ersten Stock. Und der umfaßt ein Wohnzimmer, ein Eßzimmer, ein Schlafzimmer, ein Bad und eine Küche. Eine sehr große Küche, allerdings. Und dann dieses ganze Mansardengeschoß, das Obergeschoß, das beherbergt noch zwei Zimmer meiner Söhne und zwei Zimmer, die ich gelegentlich an Goethe-Studenten abgebe, oder das heißt, fast immer, wenn Bedarf ist. Hat ein eigenes Bad oben, und, finde, eine sehr schöne Aussicht.
Rita	In welchem Raum halten Sie sich persönlich am liebsten auf?
Frau Müller	Ich würde sagen, hier in diesem Raum, weil ich da als Einzelperson eigentlich alles verwirklichen kann, was ich möchte. Ich kann hier

an meinem kleinen Tisch essen, ich kann lesen, ich kann fernsehen, ich kann an meinem Schreibtisch meine Post und Sonstiges erledigen. Also, ich bin am liebsten hier.

Rita Ihr bevorzugter Raum ist also das Wohnzimmer, in dem wir gerade sitzen, und ich sehe hier: es gibt einen Balkon.

Frau Müller Ja, das ist natürlich meine Sommerwohnung. Das ist an sich mein fünfter Raum. Ich bin eigentlich im Sommer, wenn es nicht zu heiß ist . . . bin ich den ganzen Tag da draußen. Also, es ist wirklich ein kleines Sommerparadies.

zu/nehmen   to increase
der Ausflug   excursion
der Steuerberater   accountant
gelegentlich   occasionally
wenn Bedarf ist   when necessary
die Aussicht   view
und Sonstiges   and suchlike
bevorzugt   preferred

Join up the halves:

1 Im Erdgeschoß . . . ☐ . . . haben die Goethe-studenten ihre Zimmer.

2 Im ersten Stock des Hauses . . . ☐ . . . hat der Steuerberater seine Praxisräume.

3 Vom Obergeschoß . . . ☐ . . . hat einen Balkon.

4 Ganz oben . . . ☐ . . . hat man eine schöne Aussicht.

5 Das Wohnzimmer . . . ☐ . . . wohnt Frau Müller.

HOW TO TALK ABOUT A HOUSE OR FLAT

Wo ist das Haus? Wo ist die Wohnung?

Das Haus ist	in der Mitte der Stadt
Die Wohnung ist	in der Mülhauser Straße
	außerhalb der Stadt
	drei Kilometer von der Stadt entfernt

Wie viele Zimmer?

Es hat	ein/zwei/drei/vier Zimmer
Sie hat	
Es gibt	

Was für Zimmer?

Es hat	im Erdgeschoß	eine Küche
Sie hat	im ersten Stock	ein Wohnzimmer
Es gibt	im zweiten Stock	eine Wohnküche
	im dritten Stock	ein Badezimmer
	im vierten Stock	ein Bad/WC/eine Dusche
	im Dachgeschoß	ein Eßzimmer
		ein/zwei Gästezimmer
		ein/zwei/ drei Schlafzimmer
		eine Schlaf- gelegenheit
		zwei Schlaf- gelegenheiten

Was sonst?

Zentralheizung
Fernsehen und Radio
eine ruhige Lage
eine Garage/einen Parkplatz

BESCHREIBEN SIE BITTE DIESES HAUS!

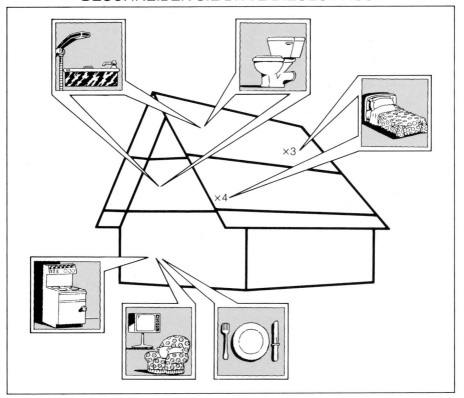

AUF EIN WORT!

'Get' is a multi-purpose word. Not only can you say you've got taste, you can say you've got old. And when you add a little something, you can get in, get out, get on, get off, get up, get down, get on with . . .

Something similar happens in German.

Steigen is 'to climb'. (*Der Bahnsteig* – the railway platform). By adding *ein* (in), you get *einsteigen* – to get in (a bus, train for example). On the railway you'll hear: ,,*Bitte einsteigen!*'' Add *aus*, and you get *aussteigen* – to get out:

Ich **steige** am Postamt **aus**.

Rita was told:

,,In Dittenweiler müßten Sie von der Straßenbahn in den Bus **umsteigen**.''
You get out of the tram and into the bus, ie change.

Watch out for these prefixes. Most add a valuable shade of meaning to a verb.

VORSICHT!

When Rita was looking for a room, she asked: ,,*Haben Sie noch etwas frei?*'' In this sense, the German meaning is the same as the English one. But if 'free' means 'it doesn't cost anything', you say *kostenlos* or *gratis*.

The lady in the tourist office asked Rita:

,,Was **meinen** Sie?'' (What do you mean?)

Meinen is really 'to mean to say' (*die Meinung* – opinion) in the sense of the old English verb 'to opine'. If you want to say 'What's the meaning of that?' you use *bedeuten*:

Was **bedeutet** das?

Bedeuten is also used when you want to ask the meaning of a word:

,,Was bedeutet 'meinen'?''

ÜBUNG MACHT DEN MEISTER

Ubung macht den Meister? No, not quite. It's not *Ubung*, but *Übung*. Those two little dots (the *Umlaut*) make all the difference between *ich wurde* (I became) and *ich würde* (I would). You can't order *Küchen* and expect to eat them, and you can't cook in *Kuchen*. (*die Küche* – kitchen, *der Kuchen* – cake): and if you want to describe those trees you saw, then it's preferable to say ,,*Die Bäume blühten*'' to ,,*Die Bäume bluten*''. (*blühen* – to blossom, *bluten* – to bleed.)

If you find the *ü* sound difficult, try this. Say '*oo*'. Then say '*ee*'. Then get your mouth ready to say '*oo*' but say '*ee*' instead. That's *ü*.

Ich suche den Kühlen Krug.
Früher war es ruhig hier.
Natürlich ist mein bevorzugter Raum die Küche.

In der Jugendherberge gibt es am Sonntag Kuchen. Bernd kann wieder mal nicht genug bekommen, geht zur Küche und fragt: „Kann ich zwei Stück Kuchen haben?" – „Kannst du," antwortet die Herbergsmutter, „schneide dein Stück noch einmal durch."

The Black Forest – a thing of the past?

The Black Forest, "so dense, so still, so full of firs, so fragrant" (Mark Twain), "that old and wonderful, powerful forest" (Ivan Turgenev), is sick. The dark green is disappearing. Many fir trees have become skeletons, wooden corpses that cannot even be sold as Christmas trees. The death of the forest is well on its way. Over 70% of all its firs and spruce trees have been damaged. More than half its beeches and 65% of its oak trees are showing symptoms of disease.

The cause is the pollution that's being spewed into the atmosphere by factory chimneys, car exhausts, house fires and power stations and which descends in the form of acid rain. Much of it blows over from France and Switzerland. And the situation is worsening with every passing year. In the forest park of Freudenstadt more than 99% of all the spruce and fir trees have already been affected.

Because of this, tourism the mainstay of the economy of the Black Forest, is at risk. In 1984 there were over four million nights' lodgings, the tourist trade bringing in three (American) billion marks. But will the tourists still come when they find the landscape destroyed, when the most beautiful of the Black Forest slopes have become the scenery for a horror movie? Ecologists are fighting to ensure that the next generation doesn't have to live without trees.

CASES

Nominative, Dative and Accusative

Note: We shall use the word KEYWORD to denote

a the DEFINITE ARTICLE (*der, die, das*) and words which behave in the same way, such as *dies+*, *jen+*, *jed+* and *welch+* (+ is to remind you to add the appropriate ending!)

b the INDEFINITE ARTICLE (*ein, eine*) and words which behave in the same way, such as *kein* and all the possessive adjectives (*mein, dein*, etc).

THE NOMINATIVE CASE

The person or thing doing the action of the verb is said to be in the nominative case:

Der Student sucht ein Zimmer.

The keywords in group **a** have the endings

MASCULINE	FEMININE	NEUTER	PLURAL
-er	-e	-es	-e
dies**er** Bus	jen**e** Stadt	jed**es** Gasthaus	welch**e** Autos?

The keywords in group **b** have the endings

MASCULINE	FEMININE	NEUTER	PLURAL
–	-e	–	-e
ein Bus	kein**e** Stadt	mein Gasthaus	ihr**e** Autos

NB Just as in English, the indefinite article (*ein, eine*) does not have a plural:

eine Stadt *a town*
Städte *towns*

THE DATIVE CASE

In der Stadtmitte and *in welcher Preisklasse?* are examples of the dative case in German. This case is often used after prepositions which indicate where things are:

im (= *in dem*) Gasthaus Kreuz

It's always used after these prepositions:

mit (with); nach (to, after); von (from, of); aus (out of, from); bei (at, with); seit (since); außer (besides); zu (to); gegenüber (opposite).

mit der Straßenbahn

Another group of prepositions takes the dative case only when NO MOTION TOWARDS is implied in the verb. These are:

in (in); an (at, to); auf (on); vor (in front of); hinter (behind); neben (next to); über (over, above); unter (beneath, below); zwischen (between).

vor dem Haus

We shall be returning to this question of MOTION TOWARDS and NO MOTION TOWARDS on page 198.

The dative endings for all keywords are:

MASCULINE	FEMININE	NEUTER	PLURAL
-em	-er	-em	-en
von dem Bus	in der Stadt	aus dem Gast-haus	mit den Autos

NB Most nouns in the dative plural add -*n*:

vor all**en** Ding**en**

Now see what often happens when the dative definite article (*dem, der*) is preceded by certain prepositions:

in dem Hotel   – **im** Hotel
an dem Hotel   – **am** Hotel
von dem Hotel – **vom** Hotel
bei dem Hotel – **beim** Hotel
zu dem Hotel   – **zum** Hotel
zu der Schule – **zur** Schule

It's more usual to say *im Hotel*, but if you want to stress that you're referring to this particular hotel, you would say *in dem Hotel*.

However, there are certain fixed expressions, where you would never separate the preposition from the dative definite article. For example

zum Glück   *fortunately*
zur Sicherheit   *to be on the safe side*
zum Spaß   *for fun*
im Sommer   *in summer*

JETZT SIND SIE DRAN!

Wo bist du? What would you answer? „Ich bin . . . ."

der Balkon

das Haus

die Garage

das Hotel

der Baum

die Bäume

What are the endings?

Frau Müller sitzt gern auf ihr . . . Balkon. .
Die Stadt befindet sich mitten in ein . . . Wald.
Hinter dies . . . Hotel ist ein großer Park.
An jed . . . Baum sind Äpfel oder Birnen.
In unser . . . Haus haben wir keine Dusche.
In welch . . . Garage ist mein Auto, bitte?
Zwischen ihr . . . Häuser . . . ist ein Garten.

PRONOUNS also show the dative case when appropriate:

SG	PL
ich – mir	wir – uns
du – dir Sie – Ihnen	ihr – euch Sie – Ihnen
er – ihm sie – ihr es – ihm	sie – ihnen

To ask 'Can I book the rooms with you?', you'd say „*Kann ich die Zimmer bei Ihnen reservieren*?"

Look at the following two examples in English:

I must show (to) you the plan.
What can you recommend (to) me?

In German the '(to) you' and '(to) me' (indirect object pronouns) are represented by the dative case:

Ja, dann müßte ich **Ihnen** mal den Plan zeigen.
Was könnten Sie **mir** empfehlen?

In addition some verbs automatically take the dative case:

Kann ich **Ihnen helfen?**

Others like *helfen* are:

folgen (to follow); gehören (to belong to); gefallen (to please)

Remember, too, phrases like

Das ist mir schon recht   *that's all right by me.*
Etwas außerhalb wäre mir lieber   *I'd prefer something outside.*

NB After prepositions, when the pronoun represents not a person but a thing, then it's usual to replace the pronoun by the prefix **da-** or **dar-** *plus* the preposition:
Ich stehe **vor dem** Hotel = Ich stehe **davor**

JETZT SIND SIE DRAN!

Der arme Uli

A case of too many cases leading to a case of cold feet . . .

Uli geht an (das) Hotel Kaiserhof vorbei. Vor (das) Hotel auf (der) Bürgersteig steht ein großer Koffer. Während Uli den Koffer betrachtet, kommt aus (das) Hotel ein wunderschönes Mädchen mit (ein) zweiten Koffer in (die) Hand. ,,Mein Gott!'' denkt Uli. ,,So ein Mädchen habe ich bis jetzt nur in (mein) Träumen gesehen! Ich werde sie fragen, ob ich (sie) helfen kann!''

Mit schlagendem Herzen geht er auf das Traumbild zu. ,,Kann ich (Sie) helfen?'' fragt er höflich, auf die beiden Koffer deutend.

,,Ach ja!'' kichert die junge Dame. ,,Können Sie (ich) bitte sagen, wie weit es von hier zum Bahnhof ist?''

,,Von (dies) Hotel bis zum Bahnhof? Zehn Minuten zu Fuß'', antwortet Uli, betroffen von (die) Schönheit dieses fabelhaften Geschöpfes.

Er hat eine Idee. ,,Folgen Sie (ich)!'' erklärt er. ,,Ich gehe sowieso in (die) Richtung.

,,Es wäre (ich) lieber, mit (das) Taxi zu fahren'', erwidert das Mädchen, süß lächelnd. ,,Oder wenigstens mit (der) Bus oder (die)

Straßenbahn . . .''

,,Was?'' denkt Uli. ,,Kann es sein, daß sie mich loswerden will? Daß ich (sie) nicht gefalle? Unmöglich!'' Er sieht (das) Mädchen tief in die Augen. ,,Mit (das) Taxi?!'' lacht er. ,,Das ist nicht der Mühe wert!''

,,Und was soll ich mit (mein) Koffern machen?'' fragt das Mädchen. ,,Die geben Sie ruhig (ich)!'' erklärt Uli. ,,Mit (du)'', denkt er vor sich hin, ,,gehe ich morgen abend tanzen!''

,,Und die anderen?'' Das Mädchen zeigt auf drei andere riesengroße Koffer, die auf (der) Bürgersteig vor (das) Hotel stehen.

,,Diese Koffer auch? Die gehören alle (Sie)?'' fragt Uli, ganz verblüfft.

,,Ja'', seufzt die junge Dame. ,,Meinen Sie, ich sollte lieber meinen Mann bitten, (ich) zu helfen?''

,,Ihren Mann?'' Uli starrt das Mädchen seiner Träume an.

,,Na ja'', erklärt die junge Dame. ,,Er sitzt da oben in (unser) Hotelzimmer im fünfzehnten Stock. Mit (unser) sechs Kindern . . .''

THE ACCUSATIVE CASE

The girl in the information office said to Rita:

,,Dann müßte ich Ihnen mal den Plan zeigen.''

In German, you have to use the accusative case when talking about what you show (or have, or see, or buy, or bring . . .) *Plan* here is the direct object of the verb, ie it receives the action of the verb.

The direct object is said to be in the accusative, which can only be seen with masculine nouns. All keywords have the ending **-en** in the masculine singular:

Frau Müller liebt **ihren** Garten.

In the neuter, feminine and plural all keywords have the same endings as in the nominative:

Wo suchen Sie denn *das* Doppelzimmer?
Machen Sie *die* Reservierung hier?
Ich nehme **diese** Koffer

Notice that *es gibt* (there is, there are) is followed by the accusative:

Es gibt **einen** Balkon.

JETZT SIND SIE DRAN!

The words in brackets are in the nominative case.
What is the correct form?:

Was fotografierst
du?

Ich fotografiere
(der) Schwarz-
wald.

Was braucht sie?

Sie braucht (ihr)
eigenes Bad.

Was sucht er?

Er sucht (sein)
Hotel.

Was holst du?

Ich hole (meine)
Badehose.

Was gibt es nicht?

Es gibt (kein)
Balkon

Was seht ihr?

Wir sehen
(unsere) Frauen.

Was wollen sie?

Sie wollen (ihr)
Kaffee und Ku-
chen.

Was hat er?

Er hat (eine)
Erkältung

Finally, just like the dative case, the accusative is always used after certain prepositions, particularly:

ohne without; *durch* through; *um* around; *für* for; *gegen* against, contrary to:

Die Bahn fährt **durch d*en* Garten** von Frau Müller.

Similarly, the personal pronoun also shows the accusative case when appropriate:

Dies Zimmer ist für *dich*

SG	PL
ich – mich	wir – uns
du – dich Sie – Sie	ihr – euch Sie – Sie
er – ihn sie – sie es – es	sie – sie

ACCUSATIVE OR DATIVE?

In (welch+) Preisklasse suchten Sie (das) Zimmer?
Wir haben (ein) Hotel in (das) Ortsteil Günterstal gefunden.
Das Zimmer sollte in (die) Stadtmitte sein, da sie (kein) Auto haben.
In (dies+) Raum halte ich mich am liebsten auf, denn ich kann alles an (mein) Tisch erledigen.
Vor (ihr) Haus fahren die Autos vorbei.

ZU GUTER LETZT!

At the end of your first week in the Black Forest, you write from your holiday home just outside Freiburg, to your German friend, Klaus, who lives in Berlin, to ask him if it's OK if you call on him when you go there. You tell him that you like where you're staying, particularly for its sunny position, but that one disadvantage is that although there are two bedrooms upstairs, one person has to sleep downstairs in the living room.

Lieber Klaus!

   Jetzt sind wir schon seit acht Tagen hier im . . ., wo wir eine kleine Ferienvilla in der Nähe von Freiburg gefunden haben. Sie ist etwas . . . der Stadt, aber es gibt eine gute. . . . Mit . . . Straßenbahn sind es zehn Minuten. Das Haus hat eine sonnige. . . . Leider hat es nur zwei . . ., die oben im ersten . . . sind. Die andere Schlafgelegenheit ist unten im . . ., und zwar im. . . . Aber das macht nichts! Eigentlich gefällt uns alles hier. Nächste Woche sind wir in Berlin, und wir würden dann gern bei Dir vorbeikommen. Wäre Dir das . . .?

   Es grüßt Dich

(Notice that in letters du, dich und dir all start with a capital letter.).

Now you can find and reserve accommodation and talk about a house or flat.

Ready for a trip through the Black Forest?

OK? Los!

MAKING TRAVEL ARRANGEMENTS
•
TALKING ABOUT WHAT YOU DO

Freiburg, city of beauty and elegance, is famous for its gutters. (Actually, its *Bächle*, little streams, designed at the foundation of the town in 1120 to wash away the dust from the streets, and used more recently to direct quantities of water to where it might be needed to extinguish fires . . .). That's not all it's famous for, of course. For a start, it has a rather nice cathedral, started in 1200, set in a magnifi-

cent market square where the farmers of the region may sell their fruit and vegetables fresh from the fields.

The town also has two town halls, the old one, and the new one, of which the newer one is known as the old one. (It was rebuilt, if you follow, after having been destroyed).

Parts of the city were bombed in World War II, but it's all been rebuilt in the old style, and opposite the town halls still stands the statue of Berthold Schwarz, whose fault it was, for he was the monk who was said to have invented gunpowder. (Some people would say 're-invented', after the Chinese first did it and then the world let it slide into disuse. Either way, from his pedestal outside the town halls, Berthold can face up to the *Oberbürgermeister* and they can both reflect on the wisdom of the whole business.)

Freiburg also has a university. 25,000 students boost the town's population of 170,000, and there's a colourful and varied cultural life. The town is twinned with Guildford (England), Innsbruck (Austria), Besançon in France and Padua in Italy.

Against this background, we're going to look at the lives of some ordinary people, in Freiburg and in Staufen. Not the *Oberbürgermeister* and not an alchemist-monk, but a lady-cook and cleaner, a schoolgirl and a doctor.

But first, of course, we have to get there . . .

 1 Rita's on her way from Staufen to Freiburg, where she wants to spend the evening. She's got as far as Bad Krozingen, where she goes to the railway station, to make enquiries about a suitable train to Freiburg. There's one that will get her there all right, but getting back to Staufen later tonight might just present her with something of a problem . . .

Rita	Entschuldigen Sie bitte, ich hätte gern eine Auskunft, und zwar, wann fährt heute abend ein Zug nach Freiburg?
Beamter	Um welche Zeit etwa?
Rita	Ja, so gegen 19 Uhr.
Beamter	19.33, Gleis eins.
Rita	Das ist ein bißchen spät. Ich möchte ins Theater. Vorher, fährt da einer?
Beamter	18.28.
Rita	Ja, dann nehme ich den. Und wann kann ich zurückfahren, und zwar nach Staufen?
Beamter	Schlechte Möglichkeiten. Da müßten Sie von Krozingen mit dem Bus fahren.
Rita	Wann fährt da der letzte Zug?
Beamter	Von Freiburg? 22.23.
Rita	Ja, ich glaube, das ist möglich. Und habe ich dann gleich Anschluß von Bad Krozingen nach Staufen?
Beamter	Mit dem Taxi.
Rita	Das ist aber ein bißchen teuer. Ein Bus fährt keiner mehr?
Beamter	Am Mittwoch und Sonntag, ja. Aber am Montag nicht.
Rita	Das wird ein teures Vergnügen. Ja, trotzdem, ich mach' das. Dann löse ich jetzt die Fahrkarte nach Freiburg und wieder zurück.
Beamter	Gut. Zwoter Klasse oder erster Klasse?
Rita	Zwoter Klasse bitte.
Beamter	So, die kostet sechs Mark vierzig bitte.
Rita	Ja, einen Moment. Was sagten Sie? Sechs Mark?
Beamter	Und vierzig Pfennig.
Rita	Sechs Mark vierzig. Ja hier bitte, zehn Mark.
Beamter	Danke.
Rita	Ja, gut. Danke.
Beamter	Bitte schön.
Rita	Vielen Dank für die Auskunft.
Beamter	Bitte!
Rita	Auf Wiedersehen!
Beamter	Viel Spaß!
Rita	Danke!

- Which train does Rita decide to take to Freiburg?
- Why?
- How will she get back from Bad Krozingen to Staufen later?
- Why can't she take a bus?

die Auskunft   information
das Gleis   platform (really 'track')
vorher   earlier
die Möglichkeit   possibility
der Anschluß   connection
das Vergnügen   pleasure
trotzdem   all the same
lösen   to buy (a train ticket)

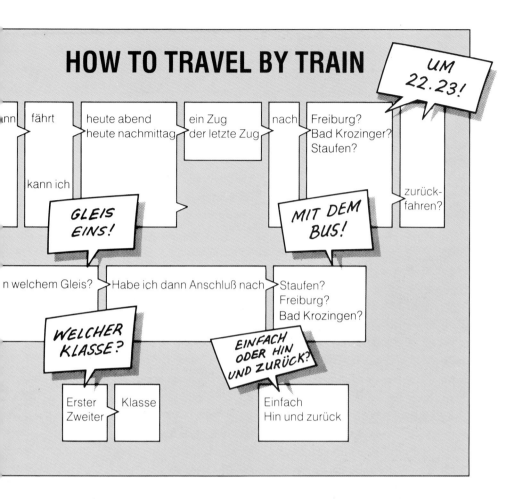

HOW TO TRAVEL BY TRAIN

nn | fährt | heute abend / heute nachmittag | ein Zug / der letzte Zug | nach | Freiburg? / Bad Krozinger? / Staufen?

UM 22.23!

kann ich

GLEIS EINS!

MIT DEM BUS!

zurück-fahren?

n welchem Gleis? | Habe ich dann Anschluß nach | Staufen? / Freiburg? / Bad Krozingen?

WELCHER KLASSE?

EINFACH ODER HIN UND ZURÜCK?

Erster / Zweiter | Klasse

Einfach / Hin und zurück

JETZT SIND SIE DRAN!

 Am Bahnhof

Beamter	Bitte schön?
Sie	*Ask when there's a train to Bad Krozingen this afternoon.*
Beamter	Um 13 Uhr 30.
Sie	*Ask from which platform.*
Beamter	Gleis eins.
Sie	*Ask if there's a connection with Staufen.*
Beamter	Leider nur mit dem Bus.
Sie	*Ask for a second class single.*

2 Rita asks some travellers where they're going. Most of them are going to Freiburg, too, though for different reasons.

Rita	Entschuldigen Sie bitte, wohin fahren Sie?
Frau	Wir fahren jetzt nach Freiburg, sind aber in Bad Krozingen zur Kur.
Rita	Haben Sie in Freiburg etwas Bestimmtes vor?
Frau	Wir sind kulturell sehr interessiert und wollen uns mal in Freiburg einiges Schöne ansehen.
Rita	Dann wünsche ich Ihnen viel Vergnügen in Freiburg.
Frau	Danke sehr.

• • •

Rita	Wohin gehen Sie gerade?
Frau	Wir gehen zum Sankt-Gotthard-Hof, um eine Tasse Kaffee zu trinken.
Rita	Gut, danke schön.

• • •

Rita	Wohin gehen Sie jetzt?
Frau	Wir gehen jetzt nach Hause.

etwas Bestimmtes   *something definite*
einiges Schöne = etwas Schönes   *something nice*

WO? WOHIN? ODER WOHER?

(You'll also hear ,,*Wo gehst du hin?*" ,,*Wo kommst du her?*")

FAHREN ODER GEHEN?

DU, SIE ODER IHR?

To a friend, a relative, an animal or a child:
Wohin fährst *du*? Wohin gehst *du*? Woher kommst *du*?

To more than one friend, relative, animal or child:
Wohin fahrt *ihr*? Wohin geht *ihr*? Woher kommt *ihr*?

To anybody else. This is the 'polite' form:
Wohin fahren *Sie*? Wohin gehen *Sie*? Woher kommen *Sie*?

 3   Rita herself wants to do some travelling. She's hoping to go to Berlin
at the end of the month. She telephones the local *Mitfahrladen* (*der
Laden* shop, *fahren* to travel *mit* with) a kind of agency which tries
to match up would-be travellers with drivers who may have spare
seats in their vehicles.

You'll notice that Renate uses the *du* form, probably because of the
student atmosphere in the *Mitfahrladen*, where most enquiries seem
to be from young people.

Renate	Mitfahrladen, guten Tag! (*answering telephone*).
Rita	Ja, guten Tag! Ich suche 'ne Mitfahrgelegenheit nach Berlin.
Renate	Und für wann suchst du die Mitfahrgelegenheit? An welchem Tag?
Rita	Für Ende des Monats.
Renate·	Ende des Monats. Da bist du eigentlich noch ein bißchen früh dran. Besser wäre es, wenn du dich fünf bis eine Woche vorher meldest, also fünf Tage bis eine Woche vorher. Aber ich kann jetzt gern deinen Namen aufnehmen, wenn du willst.
Rita	Ja, gut.
Renate	Und wie heißt du?

Rita	Ja, das ist Toussaint …
Renate	Ja …
Rita	Und ich wohne in Freiburg.
Renate	Ja …
Rita	In der Adalbert-Stifter-Straße.
Renate	Ja. Hast du Telefon?
Rita	Ja, und zwar 72404.
Renate	72404. Hmhm.
Rita	Wie ist das eigentlich mit der Bezahlung?
Renate	Also, wenn wir jetzt eine Mitfahrgelegenheit bekommen, dann rufen wir dich an, und dann kannst du zu uns in das Büro kommen, und dann mußt du praktisch das Geld uns bezahlen und bekommst dann den Namen und die Telefonnummer des Fahrers.
Rita	Gut, also dann vielen Dank.
Renate	Tschüß!
Rita	Ja, Tschüß!

- If you're lucky enough to get a lift through the *Mitfahrladen*, what's the procedure for paying for it?

sich melden   to give your name
die Bezahlung   payment
an/rufen   to telephone
bekommen   to get
(*bekommen* is a 'false friend' Beware! It never means 'to become')

In order to describe her job, Renate would have to say something like ,,*Ich arbeite in einem Mitfahrladen*'', or ,,*Ich bin Angestellte in einem Mitfahrladen*''. (Unless she were to invent ,,*Ich bin Mitfahrladenangestellte*'', which is reminiscent of the notorious *Donaudampfschiffahrtsgesellschaftskapitän* – a 'captain with the Danube Steamship Company'. The German predilection for compound words can sometimes be a little over the top . . .)

 4   Here are some people saying what they do for a living.

Rita	Frau Köhler, was sind Sie von Beruf?
Frau Köhler	Ich bin von Beruf Kunstmalerin und lebe hier in Staufen.

• • •

Rita	Was sind Sie von Beruf?
Frau Schmidt	Ich bin eigentlich Lehrerin von Beruf, aber übe jetzt den Beruf einer Fotografin aus mit meinem Mann zusammen. Und wir machen meistens die Fotos gemeinsam oder mit unserer Angestellten.

• • •

Arthur	Frau Straßburg, was machen Sie von Beruf hier?
Frau Straßburg	Ich bin seit zehn Jahren hier an der Schule, und das ist der Grund, warum wir hier in Staufen wohnen.
Arthur	Sie sind Lehrerin und gleichzeitig haben Sie eine Familie. Wie vereinbaren Sie das?
Frau Straßburg	Ja, der Lehrerberuf ist ein idealer Beruf für eine Hausfrau, weil man ohne schlechtes Gewissen beides vereinbaren kann.

der Beruf   job, profession
der/die Kunstmaler(in)   artist
der/die Lehrer(in)   teacher
der/die Fotograf(in)   photographer
gleichzeitig   at the same time
vereinbaren   to combine
ein schlechtes Gewissen   a guilty conscience

Notice that the suffix -*in* is often used when giving the feminine version of a job. (Some words denoting occupations behave like adjectives, for example *ein Angestellter, eine Angestellte, der Angestellte*. See page 126).

NB *ein Beamter, der Beamte*, but *eine Beamtin*.

What would they answer?

| Was sind Sie von Beruf? | Was bist du von Beruf? | Was bist du von Beruf? | Bist du Bäcker? |

 5   Doctor Battke who practises in Staufen describes what he might be doing in the course of a day's work.

Arthur   Sie sind Arzt hier in Staufen. Wie sieht der typische Arbeitstag eines Arztes aus?

Doktor Battke   Ich komm' so um Viertel vor acht in die Praxis und schau' mir dann die Post an. Zum Teil vom Vortage noch schriftliche Arbeiten, und so ab acht Uhr kommen die ersten Patienten, die bestellt sind, und ab neun Uhr kommen dann die Patienten in die Sprechstunde, in der Regel ohne Bestellung, mit ihren Wünschen, die sie an mich haben. Das kann ganz verschieden sein, vom Kratzer am Knie bis zu einem großen Eheproblem.

 6   Ariane, a schoolgirl, also has an extremely busy day . . .

Rita   Ariane, wie sieht dein Tagesablauf aus?

Ariane   Also, ich stehe so um halb sieben auf morgens, dann wasche ich mich. Danach frühstücke ich, und um zirka halb acht verlasse ich das Haus, gehe zur Schule, und danach ist es meistens so, daß ich bis ein Uhr mittags Schule habe, Unterricht habe. Danach gehe ich dann wiederum nach Hause. Dann gibt es Mittagessen, dann ruhe ich mich ein bißchen aus, höre Radio oder lese etwas. Und so um

zwei Uhr, halb drei, wenn wir Hausaufgaben haben, mache ich Hausaufgaben. Dann spiele ich oft Gitarre nachmittags noch, so zur Entspannung. Und um zirka sechs Uhr essen wir meistens Abendbrot, und danach gehe ich dann entweder zu Freunden, besuche Freunde, oder am Wochenende gehe ich mal ins Kino. Und wenn wir Arbeiten schreiben, Klausuren am nächsten Tag, dann bin ich abends daheim und gucke Fernsehen zum Beispiel, oder lese mal ein Buch, das kommt ganz drauf an. Und normalerweise unter der Woche gehe ich zirka halb elf, elf Uhr ins Bett. Und am Wochenende kommt es wiederum darauf an, ob ich weg bin oder eben daheim.

● Um wieviel Uhr macht Ariane das?
Um zwei Uhr macht sie Hausaufgaben.
Um zirka . . . Uhr . . .

*auf/stehen to get up
frühstücken to have breakfast
verlassen to leave
der Unterricht lessons
das Mittagessen midday meal
sich aus/ruhen to rest
die Hausaufgabe(n) homework
zur Entspannung for relaxation
das Abendbrot (also *das Abendessen*) evening meal
die Klausur written test
es kommt darauf an it depends

 7   Every year, students from many countries attend German courses at the world-renowned Goethe-Institut, which has centres all over Germany. The students probably think that a day at the Goethe-Institut is a long one, but no matter how demanding, it's probably not as long as the working day of Frau Hahn, who's employed at the Goethe-Institut in Staufen. She starts her day's work at six in the morning and finishes it sixteen hours later . . .

Rita	Wie haben Sie den heutigen Tag begonnen?
Frau Hahn	Ich bin heute morgen um Viertel nach fünf aufgestanden und habe

um sechs hier angefangen zu arbeiten, hier im Goethe-Institut. Dann
mache ich das Frühstück für die Studenten zurecht. Und zwar muß
ich Kaffee kochen, ich muß Tee kochen, das Brot richten, die Milch
richten, dann muß ich die Cornflakes zurechtmachen und alles das,
was zum Frühstück gehört. Denn die Studenten kommen um Viertel
nach sieben zum Kaffee, also zum Frühstück. Das Frühstück im
Goethe-Institut dauert etwa bis 8 Uhr 15. Leider gibt es sehr viele
Studenten, die sehr lange schlafen. Die kommen immer erst um Viertel nach acht zum Frühstück, und ich muß sie etwas hinauskompli-
mentieren. Ich sage dann immer: ,,Auf Wiedersehen! Das Frühstück
ist zu Ende!", damit sie rechtzeitig in den Unterricht kommen. Wenn
die Studenten fertig mit Frühstücken sind, geht unsere Arbeit in der
Küche, die Arbeit mit meiner Kollegin zusammen, natürlich noch
weiter. Wir müssen das Geschirr spülen, wir müssen die Küche
sauber machen, und machen die Tische für die Studenten für das
nächste Frühstück am nächsten Morgen schon zurecht. Dann gehört
dazu, daß wir auch putzen. In der kurzen Mittagspause bin ich also

zu Hause und habe das Glück, daß mein Mann Mittag kocht. Ich brauche mich nur an den Tisch zu setzen, und um ein Uhr, wenn die Studenten wieder aus den Klassenzimmern rausgegangen sind, fangen wir an, die Klassenzimmer zu putzen und die Büros und den Keller; alles, was zu putzen ist, wird geputzt. Meine Arbeitszeit im Goethe-Institut dauert acht Stunden, manchmal wird es mehr.

But Frau Hahn does have some time off . . .

Frau Hahn So zirka um fünf werde ich in den Alten-Klub gehen, und zwar leite ich einen Alten-Klub. Das ist eine offene Altenarbeit, die versucht, alte Leute aus ihrer Isolation rauszubringen. Und in diesem Alten-Klub treffen wir uns jeden Donnerstag und unterhalten uns, trinken Kaffee. Das geht etwa bis 19 Uhr 30, dann wollen viele wieder Fernsehen schauen, viele Alten-Klubteilnehmer. Und dann bin ich auch zu Hause und habe heute zum Beispiel noch zu bügeln. Mein Tag endet um zehn Uhr. Um zehn Uhr muß ich das Goethe-Institut zuschließen, das ist bis um zehn Uhr geöffnet. Und weil mein Mann also jetzt gerade Urlaub hat, übernehme ich das, und das wäre also der heutige Tag . . .

Rita Ja, vielen Dank, Frau Hahn.

Frau Hahns Arbeitstag

Use these phrases to make up sentences which describe things that Frau Hahn does. Then put them in the right order, so that they describe her day.

1 Nach dem Frühstück . . .

2 Auch zu Hause . . .

3 Zum Frühstück . . .

4 Am Nachmittag . . .

5 Um sechs Uhr . . .

6 Für das Goethe-Institut . . .

7 Zuerst . . .

8 In der Mittagspause . . .

9 Im Alten-Klub . . .

☐ ißt sie mit ihrem Mann zusammen.

☐ spült sie das Geschirr, und dann macht sie die Frühstückstische für den nächsten Tag zurecht.

☐ arbeitet sie oft mehr als acht Stunden am Tag.

☐ hilft sie alten Leuten, die sich alleine fühlen.

☐ beginnt Frau Hahns Arbeitstag.

☐ kommen viele Studenten leider zu spät.

☐ hat sie am Abend noch Arbeit
zu tun.

☐ macht sie das Frühstück für
heute zurecht.

☐ muß sie die Klassenzimmer
sauber machen.

der heutige Tag   today
an/fangen   to start
richten, zurecht/machen   to prepare
dauern   to last
leider   unfortunately
rechtzeitig   on time
das Geschirr spülen   to wash up
putzen   to clean
sich unterhalten   to talk, converse
bügeln   to iron

AUF EIN WORT!

When Rita said ,,*Das ist ein bißchen spät!*'' she was really saying
"That's a little bite late!''.

Der Biß bite. If you add *-chen* to a noun, it implies either that it's
smaller than usual, or it's something nice and sweet. You'll know the
story of *Schneewittchen und die sieben Zwerge*, with their dear little
Händchen und Füßchen . . .

das Mäd**chen** (*little*) girl
das Bröt**chen** *little loaf of bread* (ie *roll*)

Ein Sträußchen, however, is not the progeny of an Austrian composer,
but a (little) bunch of flowers. Nor, come to that, are the *Bächle*, which
you find running through the streets of Freiburg, the descendants
of Johann Sebastian. *-le* is another of these so-called 'diminutive suffixes'. *Bächle* are little brooks or streams. Another form of *-le* is found
as *-lein*. *Fräulein* (Miss) is really 'little lady'. She might be wearing
a *Dirndl*. This is actually short for *Dirndlkleid*, a dress originally worn
by a little *Dirne*, a girl from the country. Try not to use the word *Dirne*
nowadays, though, unless you want your face slapped. The *Sprach-
Brockhaus* dictionary gives the meaning *käufliche Geliebte* . . .

die Frau – das Fräu**lein**
der Fuß – das Füß**chen**
der Bach – das Bäch**le**

All these diminutive suffixes make nouns neuter. If the stem vowel
is *a*, *o* or *u*, it has an *Umlaut*.

VORSICHT!

When Doctor Battke said ,,*Ich komme um Viertel vor acht in die Praxis*", he was obviously referring to his 'practice'. *In der Praxis* also means 'in practice':

In der Theorie ist das schon richtig, aber nicht in der Praxis.

The kind of practice that makes perfect is *die Übung* (*üben* – 'to practise').

ÜBUNG MACHT DEN MEISTER

Vot vee are all avare off is that Germans mix up their wees and their vubbleyous. It's werry easy.

Remember: German *w* = English *v*:

Wir Wiener Waschweiber würden weiße Wäsche waschen.

German *v* = English *f*:

Vierhundertvierundvierzig Viehverkäufer.

So vatch out, von't you?

Am Vormittag verkauft Willi viele Veilchen, weil er um Viertel vor vier einen Wagen kaufen will, and zwar einen Volkswagen.
Um welche Zeit am Mittwoch wird der Zug nach Wien fahren?
Wieviel?! Vierzig Pfennig?!
Vielen Dank, auf Wiedersehen!
Viel Vergnügen!

Fastnacht

The origin of the word *Fastnacht* is said to be unknown, but it may have something to do with the German verb *fasten*. The theory gains credence when you consider that it's a celebration which takes place during Lent, and bears more than a passing resemblance to the carnival (Latin: caro, carnis – meat; vale – farewell) to be seen around the world (especially in Catholic parts of it) at the same season.

Herr Meier, who rejoices in the title of *Obernarrenzunftmeister* or High Master of the Guild of Fools, claims that *Fastnacht* in Staufen is fifty years old, and he ought to know, for he's been a guild member for thirty-five years himself, joining it as a lad of eighteen. The structure of the Guild mirrors that of the mediaeval Trade Guilds. Anyone wanting to become a member has to apply, having shown potential for a year or two, perhaps by helping to build the floats, or contributing a *chanson*, or by coming up with an original idea for a mask or a costume. After that you may be offered an apprenticeship (lasting three years) and then you can aspire to the rank of *Zunftmeister* – the dream of every guild member.

Fastnacht means music and song, and eating and drinking, and processions through the streets. The Guild dresses up, and masks are worn, for in this way it's possible to be someone else for a while – the poor man can wear the clothes of a rich man, and the wise man can become a fool. The *Bürgermeister* of the town is (symbolically at any rate) sent packing, and the *Obernarrenzunftmeister* assumes command. The fools take over. In their disguise, and in the jollity and good humour of the occasion, they can then point their fingers at matters demanding attention – in the nicest possible manner, of course . . .

WORD ORDER

In this chapter we're taking a look at word order. ('Is it true', a bemused beginner once enquired, 'that the Germans speak backwards?')

> LATER COMES SHE PERHAPS WITH ME TO THE CINEMA.

> NOW DOES HE THE WASHING-UP...

> ...THEN LEARN I FURTHER.

In a simple sentence (containing a subject, verb and sometimes an object) the verb is normally in second position:

Ich **fahre** nach Freiburg.

This doesn't necessarily mean that the verb is the second word – it means it's the second 'idea':

Die junge Dame **arbeitet** im Mitfahrladen.

NB There are exceptions!

1 You invert your subject and verb to form a question:

Arbeitest du hier im Mitfahrladen?

As in English, some questions do have the verb in second position, of course, if they start with a question word such as
wo? wann? warum? wie?

Wie sieht dein Tagesablauf aus?

2 To give a command, you use the imperative, and the verb is in first position, as in English:

Beschreiben Sie bitte Ihren Tagesablauf!

(For more about the imperative, see page 246.)

Simple statements can be modified by adding more information, to do with either the time and/or the place the action takes place. This can be done by adding one word (an adverb) such as:

dann   dort   schnell

Ich höre mir **dann** etwas im Radio an.

or several words (an adverbial phrase):

Ich komme **so um Viertel vor acht** ins Goethe-Institut.

In German, it's very common for this modifying information to be put at the beginning of the sentence and you should try to do it – but watch the word order!

Dann höre ich mir etwas im Radio an.
So um Viertel vor acht gehe ich ins Goethe-Institut.

JETZT SIND SIE DRAN!

Start these sentences with the word or phrase in bold type.

Rita und Arthur wollen **heute** nach Freiburg fahren.
Sie gehen **deshalb** zum Bahnhof.
Sie fragen **am Schalter** (*ticket office*), ob die Züge nach Freiburg fahren.
Ein Zug fährt zum Beispiel **um 11 Uhr 37**.
Man könnte **diesen Zug** nehmen.
Es ist **jetzt** 11 Uhr 35, die beiden müssen **also** schnellmachen.

Simple sentences can be joined together using a conjunction such as:

und aber oder denn

These don't affect the word order:

Ariane steht um halb sieben auf **und** wäscht sich.

In each half of this sentence, the verb is still in second position. (It might help you to imagine *und* and words like it, as a + sign, to remind you they don't count in the word order.)

Ich **bin** von Beruf Kunstmalerin + ich **lebe** hier in Staufen.

NB In sentences like these, where one subject is doing two actions, one after the other, you don't have to repeat the subject:

Ich bin eigentlich Lehrerin von Beruf, *aber* (ich) übe den Beruf einer Fotografin aus.

This doesn't affect the word order either. You simply 'imagine' the subject is there the second time!

JETZT SIND SIE DRAN!

Join up these four pairs of sentences by using *und, aber, oder* or *denn.*

Sie sind Lehrerin. Sie haben gleichzeitig eine Familie.

Der Lehrerberuf ist ein idealer Beruf für eine Hausfrau. Man kann ohne schlechtes Gewissen beides vereinbaren.

Ich komme so um 6 Uhr ins Goethe-Institut. Ich mache den Studenten das Frühstück.

Ich gucke Fernsehen zum Beispiel. Ich lese mal ein Buch.

You can, of course, use *und, aber, oder* and *denn* to join together simple sentences in which the subject and the verb have been inverted to accommodate an adverb. Remember, as always in this kind of sentence, the verb remains second:

Danach **frühstücke ich,** *und* um zirka halb acht **verlasse ich** das Haus.

Dann **muß ich** die Cornflakes zurechtmachen, **denn** um Viertel nach sieben **kommen die Studenten** zum Kaffee.

JETZT SIND SIE DRAN!

In each of these pairs of sentences, put the word or phrase in bold type in first position, and then join them up using *und, aber, oder* or *denn.*

Wir fahren **jetzt** nach Freiburg.
Wir sind **in Bad Krozingen** zur Kur.

Wir wollen uns mal **in Freiburg** einiges Schöne ansehen.
Wir sind **kulturell** sehr interessiert.

Ich bin **heute morgen um Viertel nach fünf** aufgestanden.
Ich habe **um sechs** hier angefangen zu arbeiten.

Ich mache **dann** das Frühstück fertig.
Die Studenten kommen **um Viertel vor sieben** zum Kaffee.

Ariane spielt nachmittags oft Gitarre **zur Entspannung**.
Sie geht **vielleicht** zu Freunden.

ZU GUTER LETZT!

Beschreiben Sie Ihren Arbeitstag!
Try to describe your working day now, by putting some of these
words and phrases into the gaps in the sentences which follow.

um (ein) Uhr	dann	danach	später
zuerst	am Morgen	am Nachmittag	am Abend
am Wochenende	oft	manchmal	vielleicht
zur Entspannung	normalerweise		

_ _ _ _ stehe ich auf. _ _ _ _ wasche ich mich, und _ _ _ _ frühstücke
ich. _ _ _ _ muß ich arbeiten gehen. _ _ _ _ esse ich zu Mittag. _ _ _ _ muß
ich wiederum arbeiten, aber _ _ _ _ ist mein Arbeitstag zu
Ende. _ _ _ _ esse ich zu Abend, und _ _ _ _ arbeite ich nicht. _ _ _ _ treibe
ich Sport, oder _ _ _ _ ruhe ich mich aus.

Now you can ask about rail travel and talk about your working day.
Next, let's spend some time in Staufen.

ASKING AND GIVING DIRECTIONS
●
SAYING WHAT YOU'RE GOING TO DO

The three goblets on the Staufen coat-of-arms aren't there, they say,
to symbolize the good *Badischer Wein* but because the *Burgsberg*,
on which the Lords of Staufen built their castle, is goblet-shaped.
(*Stauff* is an Old High German word for 'goblet'.) When the town was
granted a charter in 1337, it took over the three goblets from the
coat-of-arms of the Lords of Staufen, and added five stars. (Tradition
doesn't make it clear whether the stars were the result of over-indul-
gent celebrations by a befuddled signpainter.)

Although a ruin since 1632, when it was burned down by the Swedes,
the castle has looked proudly down on the picturesque streets of
Staufen since it was built in 1566. The town has managed largely
to retain its mediaeval character, the inhabitants making great efforts
to restore their houses in traditional style.

Visitors to Staufen can enjoy all kinds of excursions, to take a look
at Freiburg, for example, or Bad Krozingen, or if they prefer something more elevated, through the Münstertal and on to the mountains,
the Schauinsland or the Belchen.

Others may prefer a tranquil stroll through the historic streets of Staufen itself, perhaps stopping to visit the old-established Schladerer

distillery, and then sitting over a quiet *Viertele*, a quarter litre of wine, in one of the many hostelries.

 1 Our promise to you, though, was to try to look beyond the picture postcard view of the Black Forest, so before we do meet some visitors and holidaymakers, here's a lady who lives here, working as a teacher in a school for handicapped children. Beate looks after seven children most aged 11 to 12, though one little girl is only four and there's also a boy of 17. Isn't that a very difficult job?

Arthur Die Arbeit mit Behinderten stell' ich mir sehr schwierig vor. Wie ist es für dich?

Beate Das hat sich im Laufe der Jahre verändert. Ich hab' die Ausbildung gemacht als Sonderschullehrerin und hab' auch an einer staatlichen Schule gearbeitet. Und seit ich selbst eine Gruppe habe, also in eigener Verantwortung, arbeite ich sehr gerne, weil es für mich wichtig ist, den Tagesablauf der Kinder miteinander zu erleben.

behindert   handicapped
schwierig   difficult
die Ausbildung   training
die Sonderschule   special school
staatlich   state
in eigener Verantwortung   in my charge

As Beate says, she and the children spend the whole day together. When Arthur went to interview her, he detected what he called a *Wohnzimmer-Atmosphäre*.

Arthur Beate, wenn man hier in den Gruppenraum reinkommt, dann hat man eine Wohnzimmer-Atmosphäre. Wie macht ihr das?

Beate Wie machen wir das? Wir sind den ganzen Tag mit den Kindern zusammen. Sie kommen am Morgen, und wir essen zusammen, wir frühstücken, wir essen Mittag zusammen. Die Kinder ruhen sich aus am Nachmittag, und um halb vier gehen sie wieder nach Hause. Und ein bißchen Wohnzimmer ist wichtig, damit sie sich wohlfühlen, weil sie den ganzen Tag hier sind. Und die Einrichtung haben wir danach ausgesucht, daß wir Bilder anhängen, daß sie sich hinlegen können, also ein Bett da ist, und daß sie ihre Puppen hier haben und in der Pause spielen können.

Obviously, Beate makes enormous efforts to make the children feel at home.

● Can you mention three things she does?

sich wohl/fühlen   to feel at ease
die Einrichtung   furnishings

A friend's asking you some questions about Beate – but your answers are all muddled up! Your first reaction is to compose answers using the words in brackets – but when you've done that, you realise that some of your answers are not correct. So what are your answers?

- Was machen die Kinder zusammen?
  (zusammen essen, Filme sehen, schlafen, spielen)
- Was für eine Ausbildung hat Beate?
  (Ausbildung als Sonderschullehrerin, Universitäts-Studium, Ersatz-dienst)
- Macht Beate ihren Beruf gerne?
  (eigene Gruppe, eigene Verantwortung, mit den Kindern zusammen sein, viel Geld verdienen)

Beate's job is extremely demanding. Does she find she can ever 'switch off'?

Arthur   Wenn du den ganzen Tag mit behinderten Kindern zusammenarbeitest, kannst du dann abends abschalten?

Beate   Mittlerweile habe ich das gelernt. Im ersten Jahr war es sehr schwierig, weil es mich sehr beschäftigt, und es kommt darauf an, wie die Probleme sind. Aber ich glaube, es ist bei der Arbeit möglich abzuschalten. Und man braucht auch seine eigenen Interessen und den eigenen Bereich, um das Ganze zu vergessen. Aber wenn Probleme da sind, dann geht es nicht, wenn ... mit den Kindern oder mit den Eltern. Und ... das ist aber nicht mehr so schlimm wie früher.

ab/schalten   to switch off

Verstanden?

In each of these sets of sentences, pick the one that makes most sense.

Wenn man etwas schwierig findet,

- kann man es leicht tun.
- kann man es trotzdem vielleicht tun.
- hat man Mühe.

Wenn man eine Ausbildung gemacht hat,

- hat man etwas gebaut.
- hat man etwas gelernt.
- hat man etwas gemalt.

Wenn man in eigener Verantwortung arbeitet,

- beschließt man gewöhnlich selbst, was man zu tun hat.
- beschließt man nur selten selbst, was man zu tun hat.
- beschließt man manchmal selbst, was man zu tun hat.

Wenn man sich wohlfühlt,

- muß man ins Krankenhaus gehen.
- ist man zufrieden.
- will man nichts essen.

Wenn man abschalten will,

- muß man sich nur auf die Arbeit konzentrieren.
- braucht man auch andere Interessen.
- sollte man eigentlich keine anderen Interessen haben.

If you do want to 'switch off' and relax, then the Black Forest is rich in possibilities. But perhaps it might be as well to take the weather into account. Here's an extract from a local radio weather forecast. Try to fill in English the missing information on this chart.

	Today 10 am	Today pm	Tonight (general)	General further outlook
(In town) Freiburg	Temperature?	Temperature?		
(Mountains) Feldberg	Temperature?	Temperature?		
(Mountains) Schauinsland				
General		Weather?		

Ansager Stephan Propper war das mit den Nachrichten. Thema Wetter: es wird wärmer, aber noch nicht warm. Die Beobachtungen von zehn Uhr: Freiburg zehn Grad und oben auf dem Feldberg hat's † immer noch Frost minus zwei Grad. Die Vorhersage bis morgen früh: heute zieht im Norden eine Warmfront vorbei, somit wird es nachmittags nochmals stärker bewölkt sein. Außer ein paar Tropfen wird es aber niederschlagsfrei bleiben. In der Nacht lockert die Bewölkung dann zunehmend auf.
Die Nachmittagstemperaturen liegen in der Stadt bei vierzehn Grad, auf dem Schauinsland bei plus zwei Grad. Die Tiefstwerte der kommenden Nacht werden etwa fünf Grad betragen. Es weht ein schwacher Wind aus Süd-West bis West, und die weiteren Aussichten: heiter, zeitweise wolkiger, aber trocken und noch etwas ansteigende Temperaturen.

† This is Southern dialect – more usual would be ,,. . . *ist immer noch Frost* . . .

die Beobachtung   observation
die Vorhersage   forecast
*vorbei/ziehen   to move past
bewölkt   cloudy
der Tropfen   drop
niederschlagsfrei   dry (literally 'rainfree')
auf/lockern   to break up
zunehmend   increasingly
der Tiefstwert   (here) temperature
schwach   light (literally weak)
die Aussicht   outlook
heiter   bright
zeitweise   at times
trocken   dry
*an/steigen   to rise

2 The weather may not be all that brilliant, but Rita has decided to take the risk and have a trip out to the Münstertal. At least, she would if she knew the way from Staufen . . .

Rita Ich möchte ins Münstertal fahren. Wie komme ich dorthin?
Passantin Von Staufen? Ja, möchten Sie mit dem Bus fahren, oder haben Sie ein eigenes Auto?
Rita Ich habe mein Auto dort hinten stehen, auf diesem Parkplatz.
Passantin Sie müssen jetzt also die Altstadt umfahren, müssen wieder zurückfahren bis auf die große Umgehung, und müssen dann unten an der Brücke links abbiegen, und dann sind es zirka acht Kilometer, bis Sie im Untermünstertal sind.
Rita Gut, danke schön.
Passantin Bitte schön.

umfahren   to drive round
*zurück/fahren   to drive back
die Umgehung   bypass
*ab/biegen   to turn off

3 Back in Staufen, Rita has some business to attend to.

Rita Entschuldigen Sie, bitte. Wie komme ich zur Post?
Passantin Da müssen Sie hier die Straße runtergehen, immer geradeaus, am Weinbrunnen vorbei, der ist auf der rechten Seite, auf der linken Seite ist 'n Parkplatz, und dann weiter geradeaus, da kommt noch 'ne Eisdiele, und hinter der Eisdiele ist es, glaube ich, 'n gelb gestrichenes Haus. Das ist die Post.
Rita Wie lange muß ich zu Fuß gehen?
Passantin Ungefähr drei Minuten, wenn Sie normal gehen.
Rita Gut, vielen Dank.
Passantin Bitte.

der Weinbrunnen   the name of a hostelry (literally wine-spring)
die Eisdiele   ice-cream parlour
gelb gestrichen   painted yellow

4   And to finish the day, back to Freiburg. But first Rita must find out
how to get to the station.

Rita	Entschuldigen Sie, wie komme ich zum Bahnhof?
Passant	Ach, ich muß mal überlegen. Sie sehen hier vorne die Fauststube, nicht? Das ist das Gasthaus zum Löwen, Sie gehen die Hauptstraße entlang, dann etwa die dritte Querstraße nach links, und wenn Sie's nicht finden, dann fragen Sie vielleicht nochmal unterwegs.
Rita	Ist das weit von hier?
Passant	Ungefähr sieben Minuten.
Rita	Danke schön.
Passant	Bitte schön.

überlegen   to think
die Hauptstraße   main street
die Querstraße   crossroads
unterwegs   on the way

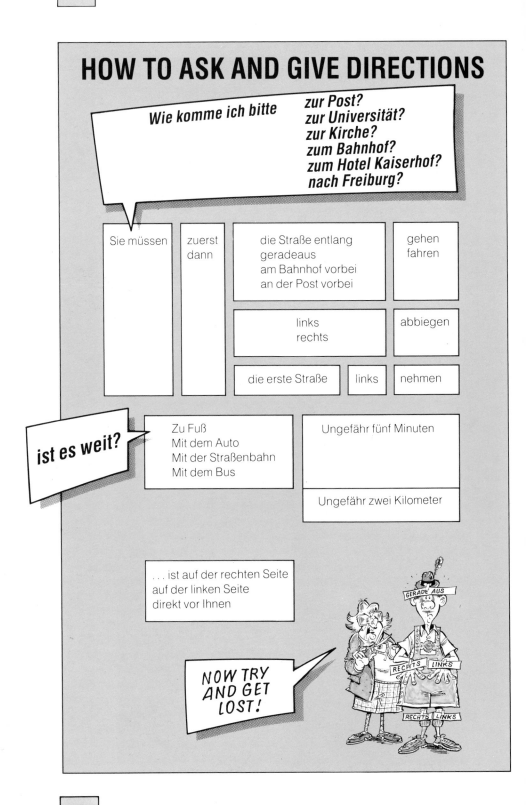

HOW TO ASK AND GIVE DIRECTIONS

Wie komme ich bitte *zur Post?*
zur Universität?
zur Kirche?
zum Bahnhof?
zum Hotel Kaiserhof?
nach Freiburg?

Sie müssen	zuerst dann	die Straße entlang geradeaus am Bahnhof vorbei an der Post vorbei	gehen fahren
		links rechts	abbiegen
		die erste Straße	links	nehmen

ist es weit?

| Zu Fuß Mit dem Auto Mit der Straßenbahn Mit dem Bus | Ungefähr fünf Minuten |
| | Ungefähr zwei Kilometer |

. . . ist auf der rechten Seite
auf der linken Seite
direkt vor Ihnen

GERADE AUS
RECHTS LINKS
RECHTS LINKS

NOW TRY AND GET LOST!

JETZT SIND SIE DRAN!

In Staufen. Give these people directions to where they want to go.

5 Here's someone who seems to have had no difficulty in finding her way to where she wanted to be – the *Weinbrunnen*. And what's she doing in the *Weinbrunnen*? Ask a silly question . . .

Rita	Was machen Sie gerade?
Frau Kaiser	Also, ich bin jetzt gerade in Bad Krozingen in der Kur, und wenn schönes Wetter ist, laufen wir immer hier rüber, trinken unser Gläsle † Wein, und da gefällt es uns sehr gut.
Rita	Kommen Sie immer hierher?
Frau Kaiser	Ja, so ab und zu. Immer net ‡. Man kann nicht sagen „jeden Tag," aber es ist auch nur auf, wenn schön Wetter ist.
Rita	Gefällt es Ihnen hier besonders?
Frau Kaiser	Doch, besonders 's Städtchen, also es ist wirklich schön, doch, ja ja. Uns gefällt's also sehr gut hier.
Rita	Ist es nicht zu früh zum Wein trinken?
Frau Kaiser	Ach, an und für sich nach dem Mittagessen tut es ganz gut, ein Gläschen Wein hinterher.

† Gläsle (dialect) = Gläschen = kleines Glas
‡ net = nicht

 6 What do people do when the sun is shining in Staufen? Well, Rita asked a few people in the street.

Rita	Heute ist es so schön. Was machen Sie bei diesem Wetter?
Frau Kirchhoff	Ich mache eine kleine Fahrt mit dem Auto.
Rita	Und wohin fahren Sie?
Frau Kirchhoff	Ich fahre jetzt wieder von Staufen nach Freiburg zurück und war vorher in Hartheim am Rhein und bin dort gewandert.

● ● ●

Rita	Was machen Sie bei so schönem Wetter wie heute?
Frau Hentsch	Ausgehen, mit den Kindern rausgehen, spazierengehen, frische Luft schnappen.

● ● ●

Rita	Was machen Sie hier?
Silke	Wir haben Eis gegessen und genießen die Sonne.

 7 Unfortunately, some people don't get the chance to benefit from the fine weather.

Rita	Heute ist es so fantastisch schön. Was machen Sie bei diesem Wetter?
Frau Wilke	Da ich gestern von einem Urlaub zurückgekommen bin, kann ich das leider nicht ganz ausnutzen. Ich habe meine Tochter hierher gebracht zum Kinderturnen und gehe mit meinem Sohn eine Stunde durch die Stadt zum Bummeln und besorge gleichzeitig noch kleine Einkäufe. Wenn ich zu Hause bin, dann versuche ich, die Zeit draußen noch auszunutzen, so gut es geht.

turnen   to do gymnastics
bummeln   to saunter
aus/nutzen   to make the most of

Rita	Heute ist es so schön. Was unternehmen Sie heute nachmittag?
Herr Grasser	Ich kann leider nicht viel unternehmen, ich habe nachher noch Konferenz, leider.

unternehmen   to do

8 At least some people can combine work and the good weather – like the owner of the *Weinbrunnen*.

Rita	Seit wann ist es † geöffnet?
Inhaber	Seit 1976.
Rita	Und seither machen Sie das jeden Tag?
Inhaber	Jeden Sommer, bei schönem Wetter.

† Rita's probably referring here to *das Gasthaus* (*es*) rather than *der Weinbrunnen* (*er*)

Richtig oder falsch?
Which of these statements is correct and which is false?

- Frau Kaiser kommt zum Weinbrunnen nur, wenn das Wetter schön ist.
- Weil sie kein Auto hat, kann Frau Kirchhoff nicht nach Staufen fahren.
- Frau Wilke kann das schöne Wetter nicht ausnutzen, weil sie heute zu viel zu tun hat.
- Da er heute früh Konferenz hatte, kann Herr Grasser heute Nachmittag das schöne Wetter ausnutzen.
- Weil das Wetter schön ist, will Frau Hentsch zu Hause bleiben.
- Silke hat den ganzen Tag noch kein Eis gegessen.

 9   Here's another person whose work involves alcohol! Herr Schladerer is the manager of the family business, which has been making schnaps and other liqueurs since 1844.

Rita	Seit wann ist Ihre Firma in Familienbesitz?
Herr Schladerer	Die Firma war immer in Familienbesitz, und das Gründungsjahr war 1844.
Rita	Und Sie haben jetzt die Leitung übernommen?
Herr Schladerer	Ich hab' die Leitung zusammen mit einem Onkel von mir, ja.
Rita	Und wie lange sind Sie schon in der Firmenleitung tätig?
Herr Schladerer	In der Firmenleitung seit sieben Jahren, und im Betrieb seit zehn Jahren.

10   We're going to finish off our look at Staufen in the sunshine by talking to a happy camper from Regensburg.

Rita	Woher kommen Sie?
Camper	Wir kommen aus Regensburg.
Rita	Sind Sie mit Ihrer ganzen Familie hier?
Camper	Also unsere Kinder sind nicht mehr zu Hause . . . mit dem Hund sind wir unterwegs.
Rita	Wie lange sind Sie schon hier?
Camper	Wir sind jetzt die erste Woche hier. Wir bleiben aber ungefähr drei Wochen, sowas. Und wir sind jedes Jahr von Anfang April bis Ende Oktober als Camper unterwegs.
Rita	Kommen Sie immer in diese Gegend?
Camper	Um diese Zeit sind wir immer hier, weil hier in Staufen bei Freiburg der Frühling anfängt. Um diese Zeit ist es hier immer schön . . . blüht schon alles. Es ist immer schon Frühling.
Rita	Und kommen Sie immer genau auf diesen Campingplatz?
Camper	Genau auf diesen Stellplatz hier. Wir haben immer jedes Jahr den gleichen Stellplatz!

ETWAS ZUM ZUHÖREN!

    Herr Ullman talks about the Faust legend and its link with Staufen.

This Faust Business . . .

Faust belongs to that small band of celebrities whose activities were ubiquitous. Of Queen Elizabeth I and George Washington, you'll remember, it was claimed by historians, and historically-minded innkeepers, that they slept here (and there and everywhere). Faust, going one better, actually *died* in several places.

One old text reports that he met his end 'in a village near Wirtemberg'; one says he expired 'horribly' in the dungeon of a monastery (the dungeon of a monastery?) but there are references to the death of Faust in two places (both of them Staufen, if you follow) in another fecund source, the so-called *Zimmersche Chronik.*

Staufen's link with Faust is less tenuous than some, and diligent research has uncovered a wealth of supporting evidence to prove that our hero lived and died here. A handwritten note in a book printed in Basel in 1577 (several years before the Doctor's death), and discovered when an old house was being restored in Staufen, is said to make it likely that the tome was part of his library; a signed IOU of Lord Anton von Staufen, proving his debts, encourages the belief that Faust was brought into the town – and his patron's service – to make gold in order to pay them off; and if that's not enough, when Alfred Schladerer (of distillery fame), having learned just before World War Two that old papers were being removed from the town hall as an air-raid precaution, and dumped in a junkyard, he discovered amongst them – by the light of a pocket torch – a diversity of invaluable books and documents, some amongst them not only containing recipes for medical and astrological procedures and alchemy, but also with references to contemporaries of Faust.

You can't deny it – the spirit of Faust lives on in Staufen. If you're

brave enough you may – after contemplating the devil's actual footprint on a step in the town hall tower – book into Room Five on the third floor of the *Gasthaus zum Löwen.* (You can't miss the fresco on an outside wall: it depicts the devil breaking Faust's neck.) Then, secure in the knowledge that photographs (photographs!) of the ghost of Faust in this very room are transparently fakes – you can see through the good Doctor and perceive not only his paraphernalia for making gold, but the very four-poster in which you lie – you may fitfully sleep and dream about the whole Faust business. Don't forget – Faust slept here.

AUF EIN WORT!

It can be a bit off-putting for English-speaking people, who have only one word for 'the', to find that the German language is blessed with three – *der, die* and *das*. However the gender of many nouns can be recognised. Here are a few guidelines.

Feminine nouns are probably easiest to recognise:

-ung: die Verantwort**ung**, die Umgeh**ung**
-heit or **-keit**: die Möglich**keit**, die Gelegen**heit**
-schaft: die Land**schaft**
-e (most nouns): die Läng**e**, die Grupp**e**, die Pupp**e**
-in (added to a masculine noun): die Lehrer**in**
-ät: die Universit**ät**, die Aktivit**ät**

Most nouns ending in *-er* are masculine, especially those where the *-er* implies 'the man who does the action of a verb':

der Lehr**er**, der Einwohn**er**, der Fußgäng**er**

In addition:

Days of the week: *der Tag, der Sonntag, der Montag . . .*
Months: *der April, der Oktober*
Seasons: *der Herbst, der Sommer*
Compass points: *der Norden, der Süden,*

Neuter nouns: all those ending in *-chen*, *-lein*, and *-le*:
das Städt**chen**, das Gläs**chen**.

In addition, all nouns formed by simply giving a verb a capital letter:
das Arbeiten.

VORSICHT!

About time.
Die Zeit is generally a period of time:
Ich versuche, **die Zeit** draußen noch auszunutzen.

If 'time' means 'occasion', then you use (*das*) *Mal*, which refers to a point in time:
Ich bin **zum ersten Mal** in Staufen.

You also meet *Mal* in *einmal, zweimal, dreimal . . .*
Zweimal Kirschtorte mit Sahne, bitte.

To ask the time, you can say: Wie spät ist es?

or: Wieviel Uhr ist es?

Die Uhr is the watch or clock (NOT the hour):
Ich habe eine silberne **Uhr**.

An hour (sixty minutes) is *eine Stunde.*

ÜBUNG MACHT DEN MEISTER

Ist Staufen unter der Sonne? It can be a bit confusing to hear **s** pronounced three different ways in one short sentence.

1 When a German word starts with **s**, or when it comes between two vowels, it usually buzzes like an English z:

Sonne   selbst   seit   diese

The German *z* is pronounced like the English *ts*:

zusammen   zeitweise   Platz

Be careful not to overdo the *z*! Or at least, turn your head away from the person you're talking to . . .

2 Very often, words contain not just *s* but *sch*: You know which . . .

schön   fantastisch   schwierig

FANTASTISCH!

You get the same *sh* sound (as in shush) in words starting with *st* or *sp*:

Staufen   staatlich   spielen

3 When *s* is not pronounced *z* or *sch*, it's like the *s* in 'soft':

Ausbildung   etwas   kannst

4 An opportunity to admire ruthless German logic: the **s** in *Vorhersage*, although it seems to be in the middle of a word, is in fact at the beginning – ie of *Sage* – to which *Vorher* has been added.

Die frisch gestrichene Eisdiele ist auf der rechten Seite dieser Straße. Sehen Sie! Die Fauststube ist in diesem Gasthaus!
In diesem schönen Städtchen scheint die Sonne den ganzen Sommer hindurch. Sprechen Sie von Staufen?

WORD ORDER

In Chapter Two, we reminded ourselves of the first rule of German word-order – the finite verb is in second position:

Um diese Zeit **sind** wir immer hier.
At this time we're always here.

If the verb is not finite, but infinitive (the bit that means 'to . . .'), then it goes to the end, and is normally preceded by the word *zu* ('to'):

Das ist schwierig, in kurzen Worten **zu sagen**.
It's difficult to say in a few words.

If the verb has a prefix which is normally separated (see page 105), then the *zu* goes between the prefix and the infinitive (but the whole thing remains one word!):

Bei dieser Arbeit ist es unmöglich **ab*zu*schalten**.
In this work it's impossible to 'switch off'.

Es ist sehr langweilig, die ganze Zeit in diesem Raum **zusammen*zu*sein**.
It's very boring to be together in this room all the time.

Sometimes 'to' means 'in order to', in which case you use *um . . . zu . . .*.

Man braucht seine eignen Interessen, **um** das Ganze **zu vergessen**.
You need your own interests in order to forget the whole thing.

And finally, if the infinitive depends on one of the so-called 'modal' verbs (such as *können, wollen, müssen, sollen, dürfen* and *mögen*), then you don't put in the *zu* at all:

Viele Kinder **können** auch nicht **spielen**.
Many children can't play either.

Ich **möchte** ins Münstertal **fahren**.
I'd like to travel to the Münstertal.

Sie **dürfen** nicht durch die Stadt **fahren**.
You're not allowed to drive through the town.

NB If the infinitive after a modal verb implies motion it's often left out altogether:

Ich **muß** jetzt zum Bahnhof
I've got to go to the station now.

JETZT SIND SIE DRAN!

Beispiel:

Ist es möglich, bei der Arbeit **abzuschalten**?
Ja, man **kann** bei der Arbeit **abschalten**.

Und nun Sie:
Ist es möglich, das in kurzen Worten zu sagen?
Ist es möglich, die Stadt zu umfahren?
Ist es möglich, von hier aus ins Münstertal zu kommen?
Ist es möglich, an der Brücke links abzubiegen?
Ist es möglich, hier die Straße runterzugehen?

● Use these groups of words to make sentences or questions:

Sie, gerade, machen, was
Wein, Glas, trinken, gerade, wir, ein
Wein, trinken, warum, Sie
heiß, so, weil, ist, es
Freiburg, ich, jetzt, fahre, nach, zurück
bei, Sie, machen, Wetter, schönen, diesem, was
Stunde, gehe, eine, die, durch, Stadt, ich

Although the first rule of word-order is that the finite verb goes in second position, there are certain words in German (such as *wenn*), which send it to the end of the clause or sentence. (Not the end of the page, or the book . . .):

Der Weinbrunnen ist auch nur auf, **wenn** schönes Wetter **ist**.

(It's said that he who laughs last is a German. He has to wait for the verb to come along . . .)

In the same way the verb also comes at the end after
daß (that); *so . . . daß* (so . . . that); *bevor* (before); *weil* (because); *obwohl* or *obgleich* (although); *als* (when); *da* (since, as); *bis* (until); *während* (whilst); *sobald* (as soon as); *ob* (whether); *seit* or *seitdem* (since the time that); *damit* (so that, with the intention that):

Es ist wichtig, **daß** sich die Kinder hinlegen **können**.
It's important that the children can lie down.

Es sind zirka acht Kilometer, **bis** Sie im Münstertal **sind**.
It's about eight kilometres until you reach the Münstertal.

Bis zur Post **sind** es drei Minuten, **wenn** Sie normal **gehen**.
It takes three minutes to get to the post office, if you walk at a normal pace.

If you want to turn the sentence round, of course, and start with the *wenn* or *weil* or *daß* or whatever, then don't forget rule one!

Compare the word order:

Wir laufen hier rüber, wenn schönes Wetter ist.
Wenn schönes Wetter ist, **laufen wir** hier rüber.

So subject and verb change place whenever the main clause is preceded by some other information:

Main clause: Ich gehe nach Hause.

– Um drei Uhr   gehe ich nach Hause.

– Wenn es regnet,   gehe ich nach Hause.

– Dann   gehe ich nach Hause.

JETZT SIND SIE DRAN!

Modify the following sentence, including or changing the information as you continue. Follow the example:

Ich gehe ein Glas Bier trinken.

Wein

Ich gehe ein Glas Wein trinken.

Wenn der Weinbrunnen öffnet

Wenn der Weinbrunnen öffnet, gehe ich ein Glas Wein trinken.

Now your turn:

wir

weil es heiß ist

heute abend

alle Männer

dann

Milch

ZU GUTER LETZT!

You're discussing what you might do, and the weatherman has just forecast a sunny day.

Wenn es schön ist, gehen wir ins Münstertal!

Lucky you! Whilst you're in the Black Forest, you have different weather every single day. . . . What do you suggest?

Wie ist das Wetter?

Was machen wir?

Some useful words and phrases:

das Eis	bewölkt	bleiben	es regnet
der Kaffee	kalt	essen	es schneit
die Sonne	neblig	fahren	frische Luft schnappen
die Stadt	schön	gehen	ein Gläschen Wein
	warm	genießen	
	windig	spazierengehen	
		trinken	

Now you can ask for and give directions and plan your day by the weather. But what happens when you're feeling under the weather . . .?

TALKING ABOUT YOUR HEALTH
& SAYING HOW YOU FEEL
●
EXPRESSING LIKES AND DISLIKES

Bad Krozingen might never have been a spa, but an oil town, if they hadn't discovered hot water springs while they were looking for oil. Not only did they not find oil, but the place never even became a town either, actually, preferring to remain a (large) village of some 1,200 souls. This number includes the population of four other associated hamlets, Biengen, Hausen, Schlatt and Tunsel.

Once a Roman settlement, Crozzinga, the place was for hundreds of years a simple market-place on an ancient trade route from Basel, in Switzerland, to Scandinavia. Fifteen kilometres from Freiburg and six kilometres from Staufen, it shares the blessings of a fertile soil

and a season of sunshine that lasts from March to October or November. Agriculture today, as in the Middle Ages, is a significant part of the local economy.

Bad Krozingen, nestling in the sunshine amongst vineyards and orchards, does its utmost to attract and hold visitors. A scheme of *Ortskernsanierung* (renovation) of the old town centre is being undertaken, whilst ensuring that nothing of the old style and character is lost. Publicity for Bad Krozingen stresses the variety of attractions – the parks and the hotels, and the entertainments ranging from concerts in the castle to slide shows and tea dances, and even aerobics for senior citizens!

You can also enjoy the food and drink (if your doctor lets you, of course). How about attempting a *Weinleiter*, wine ladder, for exam-

ple? This is a miniature staircase with a glass of different wine on each step.

But it's as a spa town that Bad Krozingen is famous, and rightly so. People come from far and wide to take the waters from the hot springs, whose important carbon dioxide content is said to be good for the circulation of the blood. Clinics and doctors abound.

 1 Gisela ist beim Arzt. Sie hat aber keine der Krankheiten, deretwegen die Leute hier in Staufen Kur machen, sondern nur eine solide altmodische Erkältung!

Arzt	Der nächste, bitte. Guten Tag!
Gisela	Guten Tag, Herr Doktor.
Arzt	Fräulein Hemma, bitte nehmen Sie Platz. Was kann ich für Sie tun?
Gisela	Herr Doktor, ich bin furchtbar erkältet.
Arzt	Wo tut es Ihnen weh?
Gisela	Ich hab's im Hals, ich hab' Schnupfen, ich hab' Husten, ich hab'

	einfach alles.
Arzt	Haben Sie auch Fieber?
Gisela	Ja, ich glaub' schon, ziemlich hohes.
Arzt	Dann machen Sie bitte mal den Oberkörper frei, damit ich Ihre Lunge abhören kann.
Gisela	Ja.
Arzt	Atmen Sie bitte mal kräftig durch. Einatmen, und jetzt ausatmen. Danke. Jetzt messen wir noch den Blutdruck. So ist es recht. Und den Puls . . . Sie haben Fieber. Sie haben eine Erkältung, eine fieberhafte Erkältung mit Husten und Halsweh. Ich werde Ihnen ein Medikament aufschreiben. Damit gehen Sie in die Apotheke und nehmen das Medikament, wie es der Apotheker draufschreibt. So, auf Wiedersehen, Fräulein Hemma.
Gisela	Auf Wiedersehen, Herr Doktor.

- What did Gisela complain of?
- During his examination, what did the doctor ask her to do?

ich bin erkältet   I have a cold
der Schnupfen   cold in the head
der Husten   cough
das Fieber   temperature
atmen   to breathe
schlucken   to swallow
messen   to measure
der Blutdruck   blood pressure

HOW TO SAY WHAT'S WRONG WITH YOU

Kann ich Ihnen helfen?

Ich bin krank
Ich fühle mich nicht wohl

Ich habe   Kopfschmerzen
Halsschmerzen
Magenschmerzen
eine Erkältung
Husten
Fieber

Wo tut es weh?

Mir tut   das Ohr   weh
das Auge
das Bein
der Fuß
die Hand
der Finger
die Brust

Können Sie mir etwas gegen   Kopfschmerzen   geben?
Halsschmerzen
Magenschmerzen

Wie oft muß ich das nehmen?

Nehmen Sie   das Medikament   dreimal am Tag
die Tabletten   vor den Mahlzeiten
nach den Mahlzeiten
wie der Apotheker es
aufschreibt

JETZT SIND SIE DRAN!

 Beim Arzt

Arzt	Guten Morgen, kann ich Ihnen helfen?
Sie	*Say you don't feel well.*
Arzt	Haben Sie Schmerzen?
Sie	*Say you have a headache and a cough.*
Arzt	Wo tut es sonst weh?
Sie	*Say your chest hurts and you have a sore throat.*
Arzt	Ich gebe Ihnen diese Tabletten.
Sie	*Ask how often you must take them.*
Arzt	Dreimal am Tag, vor den Mahlzeiten.

2 Die Kurgäste würden allerdings kaum wegen einer simplen Erkältung nach Bad Krozingen kommen. Sie wollen eine richtige Kur machen. Das Wasser hier soll insbesondere für Herz und Kreislauf gut sein. Daß Bad Krozingen ein Kurort geworden ist und nicht ein zweites Dallas, ist übrigens nur dem Zufall zu verdanken. Herr Fuchs, zugleich Bürgermeister und Kurdirektor, erzählt, wie das gekommen ist.

Rita	Seit wann ist Bad Krozingen Kurstadt?
Herr Fuchs	Seit siebzig Jahren. 1911 ist durch einen Zufall das Thermalwasser entdeckt worden, auf der Suche nach Öl. Man hat Öl gesucht und Thermalwasser, vierzig Grad heißes Thermalwasser gefunden. Aus sechshundert Meter Tiefe kommt es raus. Und heute haben wir vier, das heißt, genauer gesagt, in Betrieb sind drei große Quellen mit diesem vierzig Grad heißen Thermalwasser, das besonders reich an Kohlensäure ist.Bad Krozingen zählt zu den kohlensäurehaltigsten Quellen in Europa.
Rita	Welche Konsequenzen hat das für die Patienten?
Herr Fuchs	Dieses kohlensäurehaltige Wasser, es wirkt durchblutungsfördernd, es dehnt die Haut aus. Es ist also für Herz/Kreislauf besonders gut, aber hilft auch bei Erkrankungen, chronischen Erkrankungen aus dem rheumatischen Formenkreis, Arthrosen, alles was mit Störung der Durchblutung zu tun hat. CO_2 ist durchblutungsfördernd.

Which words or phrases in the dialogue mean
- rich in carbonic acid
- springs or wells
- whilst looking for
- more precisely
- by chance
- good for the circulation of the blood

entdecken   to discover
in Betrieb   working
aus/dehnen   to stretch
die Haut   skin
die Störung   disruption

 3   Aber nicht alle Einwohner von Bad Krozingen haben mit dem Kur-
betrieb zu tun. Das wäre denn doch des Guten etwas zu viel, meint
der Bürgermeister.

Herr Fuchs   Nein, das wäre ja sehr schlimm, dann wären wir ja nur ein Gesund-
heitszentrum. Wir haben noch sehr viele Landwirte. Diese fruchtbare
Lößebene zu Füßen des Schwarzwaldes zwischen Rhein und
Schwarzwald, da läßt sich noch gut Landwirtschaft treiben. Wir haben
etwa vierzig bis fünfzig hauptberufliche Landwirte noch, sehr viele
Leute, die nebenher die Landwirtschaft betreiben. Wir haben sehr

viel Handwerk, aber wir haben keine Industrie. Bad Krozingen hat bewußt auf die Ansiedlung von Industrie verzichtet, damit die Landschaft unberührt bleibt für den Gast. Denn, wissen Sie, neben den Leuten in den Kliniken haben wir natürlich eine ganze Reihe Leute, die kommen auch einfach nur so, um sich zu entspannen, um ein Stück Urlaub zu machen, gesundheitsbewußten Urlaub. Kleine Pensionen, Hotels, und das ist alles verteilt und oft gemischt mit der Landwirtschaft.

A newspaper article reporting the words of Herr Fuchs contains these incorrect statements. What's wrong with them?

- Fast die Hälfte der Einwohner von Bad Krozingen arbeitet auf dem Land.
- Fabriken findet man wenige, und zwar nur außerhalb der Stadt.
- Die meisten Besucher kommen zur Kur nach Bad Krozingen.

die Gesundheit   health
der Landwirt   farmer
fruchtbar   fertile
der Löß   loess (geology)
die Ebene   plain
die Landwirtschaft   agriculture
hauptberuflich   as their main occupation
das Handwerk   handicraft, trade
bewußt   consciously
verzichten auf   to renounce
sich entspannen   to relax
verteilt   spread out

 4   Braucht man eine Verschreibung vom Arzt, wenn man eine Kur machen will?

Rita   Sind die Kurgäste in erster Linie private Gäste, oder haben sie überwiegend eine Verschreibung durch den Arzt?

Herr Fuchs   Das ist verschieden. Sehr viele Gäste kommen mit einer Verschreibung durch den Arzt, das heißt durch ihren Hausarzt zu Hause, wo sie wohnen. Aber es gibt natürlich auch Leute, vor allen Dingen unsere Stammgäste, die jedes Jahr kommen. Die kommen auch ohne Verschreibung. Aber das Wasser, also die Benutzung der Kurmittel, dazu muß man auf jeden Fall erst eine ärztliche Untersuchung gemacht haben, weil, das Wasser ist sehr intensiv.

- What's the procedure if you want to take the waters at Bad Krozingen?

überwiegend   for the most part
die Verschreibung   prescription
der Stammgast   regular visitor
die Benutzung   use
auf jeden Fall   in any case
die Untersuchung   examination

 5   Anders als das Meer ist ein Hallenbad nicht rund um die Uhr geöffnet, und leider muß man für die Benutzung auch Geld bezahlen. Rita ist gerade an der Kasse und erkundigt sich nach den Einzelheiten.

Rita	Guten Tag, ich hätte gern eine Auskunft. Wann ist das Hallenbad geöffnet?
Angestellte	Ja, von Montag bis Freitag von sieben bis zwanzig Uhr abends, also das sind die Einlaßzeiten.
Rita	Ist es am Wochenende geschlossen?
Angestellte	Nein, samstags ist bis sechzehn Uhr auf und sonntags von acht bis vierzehn Uhr.
Rita	Dann hätte ich gerne eine Karte für mich. Wieviel kostet die denn?
Angestellte	Acht Mark fünfzig.
Rita	Könnte ich sie auch für eine Woche haben, oder gibt's Monatskarten?
Angestellte	Nein, dann gibt's Zehner-Karten, die sind dann auch übertragbar und sind 'n Jahr gültig.
Rita	Dann nehme ich vielleicht die Zehner-Karte.
Angestellte	Ja, die kostet siebenundsiebzig Mark.
Rita	Wie bitte?
Angestellte	Siebenundsiebzig Mark kostet die Zehner-Karte.
Rita	Wie lange darf ich im Bad bleiben?
Angestellte	Eineinhalb Stunden, also neunzig Minuten.
Rita	Mit Umziehen?
Angestellte	Mit An- und Ausziehen.
Rita	Und gibt's auch spezielle Programme, so Fitneßprogramme oder Gymnastik?
Angestellte	Ja, es ist alle halbe Stunde Gymnastik im Bad, also immer um halb und zur vollen Stunde.
Rita	Was muß ich tun, um daran teilzunehmen?
Angestellte	Ja, das findet dann immer in der Halle statt. Immer um halb und zur vollen Stunde zehn Minuten.
Rita	Kann ich da einfach hingehen, oder muß ich extra bezahlen?
Angestellte	Nein, nein, können Sie einfach hingehen.

Which statement is correct?

The baths are open

* every day until 8 pm.
* every day except Sunday at 7 am.
* at weekends only until 2 pm.

A ten-ticket card is valid

- for one month.
- for one year and can be used by more than one person.
- for one year and can't be used by more than one person.

For the price of one ticket, you're entitled to be in the baths for 90 minutes

- excluding dressing and undressing time.
- including dressing and undressing time, and including the exercises.
- including dressing and undressing time but excluding the exercises.

übertragbar   transferable
gültig   valid
sich an/ziehen   to get dressed
sich aus/ziehen   to get undressed
sich um/ziehen   to get changed

 6   Rita hat sich inzwischen umgezogen und unterhält sich nun in der Schwimmhalle mit zwei anderen Besuchern.

Rita	Kommen Sie gerade aus dem Bad?
Herr Mallmann	Ich komm' grade aus dem Bad, ja.
Rita	Wie war's?
Herr Mallmann	Wie immer – sehr schön.
Rita	Das heißt, Sie machen das öfters?
Herr Mallmann	Ich mach' das, weil ich's für meine Gesundheit für gut halte.
Rita	Wohnen Sie hier in Staufen oder in Bad Krozingen?
Herr Mallmann	In Freiburg.

öfters   fairly often
halten für   to consider as

 7   Frau Tröltzsch kommt auch oft ins Thermalbad, obgleich sie kein Kurgast ist. Warum?

Rita	Darf ich Sie etwas fragen – sind Sie hier Kurgast?
Frau Tröltzsch	Nein, ich bin kein Kurgast hier.
Rita	Kommen Sie regelmäßig in das Thermalbad?
Frau Tröltzsch	Regelmäßig kann ich eigentlich nicht sagen, aber öfters.
Rita	Warum kommen Sie hierher?
Frau Tröltzsch	Weil's meiner Gesundheit gut tut. Ich fühle mich wohl hinterher.
Rita	Wie gefällt es Ihnen hier im Bad?
Frau Tröltzsch	Es ist nicht besonders groß, aber sehr nett. Also, ich geh' gern hierher.
Rita	Und ist die Wassertemperatur angenehm, oder zu warm?
Frau Tröltzsch	Nein, die empfinde ich also sehr angenehm.

regelmäßig   regularly
hinterher   afterwards
angenehm   pleasant
empfinden   to find, feel

 8   Frau Kasel ist vor knapp einer Woche in Bad Krozingen angekommen. Eigentlich ist sie zur Kur hier, aber da ist noch etwas anderes, was sie interessiert . . .

Rita	Sind Sie nach Bad Krozingen gekommen, um eine Kur zu machen?
Frau Kasel	Ja, ja.
Rita	Wie lange sind Sie schon hier?
Frau Kasel	Knappe Woche.
Rita	Und wie gefällt's Ihnen bisher?
Frau Kasel	Sehr gut, sehr gut, muß ich sagen, ja.
Rita	Und wie finden Sie das Freizeitangebot?
Frau Kasel	Ich hab' zwar schon im Kurhaus so die Plakate und die Angebote gelesen, aber bis jetzt habe ich noch keinen Gebrauch davon gemacht. Aber so, am Donnerstag gibt's autogenes Training, und das will ich mal besuchen.

knapp   barely
bisher   so far
das Freizeitangebot   programme of leisure activities
Gebrauch machen von etwas   to make use of something
autogenes Training   a kind of self-hypnosis

 9   Frau Ehlis, die hier beschreibt, wie sie ihre Zeit in Bad Krozingen verbringt, gefällt es gut hier – wenn sie auch das Caféhaus nicht betreten darf!

Rita	Wie sieht Ihr Tagesablauf aus?
Frau Ehlis	Wie sieht der aus? Frühstücken erst mal und dann Massagen und Bäder und Anwendungen. Ruhen. Ja, frühstücken, also das ist zuviel gesagt: wenig, ganz ganz wenig frühstücken. Und dann, ja, was machen wir dann? Dann gehen wir schlafen, ruhen, wieder ruhen und dann wieder am Caféhaus vorbeigehen. Zum Abendbrot ein Joghurt und nichts anderes.
Rita	Müssen Sie eine Diät machen?
Frau Ehlis	Nicht unbedingt, bloß weniger essen.
Rita	Und fällt Ihnen das schwer?
Frau Ehlis	Gar nicht! Nein, denn man tut ja nichts. Ich arbeite doch gar nicht, und da fällt mir das gar nicht schwer, hungrig ins Bett zu gehen.

die Anwendungen   (here) treatment
unbedingt   necessarily

WHAT'S GOING ON IN BAD KROZINGEN

der Aktiv-Paß	active member's card	die Fashet (=Fastnacht)	carnival
die Tonbildschau	slide and sound show	der Rebberg	vineyard
die Stoffmalevei	painting on cloth	der Fackelzug	torchlight procession
(der) Skat	popular card game	der Alleinunterhalter	solo entertainer
das (die) Filet (nadel)	knitting needle	der Zunftabend	guild evening
der Unkostenbeitrag	contributions to cover expenses		

10 Für Kurgäste und Urlauber kommt meistens viel zu schnell der Tag, wo sie wieder abreisen. Zum Schluß dieses Kapitels aber sprechen wir noch einmal mit Dr Battke, der nach Staufen kam und zu bleiben beschloß.

Arthur Wie kamen Sie ausgerechnet nach Staufen?

Doktor Battke Mich hat sehr gelockt die Allgemeinmedizin. Ich komme aus Köln, einer Großstadt, hab' aber am Rande dieser Stadt gewohnt. Und es hat mich nie gereizt, in eine Großstadt zu gehen. Und es hat mich nie gereizt, ganz aufs Land zu gehen. Sondern so eine Kleinstadt mit einer großen Schule wie hier in Staufen, mit kulturellen Möglichkeiten, aber auch mit der Chance, im Prinzip jeden zu kennen in der Stadt, oder die meisten jedenfalls, das ist das, was ich für's Leben schön finde. Und zudem hat Staufen noch eine sehr schöne Umgebung. Der Schwarzwald, Basel ist nah, Frankreich ist nah. Über die Autobahn ist das Mittelmeer schnell erreichbar, Südfrankreich, also es gibt nichts Besseres zum Leben als hier, aus meiner Sicht.

Which does the doctor like?
Was gefällt dem Arzt? Was gefällt ihm nicht?.

- nicht weit entfernt von lockenden Ausflugszielen zu wohnen.
- ganz auf dem Land zu leben.
- sich in der Medizin zu spezialisieren.
- mit der Mehrzahl der Einwohner in Kontakt zu kommen.

ausgerechnet nach Staufen   to Staufen of all places
locken   to entice, attract
allgemein   general
der Rand   edge
reizen   to attract, excite
die Umgebung   surrounding area
erreichbar   accessible
das Mittelmeer   Mediterranean
aus meiner Sicht   from my point of view

 11 Dieser Arzt kehrte nicht nur der Großstadt den Rücken, sondern auch dem Spezialistentum. Er ist bei der Allgemeinmedizin geblieben, die den Menschen in seiner Ganzheit betrachtet.

Arthur Sie sind also nicht nur Arzt für körperliche Wunden, sondern auch für seelische Wunden?

Doktor Battke Der Name heißt offiziell Allgemeinmedizin, und das umfaßt den ganzen Menschen. Und das ist aus meiner Sicht das Schöne. Nur Spezialist sein und nur Knie betrachten oder Herzen oder was, macht mir jedenfalls keinen Spaß.

körperlich   to do with the body

die Wunde   wound, injury
seelisch   to do with the mind
umfassen   to embrace
betrachten   to look at, contemplate

 12   Aber besteht nicht die Gefahr, daß sich der Arzt zu sehr mit den Problemen seiner Patienten identifiziert und daran kaputtgeht?

Doktor Battke   In der Situation ist man voll beschäftigt und absorbiert und nimmt nichts wahr, was um einen herum ist. Aber danach . . . das gehört zum Arztberuf dazu, daß man das wegschieben lernt, was an Problemen auf einen zukommt, denn sonst geht man ganz schnell kaputt. Dann hält man das seelisch nicht aus. Und viele Ärzte können das nicht, oder auch viele soziale Berufe. Und deshalb ist . . . zum Beispiel auch die Selbstmordrate in diesen Berufsbereichen ziemlich groß, weil sie nicht lernen, dann, wenn die Behandlung zu Ende ist, Distanz wieder zu gewinnen und ihr eigenes Leben zu leben.

beschäftigt   busy, occupied
wahr/nehmen   to bear in mind
weg/schieben   to push away
aus/halten   to endure
die Selbstmordrate   number of suicides
der Bereich   area

Hilfe

This is meant to be a feature about Dr Battke for the local newspaper. Unfortunately the word processor has lifted out all the verbs! As a junior reporter, it's your job to put them all back in the right place.

kaputtgeht	gezogen	möchte	mögen
reizt	hat	zusammenhängen	beschäftigen
weiß	kennt	kennenlernen	

In einer Kleinstadt wie Staufen _ _ _ _ jeder jeden. Manche Leute _ _ _ _

das nicht, aber Dr Battke ist gerade deswegen nach Staufen _ _ _ _.

Die Anonymität der Großstadt _ _ _ _ ihn nicht. Er _ _ _ _ möglichst viele

seiner Mitbürger persönlich _ _ _ _. Mit seinen Patienten _ _ _ _ er einen

engen Kontakt. Dr Battke _ _ _ _, daß körperliche Beschwerden oft mit

seelischen Problemen _ _ _ _. Aber ein Arzt darf sich mit den Sorgen

seiner Patienten auch nicht zu sehr _ _ _ _, weil er sonst daran womög-

lich selbst seelisch _ _ _ _.

HOW TO SAY YOU LIKE THINGS . . .

Ich finde es herrlich!
Ich finde es ausgezeichnet!

Are you very enthusiastic?

Ich halte es für ausgezeichnet!
Ich tue es leidenschaftlich gerne!

Es reizt mich.
Es macht mir Spaß.
Es ist sehr schön.

Do you like it?

DAS IST HERRLICH, NICHT WAHR?

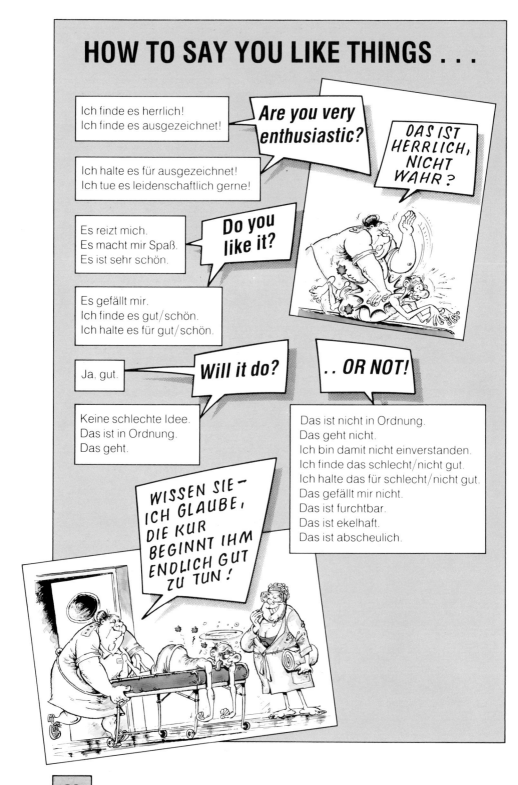

Es gefällt mir.
Ich finde es gut/schön.
Ich halte es für gut/schön.

Ja, gut.

Will it do?

.. OR NOT!

Keine schlechte Idee.
Das ist in Ordnung.
Das geht.

Das ist nicht in Ordnung.
Das geht nicht.
Ich bin damit nicht einverstanden.
Ich finde das schlecht/nicht gut.
Ich halte das für schlecht/nicht gut.
Das gefällt mir nicht.
Das ist furchtbar.
Das ist ekelhaft.
Das ist abscheulich.

WISSEN SIE — ICH GLAUBE, DIE KUR BEGINNT IHM ENDLICH GUT ZU TUN !

AUF EIN WORT!

Did you hear the one about the *Hottentottentantenattentäter* who became an *Eisschrankglühbirnenverkäufer*? . . . No? It's not every language that can tell a whole story in two words. (*Eis* – ice; *der Schrank* – cupboard; *Glühbirne* – from *glühen*, to glow and *die Birne*, pear – electric light bulb; *Verkäufer* – salesman; *Tante* – aunt; *Attentäter* – murderer; you know what a *Hottentot* is . . .)

Making up new words in German is a bit like playing with building-blocks.
The *Bürgermeister* said: ,,*Wir haben etwa vierzig bis fünfzig hauptberufliche Landwirte.*''
das Haupt means 'head' or 'main'. It comes from a Latin word caput, capitis (which gives us for example capital). You find it in *die Hauptstraße, die Hauptstadt, der Hauptbahnhof.*

Compound nouns are very common in German. If you break down such words into their elements you can often crack the meaning.

die Bahn (the way, track)   Eisen**bahn**, Auto**bahn**, Straßen**bahn**.
der Platz (place, square)   Markt**platz**, Camping**platz**, Sport**platz**.
der Schrank (cupboard)   Eis**schrank**, Bücher**schrank**, Kleider**schrank**.
das Haus (house)   Steak**haus**, Auto**haus**, Rat**haus** (nothing to do
     with the Pied Piper, der Rat-   counsel/council. Where's that then?)
das Fest (festival)   Bier**fest**, Kinder**fest**, Volks**fest**.
der Markt (market)   Super**markt**, Blumen**markt**, Jahr**markt**.

The gender's always that of the last element.

You can enjoy yourself making up a word-chain:

Sprechstunde   Sprechzimmer   Einzelzimmer   Doppelzimmer
Doppelgänger   Fußgänger . . .

VORSICHT!

Eine Pension (guest house) also means the money you receive as a retired person, but only if you're a civil servant. Others receive *eine*

Rente. And if you want to rent something? Then you use either *mieten*:

Ich **miete** mir diese Wohnung *I rent this flat (from somebody)*
or *vermieten*:
Ich **vermiete** diese Wohnung *I rent this flat (to somebody.)*

ÜBUNG MACHT DEN MEISTER

As a Germanist you can stick your nose in the air over jokes about the smells in Bad Oder, since the *d* at the end of *Bad* is pronounced like the *t* in 'tea', and the *t* in *Leute* and *Untersuchung*. It's a sound that shouldn't cause any difficulty to anyone who can manage to pronounce all the *t's* in 'A lot of little bottles'.

It's also a *t* sound in compound words like *Landschaft* and *Gesundheit*, as the *d* is at the end of *Land* and *gesund*.

When *d* is at the beginning of a word, it's like the *d* in down.
Dieter fuhr durch die Dörfer.

Andrehen (to turn on) consists of *an* and *drehen*. The *d* here is at the beginning of *drehen*. Therefore the *d* is the same one as in *Dieter*.

The situation is similar with *b* and *p*. In *Programm* and *Bürgermeister*, they're like English *p* and *b*, but when *b* is at the end of a word or syllable it becomes 'voiceless' and sounds like *p*.
Ist das üblich? Das hängt davon ab! Das ist lieblich!

And in *abbrechen* (to break off)? The verb is *ab-brechen*. The first *b* is at the end, and the second one at the beginning.

The situation is similar again with *g* and *k*. In *gefällt* and *gern*, you hear a clear *g* sound, but at the end it sounds very like *k*.
Der Krug.

Where the final *g* follows an *i* it sounds like the *ch* in *ich*.
Diese Karte ist gültig.

Der Tod des Wirtcs bedeutet, daß er tot sein wird.
Bad Krozingen ist eine Kurstadt.
Eckhard ist Landwirt im Schwarzwald.
Ihr seid seit siebzig Jahren Apotheker?
Donnerwetter!

Krankenversicherung

Walter Dünnbier ist Facharbeiter, 32 Jahre alt, verheiratet, zwei
Kinder. Seine Tochter Ramona, sechs Jahre alt, hat Fieber. Was tun?
Frau Dünnbier sucht das Heft mit den Krankenscheinen für dieses
Quartal. Irgendwo müssen die Dinger doch sein! Die Krankenkasse
hat sie uns doch geschickt! Ah ja, hier haben wir sie. Frau Dünnbier
nimmt Ramona bei der Hand und geht mit ihr zum Arzt. Zu welchem?
Zu welchem sie will. Zum Beispiel Kinderarzt Dr Lieblich, gleich um
die Ecke. Das Wartezimmer ist voll, wie üblich. Schließlich aber sind
sie an der Reihe. Frau Dünnbier gibt Dr Lieblich einen Kranken-
schein. Den reicht Dr Lieblich später bei der Krankenkasse ein und
bekommt dann von der Krankenkasse sein Geld. Die arme Ramona
hat Halsentzündung. Dr Lieblich gibt ihr ein Rezept für ein Medikament. Mit dem Rezept gehen Mutter und Tochter zur Apotheke. Ein
paar Mark muß Frau Dünnbier selbst bezahlen, den Rest zahlt die
Krankenkasse. Die Dünnbiers sind pflichtversichert, wie alle Arbeiter
und Angestellte.

   Walter Dünnbier hat einen Bruder, Werner. Werner Dünnbier ist
Kneipenwirt und privat versichert. Wenn seine Tochter, Elfie, krank
ist, muß er Arzt und Apotheker erst einmal selber bezahlen und bekommt einen Teil des Geldes dann von seiner Versicherung zurück.
Wieviel die Versicherung zahlt, hängt davon ab, wie hoch er versichert ist. Natürlich kann sein Bruder Walter zu seiner Pflichtversi-
cherung zusätzlich auch noch eine Privatversicherung abschließen,
wenn er will. Die Versicherungsgesellschaften sind immer begierig
auf neue Kunden. Wozu eine Zusatzversicherung gut ist? Na, zum
Beispiel, wenn Walter Dünnbier ins Krankenhaus muß, dann kann er
auf der Privatstation liegen und sich in der Hoffnung wiegen, daß
er besser behandelt wird als die gewöhnlichen „Kassenpatienten".

VERBS

THE PRESENT TENSE

The regular endings, which you add to the stem of the verb (get the stem by removing the -en from the infinitive) are:

-e, -st, -t, -en, -t, -en, -en.

Ich glaube schon.
Du lernst es wegschieben.
Er wohnt gern in Staufen.
Sie zählt zu den größten Quellen in Europa.
Es kommt aus sechshundert Meter Tiefe.
Wir schauen in die Ohren.
Ihr bleibt neunzig Minuten im Wasser.
Sie gehen in die Apotheke.
Sie betreiben nebenbei Landwirtschaft.

man (one, you, they) takes the same verb ending as *er*:

Man geht hier zu einem Badearzt.

NB The -e in the *ich* form is often left out in the spoken language:

Ja, ich glaub' schon. Ich hab's im Hals.

If the stem of the verb ends in -d, -t or a group of consonants, then the -t becomes -et:

Das Hallenbad öffnet um sieben Uhr morgens.

Some verbs change their stem-vowel in the second and third persons singular:

Das hilft bei Erkrankungen.

Others like this are
fahren (ä), *lassen* (ä), *empfehlen* (ie), *geben* (i), *lesen* (ie), *nehmen* (du *nimmst*, er *nimmt*). You'll find them all in the verb table, page 330.

As you might expect, some verbs are simply irregular. These include sein (*ich bin, du bist, er/sie/es ist, wir sind, ihr seid, Sie sind, sie sind*), and haben (*ich habe, du hast, er/sie/es hat, wir haben, ihr habt, Sie haben, sie haben*):

Ich bin furchtbar erkältet.
Das hat Konsequenzen für die Patienten.

Others are wissen (to know) *ich weiß, du weißt, er/sie/es weiß, wir wissen, ihr wißt, Sie wissen, sie wissen*; tun (to do) *ich tue, du tust, er/sie/es tut, wir tun, ihr tut, Sie tun, sie tun*; halten-(to hold) *ich halte, du hälst, er/sie/es hält, wir halten, ihr haltet, Sie halten, sie halten.*

For information about modal verbs such as *müssen, können, wollen, dürfen, sollen* and *mögen*, see page 248.

JETZT SIND SIE DRAN!

Put in the part of the verb that agrees with the subject.

Viele Leute (kommen) mit einer Verschreibung durch den Arzt.
Es (geben) auch Zehner-Karten.
Ich (gehen) einfach zum Hallenbad.
Jeden Tag (lesen) er die Plakate.
Dann (nehmen) ich vielleicht eine Monatskarte.
Da (fahren) wir mal nach Freiburg.
Er (finden) das Freizeitangebot ausgezeichnet.
Wenn ein Arzt auf dem Lande (wohnen), (wissen) er mehr über seine Patienten.
Dann (gehen) Sie mit der Verschreibung zur Apotheke.
Ich (kommen) hierher, weil es meiner Gesundheit gut (tun).

PREFIXES

A rich source of vocabulary in German is gained by adding a prefix to a simple verb. Such prefixes are of two basic kinds.

Separable
Some prefixes, such as *ab-, auf-, zurück-, aus-* separate from the verb in its finite form:
Ich **reise** heute **ab**.
Separable verbs are shown in this book like this:
ab/reisen.

NB If the separable verb comes at the end of a subordinate clause, then the prefix and the verb join up again:
Sie will nicht, daß ich *abreise*.

Inseparable
Other prefixes, such as *be-, er-, ge-* never separate from the verb in the finite form.
Er *betrachtet* nicht nur Knie und Herzen.
Inseparable verbs are shown in this book like this:
besuchen.

JETZT SIND SIE DRAN!

Der Arzt (verschreiben) Aspirin.
Ich (unterschreiben) gerade einen Brief.
Im Winter (aus/sehen (ie)) es draußen etwas anders.
Wir (teil/nehmen) an allen Veranstaltungen.
Dann (aus/halten (ä)) man es seelisch nicht.
Morgen (besuchen) er das autogene Training.

Der Arzt glaubt, daß Medizin den ganzen Menschen (umfassen).
Man (erreichen) sehr schnell das Mittelmeer.
Ich (empfinden) die Wassertemperatur als sehr angenehm.
Ich weiß nicht, ob ich das (aus/halten).

Notice how you ask how long something has been going on for.
Seit wann ist es geöffnet? How long has it been open? (Another way
would be to ask: Wie lange schon ist es geöffnet?) Unlike English,
the question is in the present tense, and so is the answer.

Und wie lange sind Sie schon in der Firmenleitung tätig?
In der Firmenleitung (bin ich) seit sieben Jahren.

ZU GUTER LETZT!

You love going to Bad Krozingen. For one reason you think taking
the waters is good for you, and you're very appreciative of what goes
on there – but not when you actually feel ill, and have to go and
see a doctor, of all things! Say how you like – and don't like – what
you're doing on these illustrations.

Now you can consult a doctor and say what you like and don't like.
Next – let's find out what life is like in Staufen.

SAYING WHAT YOU'VE DONE AND
●
WHAT YOU'VE BEEN DOING

Sixtus Balthasar Schladerer left the family home at Bamlach, near Basel, in 1844, and went to live in Staufen, where he took over the Kreuz-Post. Soon after his installation, it was noticed that his guests, as they were being packed by postillions into their coaches to continue their way, were clutching bottles of a drink of some potency, produced by Sixtus Balthasar as a sideline. The Schladerer distillery is now in the hands of the fourth generation.

When Sixtus Balthasar arrived in Staufen, there'd been vineyards in the area for a good five hundred years, so the drinking tradition was already well-established. Today Freiburg has more vineyards than any other German town. Other famous wine-growing areas – the Markgräflerland and Ortenau, and Alsace are on the doorstep. Wine is big business.

So is wine-tasting. At the Faber estate, for example, you can taste eight different wines ('with rye bread') for DM 9,50. ('A commentary on the wines will be given by Herr Faber', and 'a small snack can be provided before the wine-tasting, if required'.) In Opfingen's *Ratskeller* you get 15 wines with your rye bread, for DM 16,00. But the

best bargain may be the three wines you get with each course of the 'gourmet meal with integral wine-tasting' on offer in the Freiburg Holiday Programme. (There are eight courses.) It will set you back DM 128,00, but included is 'a commentary by a wine expert'. ('Thish, ladiesh an' gennlemen, ish the twenty-firsht wine of the evening . . .')

Experts don't drink the stuff, of course, on these occasions, but sip it delicately. On the other hand, not everyone is an expert when it comes to wine-drinking. One story tells of a local squire who in the 16th century ordered his peasants to drink up his wine surplus for that year. 'The peasants applied themselves to this merry task', the story goes on, 'and as a result there were disputes and fights in respect of which the squire imposed fines. In this way he earned more than if he had sold the wine.'

1 Rita will den Tag in Staufen verbringen. Sie hat sich mit Herrn Robaschik, einem alten Staufener, in einem Café verabredet, denn zum Weintrinken ist es wohl noch etwas zu früh . . .

Kellnerin	Guten Morgen, was kann ich Ihnen zum Trinken bringen?
Rita	Ja, guten Morgen, ich hätte gern 'ne Tasse Kaffee . . . Und was möchten Sie trinken?
Herr Robaschik	Ich möchte einen doppelten Espresso.
Rita	Ja, also dann einen Espresso, einen doppelten Espresso – und eine Tasse Kaffee, bitte.
Kellnerin	Gut, danke schön.

Es dauert nicht lange, da steuert die Kellnerin wieder auf ihren Tisch zu.

Rita	Ist das der Espresso?
Kellnerin	Das ist der Espresso.
Rita	Der ist für den Herrn.
Kellnerin	Ja, der ist für den Herrn.
Herr Robaschik	Danke schön. Das sieht aber sehr gut aus!
Kellnerin	Das ist der Kaffee.
Rita	Ja, der ist für mich. Oh, da gibt es ja Schokolade dazu! Das ist toll!
Kellnerin	Als kleines Präsent.

Und wenn es Zeit ist, aufzubrechen . . .

Rita	Fräulein! Ich möchte gerne bezahlen.
Kellnerin	Das ist alles zusammen?
Rita	Ja, alles zusammen, bitte.
Kellnerin	Das sind zwo Kaffee – vier vierzig – und einen doppelten Espresso nochmals vier vierzig, das sind acht Mark achtzig.
Rita	Ja, einen Moment bitte . . . fünf . . . . Wieviei sagten Sie?
Kellnerin	Acht Mark achtzig.
Rita	Das sind sieben . . .
Kellnerin	Danke.
Rita	. . . neun. Stimmt so.
Kellnerin	Danke schön!

HOW TO ORDER IN A CAFÉ

Herr Ober!
Fräulein!

Bitte schön?
Was möchten Sie?

Ich möchte	eine Tasse Kaffee	mit	Zucker
Ich hätte gern	ein Glas Tee	ohne	Milch
Für meinen Freund	einen Espresso		Sahne
Für meine Freundin			
Für den Herrn			
Für die Dame			

ein Eis
ein gemischtes Eis
einen Rotwein
einen Weißwein

Sind Sie
zufrieden?

Der sieht aber gut aus!
Die schmeckt gut!
Das hat gut geschmeckt!

Ich möchte bezahlen!
Zahlen, bitte!
Die Rechnung, bitte!

JETZT SIND SIE DRAN!

 Im Café

Sie	*Call the waiter*
Kellner	Bitte schön!
Sie	*Order a red wine for your friend, a lady.*
Kellner	Und für Sie?
Sie	*Say you'd like a cup of coffee with cream, but without sugar.*
Kellner	Sonst noch etwas?
Sie	*Order an ice cream with chocolate for your friend.*
	(The waiter brings the ice cream)
Kellner	Bitte schön!
Sie	*Say: that looks good! And offer to pay.*

 2 Jetzt aber geht es endlich los, das heißt: Rita und Herr Robaschik gehen los. Aber warum ist es in der Hauptstraße so ruhig? Ach so, wir sind hier in der Fußgängerzone!

Rita	Herr Robaschik, ich sehe ja gar keine Autos mehr! Früher war das ja mal anders!
Herr Robaschik	Nun, es ist ja noch frühe Morgenstunde, da ist es verhältnismäßig ruhig. In kurzer Frist werden Sie sehen, daß die Stadt sich anfüllt von Fußgängern. Die, die mit dem Auto kommen, finden hier ihre Parkplätze. Dort ist einer, dreißig Meter entfernt. Und die Stadt hat einen großen Gewinn davon, denn es wird mehr gekauft. Vor allen Dingen Leute aus der Umgebung kommen gerne jetzt nach Staufen, während sie vorher gesagt haben, das ist ja wie in der Großstadt, dort. Und jetzt ist es wie in einer richtigen gemütlichen Kleinstadt.
Rita	Ich sehe da gerade einen Lastwagen kommen. Aber der scheint Bier zu liefern.

Herr Robaschik	Es ist natürlich so, daß die Gewerbefahrzeuge einfahren dürfen, um zu entladen oder zu beladen. Das ist selbstverständlich notwendig. Auch die Menschen, die hier drin wohnen, haben eine Plakette, damit sie hereinfahren können.

Welches Fragewort paßt jeweils zu den folgenden Sätzen?

Seit wann?	Was?	Welche?	Was für?
Wo?	Warum?	Wie?	

- . . . ist es verhältnismäßig ruhig? Weil es noch frühe Morgenstunde ist.
- . . . wird man bald sehen? Wie die Stadt sich von Fußgängern anfüllt.
- . . . hat die Stadt ihre Fußgängerzone? Seit sechs Monaten.
- . . . finden die Einwohner diese neue Einrichtung? Die meisten sind begeistert!
- . . . Fahrzeuge sah man früher in der Stadtmitte? Allerlei!
- . . . Leute kommen besonders gern nach Staufen? Die Leute aus der Umgebung.
- . . . finden die Leute Parkplätze? Da ist einer dreißig Meter entfernt!

angenehm   pleasant
ruhig   quiet
verhältnismäßig   comparative(ly)
ständig   all the time
gefährdet   in danger
zufrieden   content, satisfied
der Gewinn   profit, benefit
der Lastwagen   lorry
liefern   to deliver
das Gewerbe   trade
das Fahrzeug   vehicle
entladen   to unload
beladen   to load
notwendig   necessary
die Plakette   badge

 3

	Bald darauf kommen Herr Robaschik und Rita zu einem Platz, wo sich der Abfüllbetrieb einer Winzergenossenschaft befindet. Natürlich sind da auch noch andere Häuser.
Herr Robaschik	Wir stehen hier an einem Platz, wo wir auch mal die Struktur des Gewerbes sehen können. Gegenüber ist die Verkaufsstelle der Winzergenossenschaft, die wir vorhin besucht haben. Um die Ecke herum ist ein Schlossermeister. Wir sehen einen Textilladen, das Gasthaus zur Krone. Wir sehen einen kleinen Supermarkt. Wir sehen einen weiteren kleinen Textilladen, zwei Fotoläden, einen Friseur auch noch . . .
Rita	Besonders eindrucksvoll finde ich die Fassaden der Häuser.

Herr Robaschik   Das ist richtig. Vor allen Dingen die Farbigkeit. Für diese Stadt gibt es einen Farbplan, den hat der Stadtbaumeister mit einem Künstler zusammen hergestellt. Und das ist die Grundlage, ein Muster, wenn jemand sein Haus streichen will, dann schaut er auf diesen Farbplan und sagt: ,,Ja, das gefällt mir." Manchmal kann er aber auch sagen: ,,Ich habe einen eigenen Wunsch", und wenn das gut paßt, dann darf er es tun.

die Verkaufsstelle   point of sale
der Schlosser   locksmith
eindrucksvoll   impressive
die Farbigkeit   colourfulness
der Baumeister   architect
die Grundlage   basis
das Muster   model
streichen   to paint

4   Dies hier ist ein besonders schönes Haus. Aber was bedeuten die
         drei Buchstaben M C B über der Tür?

Herr Robaschik   Nun, M C B – Melchior, Caspar, Balthasar – das sind die Heiligen
         drei Könige, und in den katholischen Gebieten wird zur Zeit des
         Festes der Heiligen drei Könige am 6. Januar alle Türen – von denen,
         die es wollen – mit diesen Kreidebuchstaben gekennzeichnet. Da
         gehen die Ministranten des Pastors durch den ganzen Ort und
         schreiben immer neu jedes Jahr diese Buchstaben an. Ich finde, daß
         das eine sehr schöne Sitte ist, und es ist nicht nur die Sitte der Katho-
         liken – selbst die Protestanten lassen sich diese Buchstaben auf-
         schreiben.

 5   Wie sieht nun ein Tag für Leute aus, die hier wohnen und arbeiten?
         Rita und Arthur sind losgezogen und haben einfach ein paar von
         ihnen gefragt. Frau Huml zum Beispiel ist Verkäuferin in einem
         Sportgeschäft.

Rita   Gefällt Ihnen Ihre Tätigkeit in dem Geschäft, in dem Sie arbeiten?
Frau Huml   Ja, ich muß sagen, sie gefällt mir gut. Ich hatte zu Anfang größere
         Schwierigkeiten, weil ich die älteste Mitarbeiterin in diesem Hause
         war und auch noch bin, außer meiner Seniorchefin. Aber mittlerweile
         gefällt es mir so gut, daß ich mir vorstellen könnte, immer dort zu

arbeiten. Die Arbeit ist sehr abwechslungsreich. Ich bin vor vier Wochen auf der Messe in München gewesen und habe für die Sport-textilien mit einer Kollegin zusammen den Einkauf gemacht. Dort kommen alle große Firmen hauptsächlich aus dem Inland, aber auch aus dem Ausland zusammen.

6   Frau Huml ist gelernter Einzelhandelskaufmann und interessiert sich sehr für den Einkauf. Noch mehr Spaß macht ihr aber der direkte Kontakt mit den Kunden. Dabei ergeben sich immer neue Situationen – und manchmal auch Probleme. Zum Beispiel mit der Dame mit der unmöglichen Figur, die sich unbedingt eine Hose kaufen wollte . . .

Rita   Fällt Ihnen ein besonderes Ereignis ganz spontan ein, das Sie in letzter Zeit mit einem Kunden hatten?

Frau Huml   Ja, es fällt mir eins ein, und zwar am gestrigen Tag habe ich eine Dame bedient. Es ist etwas lustig, wenn ich sage, sie hatte eine unmögliche Figur, eine sehr schlechte Figur für eine Hose, und sie wollte unbedingt eine Hose bei mir kaufen. Und ich habe diese Kundin zwei Stunden an einem Stück bedient. Und die Kundin ist mit dem Gefühl aus unserem Geschäft herausgegangen, daß sie zufrieden war. Sie hat etliche Teile bei uns gekauft, hochwertige Teile, und

	es hat mir doch eine innere Befriedigung gegeben.
Rita	Hat sie denn tatsächlich eine Hose gekauft?
Frau Huml	Gut, daß Sie mich danach fragen. Die Hose hat sie natürlich gekauft, und sie war eigentlich sehr zufrieden. Aber dazu gehört sehr viel Fingerspitzengefühl, und ich habe mit der Kundin heute schon wieder Kontakt gehabt. Sie ist also sehr dankbar gewesen. Und das macht mir die Freude eigentlich an der Arbeit.

die Tätigkeit   activity
die Schwierigkeit   difficulty
mittlerweile   meanwhile
sich vor/stellen   to imagine
abwechlungsreich   varied
die Messe   fair
hauptsächlich   chiefly
der Einzelhandelskaufmann   trained retail salesperson
der Kunde   (male) customer
glatt   smoothly
unmöglich   impossible
das Ereignis   incident, event
bedienen   to serve
wollte unbedingt   was bent on
die Befriedigung   satisfaction
das Fingerspitzengefühl   flair, sensitivity

7 Aber nicht alle sind glücklich mit ihrer Arbeit. Und mancher macht sich zunächst falsche Vorstellungen von seinem Wunschberuf. Hören wir, wie es Joachim ergangen ist, einem jungen Zimmermann.

Arthur	Warum hast du diesen Beruf gelernt?
Joachim	Ich habe zuerst auf dem Gymnasium Abitur gemacht, habe angefangen, Physik zu studieren, und . . . mußte dann Zivildienst machen. Ich habe Zivildienst in der evangelischen Studentengemeinde gemacht und war dort dauernd mit Studenten zusammen. Und ich hab' dann gemerkt, daß mein Horizont sehr, sehr eng bleibt, und daß ich mit der politischen Arbeit, die ich mache, nicht weiterkomme, wenn ich nur den Kopf immer einsetze. Und so wollte ich einen Beruf erlernen, wo ich mit den Händen etwas arbeiten muß.
Arthur	Bist du bisher zufrieden mit dem, was du gewählt hast?
Joachim	Ich glaube, ich würde es nochmal machen. Ich habe nur gemerkt, daß der Betrieb, in dem ich angefangen hab', nicht ganz ideal ist. Und ich hab' auch gemerkt, daß ich nach der Lehre erst noch mal etwas anderes machen will.
Arthur	Was für Schwierigkeiten hast du in deinem Beruf?
Joachim	Die erste Schwierigkeit, die ich hatte, war erst einmal täglich acht Stunden zu arbeiten, immer da zu sein und das machen zu müssen, was mir vorgeschrieben wird. Die andere Schwierigkeit ist zum Teil, daß ich in der Höhe arbeiten muß, also auf dem Bau, und ich bin nicht ganz schwindelfrei. Und die dritte Schwierigkeit ist die, daß ich

mich nicht ganz ausgefüllt sehe. Und wenn ich immer mehr mir wünsche, noch andere Interessen auszufüllen, dann macht mir mein Beruf immer weniger Spaß, und ich mag dann eben nicht mehr jeden Tag zur Arbeit gehen.

die Vorstellung   expectation
der Zimmermann   joiner, carpenter
der Zivildienst   community service
    (done by some young men as an alternative to military service)
eng   narrow
ein/setzen   to use
wählen   to choose
merken   to notice
der Betrieb   firm
die Lehre   apprenticeship
vor/schreiben   to prescribe
schwindelfrei   free from giddiness
aus/füllen   to fulfil

8 Sabine ist zufrieden mit ihrem Leben als Hausfrau und Mutter von zwei kleinen Kindern, obgleich das viel Arbeit bedeutet, wie Putzen, Kochen, Abwaschen usw. Aber jeden Nachmittag kann man sie an der Freiburger Pädagogischen Hochschule finden, wo sie sich in ihrem eriernten Beruf als Lehrerin weiterqualifiziert. Wird ihr das alles nicht zu viel?

Arthur   Du studierst noch – wie kannst du das mit deiner Hausfrauentätigkeit vereinbaren?
Sabine   Ich habe die Nachmittage frei für mich, da gehe ich an die Pädagogische Hochschule in Freiburg und studiere Diplompädagogik.
Arthur   Warum studierst du Diplompädagogik?
Sabine   Ich bin von Beruf Lehrerin und möchte als Beratungslehrer weiterarbeiten, wenn die Kinder so groß sind, daß ich wieder in den Beruf gehen kann.
Arthur   Du warst Lehrerin. Warum hast du aufgehört zu arbeiten?
Sabine   Ich hätte für meine Kinder eine Person gebraucht, die auf die Kinder aufpaßt, und das wollte ich nicht. Und dann habe ich aufgehört zu arbeiten und bin jetzt bei den Kindern vormittags. Am Nachmittag ist mein Mann bei den Kindern, und ich kann studieren gehen, ohne daß wir eine andere Person brauchen für die Kinder.
Arthur   Warum willst du keine andere Person? Ist das zu teuer?
Sabine   Nein, ich habe Kinder bekommen, damit ich sie erziehen kann und niemand anders.

sich vor/bereiten   to prepare oneself
die Beratung   advice

auf/hören   to stop, cease
auf/passen   to watch over, look after
erziehen   to bring up, educate.

Warum?

Meine Arbeit gefällt mir, weil	sie abwechslungsreich ist.
	sie mich interessiert
	ich mit den Händen arbeiten kann.
	ich viel Kontakt mit den Kunden habe.
	man dabei Fingerspitzengefühl braucht.
	sie mir Spaß macht.
	ich erfolgreich bin.
	ich den Kopf einsetzen muß.
	ich dabei reisen muß.

Meine Arbeit gefällt mir nicht, weil	sie mir keinen Spaß macht.
	mein Horizont eng bleibt.
	ich nicht weiterkomme.
	der Betrieb nicht ideal ist.
	ich etwas anderes machen will.
	ich täglich acht Stunden arbeiten muß.
	ich in der Höhe arbeiten muß.
	ich lieber zu Hause wäre.
	ich mit den Händen arbeiten muß.

What would be said by:

- a successful teacher who enjoys her work?
- a lazy mountain-guide who gets dizzy?
- a failed clerk who's not getting on and who'd rather be at home?
- a carpenter with flair who enjoys his work?
- a computer expert who enjoys using her head, and likes travelling?

 9   Heute hatte Sabine keine Vorlesungen. Was hat sie gemacht?

Arthur   Was hast du heute gemacht?
Sabine   Wir sind heute an den Kaiserstuhl gefahren und haben eine Wanderung gemacht.
Arthur   Warum an den Kaiserstuhl?
Sabine   Weil der Kaiserstuhl besonders warm ist. Das ist ein ehemaliger Vulkan, und das Klima ist sehr günstig, und alle Bäume blühen schon.

ehemalig   former

10 Während Arthur noch bei Sabine ist, treffen sich Rita und Herr Robaschik bei der Winzergenossenschaft. Sie hoffen, daß man eine
Besichtigung noch mit einer kleinen Weinprobe verbinden kann . . .

Herr Wiessler	Ja, wir sind also beim Abfüllen von Wein, das heißt also vom Tank in die Flaschen. Und jetzt werden die Flaschen steril gemacht hier, und dann werden sie mit Wein befüllt. Das ist im anderen Raum, und wenn Sie dort mal schauen wollen, können wir dort mal vorbeige- hen.
Rita	Ja, vielleicht gehen wir gleich mal durch diese Tür und schauen uns das an?

Rita möchte wissen, welche Weinsorte gerade abgefüllt wird.

Herr Wiessler	Das ist jetzt ein Gutedel, ein 1983er Gutedel.
Rita	Das ist also die Spezialität aus dieser Gegend?
Herr Wiessler	Ja, nur vom Markgräflerland, sonst gibt es keinen Gutedel bei uns in Deutschland.

Am Ende des Interviews hatte Rita die Chance, den Gutedel zu probieren. Aber wie Weinkenner wohl wissen, bedeutet das nicht so-
gleich trinken, sondern zuerst ein bißchen riechen, dann zunächst
schmecken . . . Ob der Gutedel eine gute Blume hat?

Herr Wiessler	Hier haben wir jetzt den Gutedel 1983er, den Sie jetzt im Glas haben, und den bitte ich Sie zu probieren. Und wenn er Ihnen zusagt, dann freuen wir uns.
Herr Robaschik	Prost, Herr Wiessler!
Rita	Zum Wohl!
Herr Robaschik	Dann wollen wir erst mal riechen ein bißchen . . . Er duftet gut, und nun wollen wir schmecken . . . Oh, der hat aber eine gute Frische!
Rita	Eine gute Blume, würde ich sagen . . .

- What went on in the first room?
- What's special about the *Gutedel* wine produced in Staufen?
- What two qualities does Herr Wiessler detect in the wine?

genießen	to enjoy
her/stellen	to produce
ab/füllen	to fill
die Winzergenossenschaft	wine cooperative
steril machen	to sterilize
sich etwas an/schauen	to look at something
der Gutedel	a kind of grape
Markgräfler	southern Baden wine
probieren	to taste
zu/sagen	to please

sich freuen   to be glad
riechen   to smell
duften   to have a fragrance
schmecken   to taste
die Frische   freshness

AUF EIN WORT!

German Women's Libbers have never had any difficulties with chairmen and spokesmen. The German words make it quite clear that you are *die Vorsitzende* or *der Vorsitzende, die Sprecherin* or *der Sprecher.* You do sometimes get problems though. There isn't always a feminine form of the word – a woman who's an expert can be called *eine Expertin,* but she's still *ein Fachmann.*

Frau Huml is described as *ein gelernter Einzelhandelskaufmann.* Frau Huml hat ihren Beruf eriernt.

The prefix *er-* is a very useful device, which can give a shade of meaning that it's not always possible to convey quite so simply in English. It suggests something like 'continuing the action of a verb to its logical conclusion, or until you have achieved the result it's meant to achieve'. Frau Hulme, here, has achieved her goal – she has learnt her job.

Other common verbs like this are:

kennen	*to know*	**er**kennen	*to recognise*
werben	*to woo*	**er**werben	*to acquire, gain*

Sometimes the result of the action can be drastic:

schlagen	*to strike, hit*	**er**schlagen	*to strike dead*
schießen	*to shoot*	**er**schießen	*to shoot dead*

Ertrinken comes into this category. It doesn't mean 'to drink until you are drunk', though, but 'to drown'!

HILFE!   ICH ERTRINKE.

LIEBFRAUMILCH

VORSICHT!

The verb *bauen* – 'to build', also has an older meaning – 'to cultivate'. (Nowadays we use the verb *anbauen*.) *Ein Bauer* or *eine Bäuerin* is a 'farmer' or 'someone who works on the land'. *Ein Baumeister* is a 'master-builder.' Joachim didn't like it *auf dem Bau* – 'on the building site'.

Messe, too, has different meanings. Frau Hulme enjoyed being *auf der Messe in München*. In this sense it means 'fair' in the sense of 'trade fair' or 'market'. If you like swings and roundabouts, you'll go to the *Jahrmarkt* – (the 'market' that you'd go to every 'year'.) You might go regularly to *Messe* if you're Catholic, too, for the word also means 'mass'. You'll certainly appreciate it if you're an officer on a ship. The dictionary also defines *Messe* as *Speise- und Aufenthalts-raum der Offiziere auf Kriegsschiffen*.

ÜBUNG MACHT DEN MEISTER

The vowel *i* in *Der Dicke will ein bißchen sitzen* should cause no difficulty to English speakers, for it's just like the one in the rather charming mistranslation '*Dick will sit a bit* . The longer *ee* sound in *Wieder liefert niemand Bier* may need a leetle attention, however. (Remind yourself to make it a teeeny weeeny bit longer than you would een Eenglish.'

Viele Hirschen riechen gut.

If you find yourself getting confused by *ie* and *ei* in German, help is at hand.

Another useful way to recognise the difference is to remember that, without exception, it's the second of the two vowels which is pro-nounced, so *ei* is pronounced *i*, and *ie* is pronounced *e*.

It's as well not to say ,,*Wir Ziegen* . . .'' (We goats . . .) when you mean to say ,,*Wir zeigen* . . .'' (We show . . .)

In diesem Gebiet wird die Tür zur Zeit der Heiligen drei Könige mit diesen Kreidebuchstaben gekennzeichnet, zum Beispiel.
Ohne Schwierigkeit zeichnete er die Ziegen und zeigte mir seine Zeichnungen.

Wenige Weinkenner wissen, wie viele Weinfeste es in Wien gibt. (Do remember that *Wien* doesn't come in bottles . . .!)

Essen und Trinken

An der französischen Küche kann sich die deutsche nicht messen, so lautet eine verbreitete These. Und doch hat sich etwas getan in deutschen Küchen. Da gibt es nicht mehr nur Sauerkraut, Kartoffel-puffer oder Erbsensuppe. Küchenchefs sind phantasievoller gewor-den, und seit den 60er Jahren gibt es selbst in Kleinstädten italienische, griechische und chinesische Restaurants. Die aus-ländische Konkurrenz hat dem deutschen Gewerbe gutgetan. Und zugleich gibt es eine Rückbesinnung auf das wirklich Gute in der deutschen Eßlandschaft. Wer in irgend eine beliebige Bäckerei geht, findet mindestens ein Dutzend Brotsorten – in ganz Deutschland soll

es sogar 2000 verschiedene Brotsorten geben. Und dann mehrere hundert Sorten Käse, die vielfältigen Weine und natürlich das Bier, das seit Jahrhunderten nur aus Wasser, Hopfen und Gerste gebraut werden darf. Das deutsche Frühstück ist sicher weniger reichhaltig als das englische. Man ißt ein, zwei Marmeladenbrötchen oder ein Wurstbrot und trinkt Kaffee dazu. Die Hauptmahlzeit des Tages ist für viele immer noch das Mittagessen, obwohl das Abendbrot an Bedeutung gewonnen hat, weil immer mehr Leute mittags im Büro oder im Betrieb bleiben.

Als mit der Währungsreform von 1948 das Nachkriegshungern vorbei war, gab es in der Bundesrepublik die sogenannte ,,Freßwelle'': die Menschen hatten Nachholbedarf am Essen und haben es dann über-trieben. Auf Photos von damals kann man sehen, wie plötzlich die meisten Leute dick und rund waren. Heute gibt es eine Gegen-Welle: die Schlankheitsmanie. Eine Chemiefirma, die auch Schlankheitsmit-tel vertreibt, kreierte den Werbespruch: ,,Während die Hälfte der Menschheit hungert, begeht die andere Hälfte Selbstmord mit Messer und Gabel.'' Überwicht gilt heute als soziales Stigma. Doch viele Ernährungswissenschaftler warnen davor, das Abnehmen nun genauso zu übertreiben wie nach dem Krieg das Essen.

THE INTERROGATIVE

You can make up questions in German in two ways.

1 Invert your subject and your verb:
Die Arbeit ist abwechslungsreich.
Ist die Arbeit abwechslungsreich?

2 Do the same thing, but then add a question word such as:
wer? (wen? wessen? wem?) was? wo? (wohin? woher?) wann? wie?
(wie lange? wie oft?) warum? welch+? was für? was für ein?

Was machen Ihre Mitarbeiter gerade?
Wie hast du das gemacht?
Warum hast du diesen Beruf erlernt?
Was für Schwierigkeiten hast du in deinem Beruf?

NB **Mit wem** arbeitet Frau Huml zusammen? Mit ihren Kollegen.
(*Somebody*)
Womit (= mit was) arbeitet er? Mit Holz. (*A thing*)

JETZT SIND SIE DRAN!

Rita hat den kleinen Supermarkt gesehen.

This sentence is the answer to several questions:
Wer hat den kleinen Supermarkt gesehen?
Was für einen Supermarkt hat Rita gesehen?
Hat sie den kleinen Supermarkt gesehen?

Make up two questions to which the following are the answers:

- Am gestrigen Tag hat Frau Huml eine Dame bedient.
- Die Dame hatte eine unmögliche Figur.
- Sie wollte unbedingt eine Hose kaufen.
- Ich habe sie zwei Stunden an einem Stück bedient.

THE PERFECT TENSE

This tense is used to say what you've done (or what you have been doing, or even what you did). It's similar in form to English:
Ich **habe gelernt** *I have learned.*

Gelernt is the past participle. For most verbs you make it up by adding **ge-** and **-t** to the stem of the verb. (Get the stem by removing the **-en** from the infinitive.)

machen – gemacht merken – gemerkt fragen – gefragt

Such verbs are called **weak** verbs.

So what's the past participle of *sagen*? *wohnen*? *füllen*? *kaufen*? *schmecken*? *arbeiten*? (careful!) *öffnen*?

Most of the others are called strong verbs and their past participles · also usually start with **ge-** but end in **-en**

brechen-gebrochen   *lesen-gelesen*
trinken-getrunken   *geben-gegeben*

You'll notice too that in many strong verbs the stem-vowel changes in the past participle, as in *brechen – gebrochen*. There's only one way to know which ones – learn them! If in doubt every German/English dictionary contains a verb table of all the parts of the strong verbs. Meanwhile there's a table of many of the more common strong verbs on page 330 of this book. It also contains a few verbs which are eccentric because they seem to be both weak and strong (like *nennen* whose past participle *genannt* ends in -*t* like a weak verb but has a changed stem vowel like a strong verb). There are also a few others which are just eccentric: *sein* has a past participle *gewesen*. It's not quite so strange when you learn that there used to be an infinitive *wesen* with the parts *was* (was) and *gewesen* (been).

What about the past participles of separable and inseparable verbs?

SEPARABLE

Der Baumeister hat einen Farbplan *hergestellt*. (from *her/stellen*)

The separable prefix has separated – but just enough to let in the *ge-*. The past participle is one word.

INSEPARABLE

Wir haben die Winzergenossenschaft **besucht**. (from *besuchen*)
As we said before, the inseparable prefix never separates – not even to let in a *ge-* in the past participle.

Am gestrigen Tag habe ich eine Dame **bedient**. (from *bedienen*)

JETZT SIND SIE DRAN!

What are the past participles of these weak verbs?

bestellen   auf/hören   her/stellen   arbeiten

What are the past participles of these strong verbs?
(A useful point to remember is that when looking for the past participle of a strong separable or inseparable verb, always remove the prefix first. For example, for *erziehen*, you would look up *ziehen* in the verb table. For *ein/fahren* you would look up *fahren*. The prefix of a verb *never* changes.)

bekommen   hinaus/gehen   erkennen   an/fangen ·

The perfect tense usually consists of a part of *haben* (to have) plus the past participle – just as it does in English. The difference, of course, is that the past participle goes to the end.

Was **hast** du heute **gemacht**?
Wir **haben** Kaffee **getrunken**.

This takes a bit of getting used to, and while you're practising, it's useful to consider that when speaking, Germans too may arrive at the end of what they were going to say – and then have an after-thought that sends the word-order slightly skew-wift. Frau Huml says:

Sie hat **etliche Teile** bei uns gekauft – **hochwertige Teile**.

A few verbs take not *haben* but *sein* to make the perfect tense. They usually imply some kind of motion such as:
fahren, gehen, laufen, kommen, steigen, schwimmen), or a change of state such as; *sterben*.
An exception is *bleiben* (to remain) which implies neither.
These verbs are indicated in this book with*.

Wir **sind** heute an den Kaiserstuhl **gefahren**.

JETZT SIND SIE DRAN!

In each of these sentences, put in the correct form of the perfect tense of the verb given. Relevant information about the verbs you need is given below.

Die Leute aus der Umgebung (sagen) das alle.
Wir (besuchen) heute die Winzergenossenschaft.
Der Teufel (ab/brechen) dem Faust das Genick.
Ich (finden) diese Sitte sehr hübsch.
Frau Huml (sein) auf der Messe in München.
Die Dame (kaufen) etliche Teile bei uns.
Es (geben) mir eine innere Befriedigung.
Rita (erkennen) Herrn Robaschik.
Sabine (aufhören) zu arbeiten.

Weak: sagen, besuchen, kaufen, auf/hören.

Strong: ab/brechen (brechen – gebrochen), finden (gefunden), *sein (gewesen), geben (gegeben), *gehen (gegangen), erkennen (kennen – gekannt)

ZU GUTER LETZT!

At lunchtime you find yourself sharing a table with T E Dious and his girlfriend Bo Ring. They insist on discussing their plans at the top of their voices. Being a meticulous organiser, you've done it all already, but modest as you are, you wouldn't dream of saying anything. It doesn't stop you thinking, though . . .

Und nun Sie:

Dann besuchen wir ein altes Weingut!	Gestern . . .
Später sehen wir uns die alten Häuser an!	Am Dienstag . . .
Am Abend fahren wir an den Kaiserstuhl!	Letzte Woche . . .
Wir versuchen die Maultaschensuppe!	Gestern abend . . .
.Und wir probieren den Wein!	Schon öfters . . .
Morgen früh besichtigen wir das Hotel zum Löwen!	Als ich letztes Jahr hier war, . . .
Dann laufen wir auf den Gotthardhof!	Im Sommer . . .
Da essen wir einen Schwarzwälder Vesperteller!	Heute früh . . .
Wir lernen Deutsch!	Letztes Jahr schon . . .

Now you can get drinks in a café and say what you've done and have been doing. Next we go shopping . . .

SHOPPING

•

DESCRIBING WHAT YOU'D LIKE

Louis XIV, Tsar Alexander I, Emperor Franz II and King Frederick William of Prussia all came to Freiburg – and made their mark on it. When the French King visited in 1681, the university was 'reorganised in the French manner' as the city's official guide delicately puts it. When in the years 1813–14, during the War of Liberation, the Tsar, the Emperor and the King stopped by, the area was devastated. (They brought their armies with them.)

The history of the town bears witness to its stamina. Two thousand inhabitants died during the plague in 1564. In the Thirty Years' War it was besieged five times and there were few more than two thousand citizens left. In 1677 the French army brought along with them an architect who had whole quarters of the town destroyed, so that he could make Freiburg into a fortress. Less than a hundred years later, after several periods of occupation by the French, the fortifications were pulled down again. In both World Wars, Freiburg was bombed, (in 1940 by the German air force, by accident).

It wasn't always the city which came off worst. After Pope John had been received with due pomp and circumstance in 1415, he left the town and was promptly taken prisoner on his way to Breisach.

Not long afterwards, in 1473, an 11-year old boy called Maximilian got his foot caught in a machine in a place where gems were being polished, and it tore his shoe off. Why should that go down in history? Because he was on a visit with his father, the Emperor Frederick III. On the other hand, history does not record whether anything unpleasant happened to Maria Antonia, the daughter of the Empress Maria Theresa, when she spent part of her honeymoon here, though her head was probably turned to see all the houses had been painted white to honour her. (It was later cut off, during the French Revolution.)

The history of Freiburg is full of such fascinating sidelights. Founded in 1120 by Duke Konrad II of Zähringen, the city boasts not only the oldest university in Austria (Austria? That's where it was when it was built), but also the magnificent Gothic cathedral, started in 1200, which dominates the colourful market-place. As today's shoppers mill over the *Münsterplatz* in search of anything from honey from Black Forest bees to untreated thermal underwear, they may hear the cathedral's chimes ring out (amongst them the Hosanna bell, which has hung there since 1258) and be reminded of the city's rich history.

 1 In Freiburg hat Rita das Glück, jemanden wie Herrn Ernst zu finden, der ihr die Stadt zeigen kann.

Herr Ernst	Es gibt eine der schönsten Städte in der Welt in Deutschland, und das ist Freiburg. Warum? Klimatisch ideal gelegen, es öffnet sich vom Schwarzwald und den Vogesen das Rheintal. Es kommt zwischen den Vogesen und dem Schweizer Jura die gesamte Südluft das Rhônetal herauf, so daß der frühste Frühling in Deutschland nicht an der Bergstraße oder am Bodensee ist, wie oft gesagt wird, sondern hier in der Freiburger Bucht am Kaiserstuhl, wo auch der heißeste Ort Deutschlands, Ihringen, nämlich liegt, nur elf Kilometer Luftlinie von Freiburg-Stadtzentrum entfernt.

 2 Am Fuße des Schwarzwaldes sitzt die Stadt wie eine alte Dame, durch deren Adern junges Blut fließt . . .

Herr Ernst	Und so ist das Schöne in dieser Stadt: alte Stadt, viele junge Menschen. Eigentlich bestimmt das Bild einer jeden Stadt die Jugend. Aber wenn zu der Jugend in einer Stadt wie hier mit 170.000 Einwohnern noch über 25.000 junge Menschen als Studenten zur Universität, zur Pädagogischen Hochschule, zur Musikhochschule kommen, dann dominiert die Jugend in einer alten Stadt so stark, daß die Stadt als solche jung wirkt. Und dieses Junge in dieser Stadt macht es, was diese Stadt so liebenswert macht.

- What's special, according to Herr Ernst, about the climate in the area of Freiburg?
- What is it that makes the town seem so young?

bestimmen   to determine
die Hochschule   college (of university status)

 3 Die Begeisterung von Herrn Ernst ist bewundernswert. Aber auch die Bewohner dieses irdischen Paradieses müssen ab und zu etwas essen. Rita muß für's Wochenende einkaufen.

Rita	Guten Tag!
Verkäuferin	Guten Tag! Bitte schön?
Rita	Haben Sie ein spezielles Angebot fürs Wochenende?
Verkäuferin	Rind? Also für Wurst oder Fleisch?
Rita	Für Fleisch.
Verkäuferin	Für Fleisch haben wir Rinderroulade, hundert Gramm eins achtundsechzig.
Rita	Ja, dann nehm' ich vier Stück bitte.
Verkäuferin	Vier Stück, ja . . . Augenblick. Kommt noch was dazu dann?
Rita	Ja, dann hätte ich gern noch Wurst, und zwar ein halbes Pfund Aufschnitt, bitte.
Verkäuferin	Darf alles dabei sein, oder?
Rita	Ja bitte, nehme ich schon von allem.
Verkäuferin	Darf es noch was sein, bitte?
Rita	Dann hätte ich gern noch gekochten Schinken.

Verkäuferin	Da haben wir Hinterschinken und Vorderschinken. Egal, oder?
Rita	Ich nehme Hinterschinken, und zwar hätte ich gern einhundertfünfzig Gramm . . . Haben Sie auch Käse?
Verkäuferin	Ja, was soll's sein? Etwas zum Streichen oder zum Aufschneiden?
Rita	Da hätte ich gern Schweizer Käse, und zwar 'n halbes Pfund.
Verkäuferin	Da haben wir einmal den Lindenberger und den echten Schweizer dann.
Rita	Dann nehme ich den echten Schweizer. Eine Scheibe, bitte.

● What precisely did Rita buy?

die Begeisterung   enthusiasm
das Rindfleisch   beef
die Roulade   rolled meat
der Aufschnitt   sliced cold meat
kochen   to cook, boil
der Schinken   ham
streichen   to spread
auf/schneiden   to cut up
die Scheibe   slice
echt   genuine

 4   Inzwischen geht Arthur zur Konditorei. Wenn man schon mal im Schwarzwald ist, dann muß man natürlich auch Schwarzwälder Kirschtorte probieren.

Arthur	Guten Morgen! Haben Sie Schwarzwälder Kirschtorte?
Verkäuferin	Ja, im Moment noch nicht. Sie kommt erst später, sie ist meistens erst um 10 Uhr fertig, die Schwarzwälder. Wenn Sie sich etwas gedulden wollen?
Arthur	Ich möchte gern für die ganze Familie. . . . Kann ich die bei Ihnen vorbestellen?
Verkäuferin	Ja, die Schwarzwälder können Sie bestellen am Tag vorher, einen Tag vorher, dann kriegen Sie es ganz frisch am Morgen. Die Schwarzwälder wird täglich frisch gemacht, die schmeckt auch am besten frisch, denn die Sahnetorten fallen von einem Tag zum andern. Die fällt zusammen, also sie ist am besten frisch . . . Na, schmeckt alles besser.

● How could Arthur be sure of getting the *Schwarzwälder Kirschtorte* that he wanted?

sich gedulden   to be patient
kriegen   (coll) to get

HOW TO SHOP FOR SOME FOOD

Bitte schön?

Was darf es sein?

Sonst noch etwas?

Ich hätte gern
Ich möchte
Haben Sie

ein Stück
vier Stück
ein halbes
   Pfund
eine Scheibe
ein Kilo

Some useful phrases:
Was macht das?
Kann ich das bei Ihnen vorbestellen?
Ist das frisch?

JETZT SIND SIE DRAN!

 Im Lederwarengeschäft

Verkäuferin	Guten Morgen! Was kann ich für Sie tun?
Sie	*Ask if you could have a look round first.* (sich ein bißchen umschauen)
Verkäuferin	Ja, bitte, sehr gern.
Sie	*Ask if she can show you the bag* (die Tasche) *in the window* (das Schaufenster.)
Verkäuferin	Ja, einen kleinen Moment bitte.
Sie	*Tell her you want a bag for a 15-year-old girl.*
Verkäuferin	Diese ist für ein junges Mädchen vielleicht die schickste.

Sie	*Say you're of the same opinion. So you'll take this one.*
Verkäuferin	Gut, dann packe ich sie ein.

5 Der Marktplatz in Freiburg, wo man Obst und Gemüse – und alles andere – von guter Qualität billig finden kann, ist besonders malerisch. Bei schönem Wetter kann man das Einkaufen mit einem angenehmen Bummel verbinden und somit beides genießen. Rita sprach mit einigen Käufern.

Rita	Gefällt es Ihnen hier auf dem Marktplatz?
Käuferin	Ja, sehr gut, vor allem, wenn das Wetter schön ist.
Rita	Kommen Sie öfter hierher?
Käuferin	Ja, ja, öfters.

Rita	Können Sie uns etwas die Atmosphäre beschreiben?
Käuferin	Ach, es ist sehr bunt und pittoresk und interessant, weil auch viele Ausländer hier sind immer und um den Münsterplatz 'rumgehen. Und der Markt ist sehr bunt. Und buntes Treiben und Leben und so.

●　　●　　●

Rita	Wie finden Sie die Atmosphäre hier?
Käuferin	Wir finden ganz besonders, daß man in der Sonne im Angesicht einer so schönen gotischen Kirche mit viel Leben und Treiben und dem Marktgeschehen hier frühstücken kann.

●　　●　　●

Rita	Wie finden Sie die Atmosphäre hier?
Käuferin	Ich finde sie auch ganz toll, vor allem hier das Geschäftige um uns rum. Die Sonne ist schön. Es ist überhaupt schön, hier zu sitzen, wenn man frei hat.

Join up the halves to describe the market.

1 Es ist . . .   ☐ wenn man frei hat.

2 Wir finden die . . .   ☐ es ganz toll.

3 Es ist überhaupt schön,   ☐ sehr bunt und pittoresk.

　hier zu sitzen . . .   ☐ buntes Treiben und Leben.

4 Man sieht viel . . .   ☐ Atmosphäre ganz besonders.

5 Ich finde . . .

6 Zur bunten Atmosphäre gehören die Blumenhändler, die ihre Rosen und Tulpen, ihre Lilien und Vergißmeinnicht frühmorgens auf den Markt bringen. Arthur fragt eine Frau, was für Blumen sie heute feilbietet.

Verkäuferin	Wir haben gemischten Freilandschnitt. Gemischt, also alles. Wir haben Mumies, wir haben Rosen, wir haben Gerbera, wir haben Lilien, wir haben Tulpen, wir haben Osterglocken, bis zum kleinen Biedermeierstrauß, gell?

der Freilandschnitt   cut flowers, grown outside
die Gerbera   gerbera
die Osterglocke   daffodil
der Biedermeierstrauß   posy
gell?   (dialect) you know

Und welche Blumen halten sich am längsten, fragt Rita eine zweite Händlerin.

Verkäuferin	Haltbar sind die Arabis, aber bei unserem Volksmund sagt man Män-

nertreu, Männertreu ... aber es gibt ja keine treuen Männer mehr!

haltbar   long lasting
die Arabis   arabis
der Volksmund   dialect
die Männertreu   speedwell
treu   faithful

 7   An dem einen Ende des Münsterplatzes verkaufen die Bauern und
Bäuerinnen Obst und Gemüse, frisch vom Lande her; am anderen
begegnet man Händlern, die exotischere Waren feilbieten: Schwarzwälder Bienenhonig, biologisches Vollkornbrot, oder Unterwäsche
aus unbehandelter Wolle!

Rita   Was für einen Honig haben Sie gerade gekauft?
Käuferin   Ich habe den Waldtannenhonig gekauft.
Rita   Warum gerade diese Sorte?
Käuferin   Weil ich ausprobiert habe, daß er mir am besten schmeckt, weil er
sehr schön kräftig ist und eine sehr schöne dunkle Farbe hat.

● ● ●

Rita   Welche Sorte Honig essen Sie am liebsten?
Käufer   Ja, mir schmeckt und meiner Familie am besten der Schwarzwälder
Tannenhonig von der Weißtanne, weil er so aromatisch und schmack-
haft ist.

● ● ●

Rita   Was für eine Sorte Brot kaufen Sie?
Käuferin   Ich kauf' biologisches Vollkornbrot, also Weizenvollkornbrot, oder
auch mal mit Sonnenblumenkernchen, abwechslungsweise.
Rita   Warum gerade diese Sorte?
Käuferin   Weil ich glaube, daß es sehr gesund ist – ich habe drei Kinder –
und daß es auch für die Kinder wichtig ist, gutes Brot zu essen.

If someone wants to know what kind of bread, they ask you ,,*Was
für Brot?*" How would they ask you:
- What kind of sausage?
- What kind of meat?
- What kind of flowers?
- What kind of cheese?

das Vollkornbrot   wholemeal bread
kräftig   strong
schmackhaft   tasty
der Weizen   wheat
das Sonnenblumkernchen   sunflower seed
abwechslungsweise   for a change

8 Heutzutage legen immer mehr Leute Wert auf eine natürliche und gesunde Ernährung.

Rita Was verkaufen Sie an Ihrem Stand?

Händler Wir verkaufen zwölf Sorten Müsli und dann die ganzen ... ja ... Inhaltsstoffe der Müslis auch noch einzeln. Also die ganzen Nüsse, die ganzen Rosinen, Bananenchips, und alle getrockneten Früchte, also Feigen, Datteln, Pflaumen, Aprikosen, all die gibt's auch noch einzeln zu kaufen.

der Inhaltsstoff   ingredient
einzeln   separately, individually
ganz   whole
die Nuß   nut
die Rosine   raisin
getrocknet   dried
die Feige   fig
die Dattel   date

 9 Aber nicht nur im Bereich der Ernährung findet man Naturprodukte. In einem Geschäft fand Rita eine Mannigfaltigkeit von Waren, die den Kunden gut tun sollen.

Rita Was für Produkte verkaufen Sie hier?

Händlerin Wir führen hauptsächlich Produkte aus Naturmaterialien, zum Beispiel pflanzengefärbte Stoffe, dann Wolle, Seidengarne, Kinderspielzeug aus Holz, das auch mit Pflanzenfarben behandelt wurde, dann auch Kinderkleidung, Brot, und überhaupt Lebensmittel, die aus bio-

logischem Anbau sind, dann Bücher, die zu dem Themenbereich von Esoterik bis bewußte Ernährung reichen, dann auch Naturtextilien, also Unterwäsche aus unbehandelter Wolle, aus Seide und Wolle/ Seide gemischt, dann Matratzen, die ohne chemische Behandlung sind, auch Betten, Bettwäsche, ja im Moment . . . ja, die ganzen Pflanzenfarben überhaupt für Häuser zu streichen, Holzbehandlung, Tapeten zu streichen, ja das ist eigentlich so das große und ganze umfassende Programm.

Rita	Kommen auch ältere Kunden hierher?
Händlerin	Es kommen sehr viele ältere Kunden, speziell jetzt auch was die Unterwäsche anbelangt, weil sie mit Rheuma oder sonstigen Krankheiten oder auch Ekzemen befallen sind und vom Arzt dann eben auch geraten bekommen, daß sie speziell unbehandelte Wollsachen tragen sollen.

Wie sagt man das?
You're a health freak in Freiburg market. How would you say:

- What kind of natural products do you sell?
- Have you any figs?
- Do you sell dates separately?
- I'm looking for underwear made of untreated wool.

der Bereich   field, area
die Mannigfaltigkeit   multiplicity
die Pflanze   plant
färben   to dye
der Stoff   cloth, material
die Wolle   wool
die Seide   silk
die Matratze   mattress
das Garn   yarn, thread
das Spielzeug   toy
behandeln   to treat
der Anbau   cultivation
bewußt   conscious
die Unterwäsche   underclothes
streichen   to paint
die Tapete   wallpaper
umfangreich   extensive
pflegen   to look after
raten   to advise

10 Arthur will ein Geschenk für seine Tochter Lisa kaufen, die morgen Geburtstag hat. Natürlich wäre eine Schwarzwälder Kuckucksuhr etwas Typisches, aber . . . Arthur braucht Hilfe! Rita versucht ihn zu beraten.

Rita	Wie alt ist deine Tochter?
Arthur	Sie wird morgen drei Jahre alt.

Rita	Drei Jahre, ja dann sind Uhren wohl nicht ganz das richtige. Aber ich sehe, die haben ja auch noch vieles andere, vielleicht finden wir doch etwas. Wollen wir mal hineingehen?
Arthur	Ja, komm! Wir gehen 'rein.
	(*Sie gehen in den Laden*)
Arthur	Schau mal Rita! Wie gefallen dir die Puppen? Glaubst du, sie gefallen Lisa?
Rita	Ich denke, schon. Schau mal, da drüben, die Puppe mit den blonden Zöpfen und dem grünen Hut, das wär' doch was.
Arthur	Meinst du die dritte von links?
Rita	Ja, genau, die. Die gefällt mir am besten.
Arthur	Nein, die ist mir etwas zu kitschig.

Aber Rita hat etwas noch Schöneres erblickt.

Rita	Aber guck' mal, da unten! Hast du das gesehen? Ein Clown, das wär doch auch was!
Arthur	Oh der ist toll! Also, ich glaub', in den kann ich mich verlieben! Stell mal die Puppe wieder zurück. Den muß ich mir angucken.

(*Er wendet sich an die Verkäuferin.*)

Entschuldigen Sie, der Clown da unten gefällt mir gut, ich möchte ihn meiner Tochter schenken. Ist der zu verkaufen?

Verkäuferin	Selbstverständlich. Ich hol' ihn gerne mal raus, daß Sie ihn in die

Hand nehmen können, ja? Er ist also handbemalt, Keramik.

Arthur	Ah, schau mal, Rita, der ist toll! Faß ihn mal an!

Rita	Gib ihn mir mal her! Oh, der ist wunderschön. Aber glaubst du, das geht für ein dreijähriges Mädchen? Der Kopf und die Füße sind aus Porzellan.
Arthur	Der gefällt mir so gut, daß ich ihn für mich haben möchte . . .

Die arme Lisa! Der Clown ist für Papa! Ob das Geburtstagskind auf ein Geschenk diesmal verzichten muß? Auf die netteste Weise erinnert Rita Arthur an die Puppe mit den blonden Zöpfen.

Rita	Also gut, dann nehmen wir den – und sollen wir die Puppe noch dazu nehmen?
Arthur	Ja, wir nehmen die Puppe für die Lisa dazu und den für mich. Ich glaub' . . . der gefällt mir so gut, ich muß ihn haben.
Rita	Also gut, dann nehmen wir beides zusammen.
Verkäuferin	Ja, so muß ich ihn als Geschenk einpacken?
Rita	Ja, das wär' sehr nett.

Aus was?
The lady in the shop selling natural products had ,,*Kinderspielzeug aus Holz*". *Aus* here is a convenient way of saying 'made of' . . . How would you say

- A doll made of wood?
- A jacket made of leather?
- Underwear made of wool?
- A cuckoo clock made of plastic?
- A bag made of cloth?
- A clown made of porcelain?

Wolle	Seide	Holz	Leder
Plastik	Porzellan	Stoff	

beraten   to advise
der Zopf   pigtail
erblicken   to catch sight of
sich verlieben in   to fall in love with
sich an/gucken   to take a look at
schenken   to give (as a present)
verzichten auf   to give up, renounce
auf diese Weise   in this way

Auf dem Markt
You're in Freiburg

- How do you ask the way to the market place?
- How would you describe the atmosphere there?
- How do you ask for 100 g of boiled ham, a slice of Swiss cheese and a piece of Black Forest gateau?
- Someone asks you: ,,*Was haben Sie gekauft?*". What do you reply?

ETWAS ZUM ZUHÖREN!

Arthur will nicht auf seine Kuckucksuhr verzichten. (Er ist doch im Schwarzwald!) In einem Geschäft erfährt er, daß es vier Arten von Kuckucksuhren gibt – Eintagewerk mit Kuckucksruf, Achttagewerk mit Kuckucksruf, Eintagewerk mit Kuckucksruf und Musik, und Achttagewerk mit Kuckucksruf und Musik! Aber Arthur will noch mehr wissen . . .

Der Tante-Emma-Laden

In den 50er Jahren, da gab es noch an jeder zweiten Straßenecke einen guten alten Tante-Emma-Laden. Wenn man die Tür aufmachte, ertönte eine Glocke, und Tante Emma, die legendäre Besitzerin, kam aus dem Hinterzimmer herbeigeschlurft, um den Kunden zu bedienen. Da war ein Tresen im Laden, und man sagte Tante Emma, was man haben wollte. Alles wurde noch einzeln abgewogen und abgepackt. Wenn man im Moment nicht genügend Geld dabei hatte, konnte man ,,anschreiben'' lassen. Für jeden Stammkunden hatte Tante Emma dafür extra ein Buch. Irgendwann mußte man natürlich auch mal bezahlen, denn verschenken konnte Tante Emma ihre Waren ja auch nicht.

Irgendwann in den 60er Jahren kam dann die erste Revolution: Supermärkte, keine Verkäuferin mehr, nur noch Personal an der Kasse, und man nahm alles selber aus dem Regal und tat es in einen Drahtkorb. Anschreiben gab's nicht mehr. Die Tante-Emma-Läden starben langsam aus. In den 70er Jahren kam dann die zweite Revolution: Großmärkte am Stadtrand auf der grünen Wiese mit riesigen Parkplätzen. Viele Leute fuhren und fahren auch heute noch mit dem Auto dorthin und kaufen gleich für die ganze Woche ein. Ist ja so billig! Für die Firma übrigens auch, denn die bringt keine Waren ins Haus, was viele kleinere Supermärkte immer noch machen, wenn man will. Aber wegen der Großmärkte gibt es auch kleinere Supermärkte nicht mehr so viele. Ein großer Fisch schluckt den kleinen.

Doch seit einigen Jahren hat eine gewisse Gegenbewegung eingesetzt. Viele junge Leute, vor allem solche, die sich der ,,alternativen Szene'' zurechnen, haben wieder kleine Läden aufgemacht, oft im Stil wie die alten Tante-Emma-Läden. Die verkaufen keine Massenware, sondern nur ganz bestimmte Sachen, zum Beispiel biologisch angebautes Obst, Brot aus ungebleichtem Mehl, oder überhaupt alles, was gesund sein soll. Da gibt es Bioläden, Geschäfte für makrobiotische Kost, Bäckerei-Kooperativen, und so weiter. Und bei vielen geht das Geschäft nicht schlecht. Dieser neue Trend hat nicht nur mit einem Drang zurück zur Natur, zum Natürlichen zu tun, sondern ein bißchen wohl auch mit einer Sehnsucht nach der ,,guten alten Zeit'' und Sehnsucht nach Tante Emma.

AUF EIN WORT!

Rauchen and *Spucken*, besides being habits frowned upon in public places in Germany (strictly *verboten*), are examples of nouns made from the infinitives of verbs. It's easy to do. You give the infinitive a capital letter. At once you have a new neuter noun.

rauchen *to smoke –* **das Rauchen** *smoking*
spucken *to spit –* **das Spucken** *spitting*
einkaufen *to go shopping –* **das Einkaufen** *shopping*

One of the shoppers said of the market in Freiburg: ,,*Der Markt ist sehr bunt. Und buntes Treiben und Leben und so . . .*" (*treiben –* to do, work, set in motion, push . . .). When Rita was out shopping (*beim Einkaufen*), she was asked ,,*Was soll's sein? Etwas zum Streichen oder zum Aufschneiden?*" (*streichen –* to spread, *aufschneiden –* to cut up, slice.)

Ein Lehrer liest: ,,Die alte Frau ernährte sich und ihren Sohn durch Spinnen. Was fällt dir bei dem Satz auf, Heiko?" – ,,Daß der Junge Spinnen gegessen hat."

spinnen   *to spin*
die Spinne   *spider*

Es gab einen Mann in Holzminden,
  der war ein Genie im Erfinden.
Eines Tages erfand
  er das Loch ohne Rand.
Ich glaub', das erklärt sein Verschwinden.

VORSICHT!

Streichen has various meanings. Besides being asked whether she wanted ,,*Käse zum Streichen*", Rita was also offered ,,*Tapeten zu streichen*". You don't usually paint cheese, and you don't spread wallpaper – not on bread, anyway. Don't sit on a park bench marked ,,*frisch gestrichen*".

Another useful expression is:
,,*Nicht Zutreffendes bitte streichen*". *Please delete what doesn't apply.*

So what's *ein Streichholz*? Is it a piece of wood you spread, paint, or delete? (Smokers will know.)

And *ein Streichinstrument*? (*Musikinstrument, dessen Saiten mit einem Bogen gestrichen werden.*)

The noun *Strich* has twenty-four different meanings in Cassell's dictionary, including 'graticule', 'notch', and 'nippledug', which is fascinating, if not terribly useful information. (It also means 'stroke', 'streak', 'line' and 'dash'.) Would you have guessed that *ein Strichpunkt* is a semicolon? And what on earth could *ein Strichmädchen* be? (*Streichen* also means 'to wander', 'stroll', 'rove' . . .)

ÜBUNG MACHT DEN MEISTER

To suggest that German vowels correspond to English ones is a bit like saying their sausages are like ours. Some are, some look as though they might be, and others are something entirely different. (If you coom from Yorkshire, you've got a head start. Your vowels are much closer than those people living south of Doncaster.)

Vowels can be short . . . . or long.

a (short)	Alte Tannen im Wald. The cat sat on the mat.	
a (long)	Male mal die Hasenjagd! Harm the army.	
e (short)	Das Essen schmeckt. Get fell in.	
e (long)	Wir nehmen die Leder. Made for fame.	
i (short)	Frisch gestrichen. Dick's gift.	
i (long)	Lisa und ihre Musik. Meet the police.	
o (short)	Holz und Wolle. Got the pot?	
o (long)	Brot und Honig. Go slow!	
u (short)	Junge Kunden. Good, loov!	
u (long)	Ein guter Hut. Rude food.	

ADJECTIVE ENDINGS

To ask 'which?' you use the word *welch+*, which behaves basically like the definite article:

der Käse	die Torte	das Fleisch	die Blumen
welch**er** Käse?	welch**e** Torte?	welch**es** Fleisch?	welch**e** Blumen?

You must, of course, watch the case:

Welch**en** Käse wollen Sie?
In welch**er** Stadt wohnt Herr Ernst?

(See page 22 for a reminder of these endings.)

One way to answer *welch+*? is to use *dies+* (this or these).

Welch**e** Blume?	**Diese** hier.
Welch**en** Käse? (wollen Sie)	**Diesen** hier.
In welch**em** Laden?	In **diesem**.

JETZT SIND SIE DRAN!

Answer the questions.

Welche Puppe ist die schönste?
Welche Äpfel möchten Sie?
In welchem Geschäft verkauft man Naturprodukte?

Dies+ tends to be used for both *this/these* and *that/those* in German. The word *jen+* is used much less often, having a stronger demonstrative function, ie you really need to stress that it's *that one*, or *those*, and **not** *this one*, or *these*.

Another way of pointing out *which one* is to use the definite article as a demonstrative pronoun.

Oh, **der** ist toll!
Dann nehmen wir **den**.
Die gefallen mir schon sehr viel besser.

JETZT SIND SIE DRAN!

Answer, using the demonstrative pronoun.

Welcher Clown gefällt dir?
Was für Brot möchten Sie?
Welches Bild gefällt Ihnen?

Adjectives following the definite article, and other keywords which behave similarly, like *welch+*, *dies+*, *jen+* and *jed+* (each) take endings from this table.

	Masculine	Femine	Neuter	Plural
Nominative	-e	-e	-e	-en
Accusative	-en	-e	-e	-en
Genitive	-en	-en	-en	-en
Dative	-en	-en	-en	-en

Notice that there are only two different endings here! (*-e* and *-en*). All the genitive and dative singular endings, and all endings in the plural are *-en*.

Die Puppe mit den **blonden** Zöpfen und dem **grünen** Hut.

Adjectives don't have any endings when they're predicative, ie when they come after the noun.

Der Honig ist **kräftig** and **schmackhaft**.

You can make an adjective out of a place-name simply by adding the ending *-er*, which never changes.

Der **Freiburger** Marktplatz. Die **Schwarzwälder** Kirschtorte.

Besides *welch+*? (which?) you may be asked *was für*? or *was für ein*? (what kind of?) For the endings of *ein* see page 22.

Was für Wurst möchten Sie?
Was für einen Honig haben Sie gerade gekauft?
Was für eine Tasche suchen Sie?

Again, your answer may contain an adjective:

Ich suche **eine hübsche** Tasche für **ein junges** Mädchen.

The adjective endings after *ein* and other keywords which behave similarly, such as *kein*, *mein* etc, are shown on the following table:

	Masculine	Feminine	Neuter	Plural
Nominative	-er	-e	-es	-en
Accusative	-en	-e	-es	-en
Genitive	-en	-en	-en	-en
Dative	-en	-en	-en	-en

Notice again – all the genitive and dative singular and all the plural endings are -en.

Both welch+ and was für can be used in an exclamation:

Was für eine schöne Puppe!
What a pretty doll!
Welches hübsche Gesicht!
What a pretty face!

Don't be put off by what seems to be an impossible multiplicity of endings. There aren't all that many different ones, and most of them are -en. In any case, a wrong one will probably not even be noticed, and certainly won't prevent people from understanding you. They will come right with practice – and that means having a go and being prepared to get some wrong. Notice too, how the function of the adjective ending seems to be to indicate the gender of the noun when the keyword doesn't:

Der kleine Clown. (*Der* shows the masculine gender, so the adjective doesn't.)

Ein kleiner Clown. (*Ein* doesn't show the gender, the adjective does.)

This principle works when you want to use an adjective in front of a noun and there's no keyword, except in masculine and neuter genitive.

Das ist gutes Brot.
Wir haben gemischten Freilandschnitt.

The endings are shown in this table:

	Masculine	Feminine	Neuter	Plural
Nominative	-er	-e	-es	-e
Accusative	-en	-e	-es	-e
Genitive	-en	-er	-en	-er
Dative	-em	-er	-em	-en

Notice how the ending on the adjective has here taken over the function of the absent keyword in indicating gender. You'll see, too, that apart from the masculine and neuter genitive, all the endings are the same as those of the keywords which behave like the definite article (see page 22). It might be useful to remember them as Definite Article Modified (those DAM adjective endings . . .)

Some words, such as *der Deutsche*, look like nouns but are in fact adjectives, and must take the appropriate endings:

die Deutsch**en** *the Germans*
ein Deutsch**er** *a German man*

Other adjectival nouns are *der/die Blinde, der/die Arme, der/die Angeklagte* (accused), *der/die Arbeitslose.*

JETZT SIND SIE DRAN!

You're the junior reporter once again on the local newspaper. This time the printers have dropped the endings from some of the adjectives in the various advertisements. It's been left to you to do the corrections!

Wir haben ganz frisch. . . . Schweiz. . . . Käse!
Ein halb. . . . Pfund für DM 2,30.

Heute empfehlen wir gekocht. . . . Schinken, das
halb. . . . Pfund für DM 4,15.

Der Urlaub für die ganz. . . . Familie!

Neu. . . . Kurse an der Pädagogisch. . . . Hochschule.

Gloria-Kino! Heute mit neu. . . Programm!

Wir haben ein speziell. . . . Angebot für Sie!

Der besonder. . . . Sportwagen mit seinem neu. . . .
Design!

THE COMPARISON OF ADJECTIVES

Kommen auch *ältere* Leute hierher?
Freiburg ist eine der *schönsten* Städte in der Welt.

In English we have two ways of making the comparative and superlative:

new – newer – newest
important – more important – most important

In German there's only one. The three degrees of comparison are

POSITIVE	COMPARATIVE	SUPERLATIVE	
schön	schöner	der/die/das schönste	am schönsten

Monosyllabic adjectives usually add an *Umlaut*

jung	jünger	der/die/das jüngste	am jüngsten

Sometimes it's necessary to add -*est* in the superlative:

alt	älter	der/die/das älteste	am ältesten

Each degree has an attributive form (where the adjective precedes the noun) and a predicative form (where it comes after the noun).

Predicative	Attributive
Freiburg ist **alt**.	Freiburg ist eine **alte** Stadt.
London ist **älter**.	London ist eine **ältere** Stadt.
Paris ist **am ältesten**.	Paris ist die **älteste** Stadt.

As always there are some irregularities:

gut	besser	der/die/das beste	am besten
groß	größer	der/die/das größte	am größten
nah	näher	der/die/das nächste	am nächsten
viel	mehr	das meiste/die meisten	am meisten

The adverb in German generally has the same form as the predicative adjective:

Diese Puppe gefällt mir **gut**. Die andere gefällt mir **besser**.
Der Clown gefällt mir **am besten**.

JETZT SIND SIE DRAN!

You've been shopping in Freiburg all day, and what better way to end the day than eating a piece of *Schwarzwälder Kirschtorte*? The *Konditorei* is very busy, so you have to a share a table with a German lady. Time to practise your German . . .

Sie	*Say the Schwarzwalder Kirschtorte here is bigger than in Staufen.*
Dame	Ja, aber hier ist sie wohl auch teurer!?
Sie	*Say no, it's cheaper.*
Dame	Sie kennen sich hier schon besser aus als ich.
Sie	*Say no, you only know more cafés than she does.*
	And Freiburg isn't the biggest town in the world . . .
Dame	Sind Sie Tourist?
Sie	*Say no, your youngest brother lives in Staufen, and you often come here.*
Dame	Ach so! Dann wünsche ich Ihnen viel Spaß!

ZU GUTER LETZT!

You've put today aside for shopping. Make sure you say the right things to the shopkeepers. . .

Now you can do your shopping and describe the things you'd like.
Next a look into the future. . .

SAYING WHAT YOU'D LIKE TO DO •
•
SAYING WHAT YOU'LL BE DOING AND WHEN

For children wanting to get on in life – budding foresters, journalists and computer experts – the educational path is well mapped out in Freiburg. The town has 30 primary and secondary schools, six high schools, one comprehensive school and 11 grammar schools. There are also technical and professional colleges, and to crown it all the university, founded in 1457, and attracting nowadays 20,000 students. In order to study there, German schoolchildren must first pass the *Abitur*, the school-leaving exam, which contains a significant oral element. In Germany it traditionally gives you the right to a university place.

None of these institutions is attended by the children of the artistes and staff of the *Zirkus Krone* (Europe's biggest) when they come on tour to Freiburg. They bring their school. It has a blackboard and

benches and it's on wheels. There's one member of staff, Peter Natzer, who avows there are advantages and disadvantages in his job. (Having his school situated between the tiger-cage and the elephant-tent must be a plus when it comes to nature study.) He can't have dreamed, as a 'proper' teacher in a 'proper' school, that he would end up as a boss of his own, even if it is in the back of a converted bus. He has eight pupils, most of whom speak a different language from each other.

Just like the children in 'proper' schools, they have hopes and dreams for the future. At least one wants to be a juggler though she's not sure dad will approve. And they too have exams to think about, for when the circus goes back to its winter quarters in Munich, all the children are tested by the school authorities there. Like their contemporaries in 'proper' schools, they face up to the prospect with more, or less, equanimity. (Though, of course, they have an added occupational hazard, for they can fall off their unicycles doing it.)

 1   Bald wird Ariane die Schule verlassen. Von ihrer Zukunft hat sie schon ziemlich klare Vorstellungen: zuerst will sie eine Lehre in einem Verlag machen und dann studieren, damit sie später Journalistin werden kann. Rita fragt sie warum.

Rita	Wie kommst du auf diese Idee?
Ariane	Mir macht das Fach Deutsch schon eigentlich sehr lange Spaß in der Schule, schon immer, und ich schreibe gern und beschäftige mich auch gern mit Themen, also die den Journalismus betreffen, überhaupt das Nachdenken über solche Dinge und der Kontakt mit den Menschen, das interessiert mich halt sehr. Und deshalb habe ich vor, eben Journalismus zu studieren.
Rita	Und wie sind die Aussichten, später mal eine Stelle zu bekommen?
Ariane	Tja, die Aussichten sind gemischt, würde ich sagen. Es kommt ganz drauf an, wie gut man seinen Abschluß dann macht. Aber eben, um bessere Aussichten zu haben, mache ich eine Lehre und verspreche mir halt davon, daß ich dann mehr Chancen habe später im Leben.
Rita	Dann wünsch' ich dir viel Glück und alles Gute für die Zukunft.

- What reasons does Ariane give for wanting to take up journalism?
- Why is she taking up an apprenticeship in a publishing house?
- What, in her view, will her future success depend on?

verlassen   to leave
die Vorstellung   idea
die Lehre   apprenticeship
der Verlag   publishing house
das Fach   (school) subject
betreffen   to concern
nach/denken über   to think about
vor/haben   to intend

die Aussicht   prospect
der Abschluß   (here) final exam
die Lehre   apprenticeship

🎧 2   Dann spricht Rita auch mit einigen von Arianes Freunden über ihre
Zukunftspläne. Was will zum Beispiel Stefan nach dem Abitur
machen?

Stefan   Also, nach 'm Abitur direkt werd' ich vier Wochen in Urlaub gehen,
den ganzen Juni. Und im Juli werd' ich zur Armee gehen, also zur
Bundeswehr für fünfzehn Monate.
Rita   Und hast du dann Pläne, was du danach machen wirst?
Stefan   Also, bis jetzt möcht' ich hinterher Informatik studieren, also ich
möchte mich mit Computern beschäftigen.
Rita   Wie kommst du gerade darauf?
Stefan   Wir haben zu Hause einen, und es ist auch eines meiner Hobby,
und das Fach interessiert mich, ich bin einfach fasziniert von den
Möglichkeiten, die man damit hat.
Rita   Wie sind deine beruflichen Chancen?
Stefan   In diesem Fach, wenn ich das Studium erfolgreich beende, sehr gut.
Rita   Dann wünsche ich dir viel Erfolg für dein Examen! Mach's gut, und
dann hoffentlich geht die Bundeswehrzeit schnell vorbei.

die Bundeswehr   federal army
die Informatik   computer studies
beruflich   as far as work is concerned
erfolgreich   successful

🎧 3   Wie Stefan, macht auch Axel dieses Jahr Abitur, aber den Militär-
dienst will er nicht ableisten.

Rita   Hast du schon Pläne für die Zukunft?
Axel   Als nächstes muß ich meinen Wehrdienst ableisten und verweigere
ihn aber und mache meinen Zivildienst dafür, und danach muß ich
mal schauen, vielleicht möchte ich studieren auf einer Fachhochschule und möchte eventuell hinterher Förster werden oder
etwas in der Richtung Landesgartenbau.
Rita   Warum gerade Forstwirtschaft?
Axel   Ich möchte also vor allem mit Menschen zusammen sein und mit
Natur, weil ich auch nicht im Büro sitzen will, sondern einen abwechs-
lungsreichen Beruf haben will.

der Wehrdienst   military service
ab/leisten   to do
verweigern   to refuse
die Fachhochschule   specialist university

der Förster   forestry official
der Landesgartenbau   landscape gardening
die Forstwirtschaft   forestry

4 Arianes Freundin Silke ist sicher, daß sie nicht studieren will.

Rita Hast du Pläne für die Zukunft?
Silke Ja, ich hab' sogar schon eine Stelle als Hauswirtschafterin bekommen, eine Lehrstelle. Und danach möcht' ich dann Dorfhelferin werden. Dann muß ich noch einmal auf eine Schule gehen, zwei Jahre lang, und dann bin ich Dorfhelferin.
Rita Das heißt, studieren willst du nicht?
Silke Nein, studieren möchte ich nicht.
Rita Warum nicht?
Silke Ich wüßte gar nicht was. Und mir würde so 'n Beruf im sozialen Bereich mehr Spaß machen wie 'n Studium.

die Hauswirtschafterin   home economist
die Dorfhelferin   community worker

5 Aber bevor sie mit der Schule fertig sind, werden alle vier noch das Abitur ablegen müssen. Wie sie sich fühlen, möchte Rita wissen.

Rita Bist du aufgeregt?
Silke Ach, im Moment eigentlich gar nicht, da nehm' ich das so ganz locker, denke ich noch gar nicht groß dran, aber ich weiß, wenn ich dann erst mal drin sitz', dann bin ich schon ziemlich aufgeregt.
Rita Und wie verlief's bei der schriftlichen Prüfung?
Silke Oh, da war ich sehr aufgeregt, das war furchtbar. Da konnte ich die ganze Nacht nicht schlafen, und dann habe ich Beruhigungsmittel genommen, und dann ging's so einigermaßen. Aber es war schon schlimm.

locker   (lit) loose, (here) relaxed
aufgeregt   excited, nervous
*verlaufen   to happen, go off
schriftlich   written
das Beruhigungsmittel   tranquillizer
einigermaßen   to some extent

Rita Du stehst auch kurz vor der mündlichen Prüfung. Bist du sehr nervös?
Stefan Das kommt darauf an, wie gut ich mich vorbereite. Wenn ich weiß, daß ich gut vorbereitet bin, sehe ich die ganze Sache ziemlich gelassen. Während, wenn ich weiß: da und da habe ich noch Schwächen, dann fürchte ich, daß ich dann schon 'n Kloß im Hals hab', und daß ich dann schon mit bebender Stimme dann die ganze Sache mache.

mündlich   oral
es kommt darauf an   it depends
sich vor/bereiten   to prepare oneself
gelassen   relaxed, calm
die Schwäche   weakness
der Kloß   dumpling
beben   to tremble
die Stimme   voice

Rita   Bist du sehr aufgeregt vor der mündlichen Prüfung?
Ariane   Eigentlich muß ich sagen, ich bin nicht so aufgeregt, weil ich mich
schon vorbereitet habe. Ich habe schon angefangen, mich vorzubereiten. Und ich hoffe halt, daß ich dann bis dahin fertig bin. Und
das nimmt mir viel von der Angst, muß ich sagen. Aber ich mache
in Biologie Prüfung, und das ist sehr schwer, und wir haben eine
Lehrerin, die hilft einem auch sehr wenig, und deshalb ist es schon
ein Risikofaktor.

Was sagen Sie???

ICH SEHE DIE GANZE SACHE ZIEMLICH GELASSEN!

DA DENKE ICH NOCH GAR NICHT GROß, DARAN.

ICH NEHME DAS SO GANZ LOCKER!

DA HABE ICH BERUHIGUNGS-MITTEL GENOMMEN!

Our heroes don't seem to be saying the right thing!

- What might they be saying that would be rather more appropriate?

REACTING TO AN ORDEAL
Ich habe Angst.
Ich fühle mich nervös.
Ich bin ziemlich aufgeregt.
Ich habe einen Kloß im Hals.
Ich sehe die ganze Sache ziemlich gelassen.

Ich nehme das so ganz locker.
Da denke ich gar nicht so groß daran.

SAYING WHAT YOU'LL BE DOING

heute früh	gehe ich	ins Kino/auf die Uni/schwimmen	
heute nachmittag	fahre ich	nach Freiburg	
heute abend	mache ich	eine Lehre/eine Wanderung/	
morgen früh		eine Prüfung	
morgen nachmittag	werde ich	ins Kino/auf die Uni/schwimmen	gehen
morgen abend		nach Freiburg	fahren
übermorgen		eine Lehre/eine Wanderung/	
am Sonntag		eine Prüfung	machen
nächsten Montag	habe ich vor,	ins Kino/auf die Uni/schwimmen	zu gehen
nächste Woche		nach Freiburg	zu fahren
nächstes Jahr		eine Lehre/eine Wanderung/	zu machen
bald		eine Prüfung	
zuerst			
dann			
in der Zukunft			

ich gehe – I'm going   ich werde . . . gehen – I shall be going   ich haber vor . . . zu
gehen – I intend to go.

JETZT SIND SIE DRAN!

Am Apparat
(It's that person who tried to get you drunk at the party.)

Anrufer	Hallo!
Sie	*Say hello.*
Anrufer	Hör mal! Heute abend gehe ich ins Kino. Willst du mit?
Sie	*Say you're going to Freiburg this afternoon.*
Anrufer	Also morgen? Morgen werde ich im Münstertal eine Wanderung machen. Willst du mit . . .?
Sie	*Say: No thank you.*
Anrufer	So . . . hör mal! Nächste Woche habe ich vor, nach Staufen zu gehen. Wie könnten zusammen ein Gläschen . . .
Sie	*Say next Tuesday you intend to go to Berlin!*
Anrufer	Schade!
Sie	*Say: 'Yes, it's a pity, isn't it? Bye Bye!*
	Anrufer Auf Wiederhören . . .

EXPRESSIONS OF TIME

The Past
gestern   yesterday
gestern früh   yesterday morning
gestern nachmittag   yesterday afternoon
gestern abend   yesterday evening (last night)

damals   in those days
letztes Jahr   last year
letzte Woche   last week
vor acht Tagen   a week ago
vorgestern   the day before yesterday
nie   never
neulich   recently
noch nicht   not yet
bis jetzt   up to now

The Present
heute   today
heute früh   this morning
heute nachmittag   this afternoon
heute abend   tonight, this evening

jetzt   now
nun   now
im Moment   at the moment
heutzutage   nowadays
endlich   at last

The Future
morgen ·tomorrow
morgen früh   tomorrow morning
morgen nachmittag   tomorrow afternoon
morgen abend   tomorrow evening

übermorgen   the day after tomorrow
heute in vierzehn Tagen   in a fortnight
später   later

Regularly or Occasionally
ab und zu   occasionally
manchmal   sometimes
nachmittags   in the afternoon(s), pm
abends   in the evening(s)
morgens   in the morning(s)
vormittags   in the morning(s), am
täglich   daily

Next
zunächst   firstly, next
dann   then
danach   afterwards
hinterher   afterwards
am nächsten Morgen   next morning

Days
am Montag   on Monday
dienstags   on Tuesdays
nächsten Dienstag   next Tuesday

Months
im Juni   in June
nächsten Februar   next February
im vorigen März   in the previous March

Seasons
im Frühling   in spring
im Sommer   in summer
im Herbst   in autumn
im Winter   in winter

DAYS AND DATES

am Sonntag	dem ersten	einundzwanzigsten	Januar
Montag	zweiten	zweiundzwanzigsten	Februar
Dienstag	dritten	dreiundzwanzigsten	März
Mittwoch	vierten	vierundzwanzigsten	April
Donnerstag	fünften	fünfundzwanzigsten	Mai
Freitag	sechsten	sechsundzwanzigsten	Juni

Samstag	siebten	siebenundzwanzigsten	Juli
oder	achten	achtundzwanzigsten	August
Sonnabend	neunten	neunundzwanzigsten	September
	zehnten	dreißigsten	Oktober
	elften	einunddreißigsten	November
	zwölften		Dezember
	dreizehnten		
	vierzehnten		
	fünfzehnten		
	sechzehnten		
	siebzehnten		
	achtzehnten		
	neunzehnten		
	zwanzigsten		

- How would you say where you're going to be on each of the dates in your diary?

Sonntag 17	London	Donnerstag 21	Bad Krozingen
Montag 18	Basel	Freitag 22	Freiburg
Dienstag 19	Freiburg	Samstag 23	zu Hause
Mittwoch 20	Staufen		

 6 Nach dem Abitur kommt die Universität – oder wenigstens hoffen es viele junge Leute . . .

Und am Ende des Studiums, wenn die Prüfungen endlich vorbei sind, dann hofft man, Arbeit zu finden. Heutzutage bleibt für manche auch das leider nur ein Traum. Hier spricht Rita mit Jürgen über seine Aussichten.

Rita	Was studierst du?
Jürgen	Geschichte, Germanistik und Anglistik.
Rita	Wie sind deine beruflichen Aussichten?
Jürgen	Meine Erwartungen oder objektiven Aussichten?
Rita	Beides!
Jürgen	Ja, ich möchte was mit Journalismus machen, und ich glaube, daß meine Chancen da recht gut sind, weil ich 'n Voluntariatsplatz, das ist ja die Voraussetzung, bereits in Aussicht habe, und danach ist es dann relativ gut.
Rita	Heißt es, daß du in deinem Studium schon fortgeschritten bist?
Jürgen	Ich bin im siebten Semester jetzt, und ich werde nach dem neunten Semester meine Examen machen, dazwischen aber noch ein Jahr in die USA gehen.
Rita	Wie bereitest du dich auf das Examen vor?
Jürgen	Das weiß ich jetzt noch nicht. Ich werde unter anderem, wie gesagt, in die USA gehen, mein Englisch verbessern hauptsächlich für das Anglistik-Examen und ja, ansonsten werd' ich in den USA auch beginnen, für meine Magisterarbeit zu arbeiten.

You're a keen student, anxious to use German in your career. Tell a friend of your dreams for the future.

die Erwartung   expectation
der Voluntariatsplatz   post as trainee
die Voraussetzung   precondition
fortgeschritten   advanced
verbessern   to improve
die Magisterarbeit   MA thesis

7 Journalistin, Informatiker, Förster, Hauswirtschafterin, Dorfhelferin – das sind die Berufe, die Ariane und ihre Freunde anstreben. Aber dieses Fräulein hier hat etwas ganz anderes vor.

Heidi	Ja, also, wenn ich groß bin, würde ich gerne Jongleusin werden. Aber meine Mutter will lieber, daß ich einen anständigen Beruf mache.
Arthur	Übst du manchmal schon ein bißchen jonglieren?
Heidi	Ja, jetzt fang' ich an, mit vier Bällen zu üben.
Arthur	Und mit drei Bällen, kannst du das schon gut?
Heidi	Ja, ja, eigentlich schon. Aber halt nicht so viele Tricks.
Arthur	Glaubst du, daß deine Eltern dir das erlauben werden, Jongleusin zu werden?
Heidi	Ja, mein Vater meint, das wär' zu schwierig. Aber ich weiß es nicht, ob sie es mir erlauben. Sicher, aber, ob sie's richtig finden, daß ich das mache, weiß ich nicht.
Arthur	Was magst du besonders am Zirkusleben?
Heidi	Ja, eigentlich alles. Da ist immer was los, und zu Hause, in der Schule ist es immer so langweilig und so . . . Und hier ist es lebhaft, hier ist immer was los. Und das macht halt mehr Spaß, also hier zu wohnen und zu reisen, als zu Hause.

der Jongleur, die Jongleusin   juggler
anständig   decent

 8 Spannender mag das Leben im Zirkus wohl sein, aber auch hier müssen die Kinder in die Schule gehen, und zwar eine ganz ungewöhnliche. Sie hat acht Schüler und einen Lehrer – und befindet sich in einem Wagen.

Arthur	Herr Natzer, Sie sind hier Lehrer an einer ganz besonderen Schule. Können Sie uns ein bißchen die Schule beschreiben?

Herr Natzer	Ja, ich bin hier Lehrer von der Zirkusschule vom Zirkus Krone. Das ist eine ganz, ganz kleine Schule. Wir haben bloß acht Schüler, und ich bin der einzige Lehrer hier. Auch der Schulort ist sehr klein. Wir sind in einem Lastwagen. Hinten ist er umgebaut als Schule mit Tafel, mit Fenster, mit Bänken. Es ist eigentlich eine ganz normale Schule, nur ein bißchen kleiner als normal.
Arthur	Durch die Schule ist jedes Kind in einer eigenen Klasse. Wie ist das für Sie? Wie können Sie sich als Lehrer darauf vorbereiten?
Herr Natzer	Ja, von den acht Kindern sind vier Kinder in der ersten Klasse, zwei in der zweiten, eine dritte und eine vierte und eine fünfte Klasse. Es ist schon schwierig. Wir machen das so, daß wir vormittags die größeren haben und nachmittags die kleineren. Bei den größeren machen wir zwei Gruppen. Und da müssen wir viel mit Arbeitsblättern arbeiten, daß jeder in etwa das bekommt zu lernen, was in seiner Jahrgangsstufe drin ist.
Arthur	Entstammen Sie auch aus dem Zirkus?
Herr Natzer	Nein, ich bin also kein Zirkuskind. Ich bin jetzt das dritte Jahr hier, und ich war vorher ein ganz normaler Lehrer an einer ganz normalen Schule.
Arthur	Was hat Sie persönlich dazu bewegt, hier anzufangen?
Herr Natzer	Es ist eigentlich immer das gleiche in der Schule. Nach zwei, drei Jahren hat man den Rhythmus drin, und es bleibt immer ein bestimmter Rhythmus mit Ferien, mit den gleichen Aufgaben. Es ändert sich nichts mehr, und es wird im Laufe der Zeit langweilig. Hier ist es was anderes. Es könnte natürlich die Gefahr auch sein, daß es nach drei, vier Jahren auch hier langweilig wird. Auch wenn wir immer von einem Ort zum andern ziehen.
Arthur	Was lieben Sie persönlich am Zirkusleben?
Herr Natzer	Ja, man könnte sagen, es hat Vorteile und es hat Nachteile, das Zirkusleben. Lieben würde ich, daß wir viel umeinander fahren, von einem Ort zum anderen. Nicht so lang an einem Ort bleiben. Ich kann alles anschauen. Es ist auch irgendwie eine Gemeinschaft auch da von den Zirkusleuten, und es ist die kleine überschauliche Welt vom Zirkus, die ich vielleicht auch lieben würde.

- A friend of yours has just met Herr Natzer and he's trying to remember everything he learnt about his life as a teacher in a circus – but his German isn't too good and he's got a little confused. It's up to you to put him right!

Herr Natzer fährt jeden Morgen mit dem Lastwagen zur Schule. Er hat nur achtzehn Schüler. Bevor er zum Zirkus kam, war er noch ganz normal. Heute zieht er von einem Ort zum anderen. Er ist jetzt ein dreijähriges Zirkuskind. Jeden Nachmittag spielt er mit den kleineren Schülern. Herr Natzer liebt diese Welt.

um/bauen   to change (in construction)
das Arbeitsblatt   worksheet
die Jahrgangsstufe   year (of a course), level

entstammen   to originate
bewegen   to persuade
die Gefahr   danger
der Vorteil   advantage
der Nachteil   disadvantage
umeinanderfahren (dial)   to travel around
die Gemeinschaft   community
überschaulich   so small it can be understood at a glance

Das Bildungssystem

In einem Land, wo der Staat als Verkörperung des Weltgeistes angesehen wurde, ist natürlich auch das Bildungssystem staatlich. Sicher,
es gibt auch ein paar Privatschulen, aber die gelten als ,,Mühlen"
für solche Kinder, die auf dem Gymnasium Lernschwierigkeiten
haben. Und wenn die Eltern eine solche ,,Mühle" nicht bezahlen können? Dann bleibt das Kind sitzen, das heißt, es rutscht eine Klasse
tiefer und muß das Schuljahr wiederholen. Das ist etwas unangenehm, weil man dann in seiner neuen Klasse vielleicht als ,,alter Herr"
betrachtet wird. Sie werden übrigens in Deutschland keine Schuluni-
formen sehen: die haben die Nazis abgeschafft, weil sie nicht wollten,
daß soziale oder Bildungsunterschiede nach außen hin sichtbar wurden. Und doch gibt es natürlich diese Unterschiede. Mindestens die
ersten vier Jahre sind zwar alle Kinder noch zusammen auf der
Grundschule. Aber dann trennen sich die Wege. Da sind drei verschiedene Leitern, eine höher als die andere: erstens die Haupt-
schule (sechs Jahre). Danach kann man eine dreijährige praktische
Lehre machen und Handwerker oder Facharbeiter werden. Zweitens
die Realschule (sechs Jahre), damit kann man zum Beispiel Angestellter werden. Und drittens das Gymnasium (neun Jahre), das man
mit dem Abitur abschließt. Inzwischen gibt es auch Gesamtschulen,
vor allem in den traditionell sozialdemokratisch regierten Ländern wie
etwa Hessen. Aber auch in der Gesamtschule gibt es noch die drei
verschiedenen Leitern. Nur stehen sie hier unter einem Dach, und
man kann leichter von einer auf eine andere herüberklettern. Mit dem
Abitur hat man das Recht, auf eine Universität zu gehen. Für manche
überlaufenen Fächer wie Medizin oder Zahnmedizin muß man
allerdings besonders gute Noten im Abitur haben, da gibt es den
berüchtigten ,,Numerus Clausus" (eine Aufnahmebeschränkung).
Aber man kann ja immer noch exotischere Fächer studieren wie klas-
sisches Arabisch oder byzantinische Numismatik. Einen BA gibt es
nicht. Entweder man macht Staatsexamen für den Staatsdienst (zum
Beispiel Schuldienst), oder man macht den Magister (MA), oder man
macht gleich den Doktor. Man kann so lange studieren, wie man will.
Es gibt kein Kurssystem. Es gibt zwar einige Pflichtseminare, aber
den Rest kann man sich wie aus einem Warenhauskatalog selbst aus-
wählen. Man braucht auch bei den Vorlesungen nicht zu erscheinen,
wenn man nicht will. Nur das Schlußexamen sollte man bestehen.
Etwa 40 Prozent aller Studienanfänger kommen aber gar nicht so
weit. Sie geben vorher auf.

AUF EIN WORT!

Hitler's obsession with what he called 'purity' extended to the German language. To see newsreel film of him digging the first spadeful of earth for his first motorway, you went not to the *Odeon Kino* (Greek 'kineo' – 'move') but to the Aryan *Lichtspielhaus* – 'light-play-house', and when you wanted to tell someone all about the film you'd seen, you did it not over the *Telephon* (Greek 'tele' – 'far', 'phoneo' – 'speak'), but the *Fernsprecher* – 'far-speaker'.

When Hitler went, *Kino* and *Telephon* came back. For Germans, of course, the 'pure' German words are easier to understand. British children can't really know what 'tele-phone' and 'tele-vision' actually mean until someone tells them – or until they know some Latin and Greek. It's a hurdle that Germans don't face with *Fern-sprecher* and *Fern-sehen*. They can work it out.

Of course, this hasn't stopped words slipping into German from other languages. But *Saison* says something that *Jahreszeit* – 'time of year' doesn't. (Peter Natzer referred to the *Saison* in the circus.) *WC* is more convenient than *Bedürfnisanstalt* – 'a necessity establishment' – that's what you call a euphemism. And in the time it takes to say *Datenverarbeitungsmaschine* – 'data-processing-machine – you've had time to program your *Computer*.

Work out what these words mean. (No Greek or Latin needed!):
Fern – distant. So what's *ein Fernrohr*? (*Rohr* – tube.) *Ein Fern-glas*? *Ein Fernschreiber*? (*schreibmaschinenartiger Telegraphen-apparat*. The definition, you notice, resorts to Greek.)

Ton – sound. So what's *ein Tonband*? (*Band* – ribbon.) *Ein Ton-bandgerät*? (*Gerät* – equipment.) *Ein Tondichter*? (*der Dichter* – poet.)

Luft – air. (As in *Luftwaffe*.) An important event in the history of Berlin was *die Luftbrücke*. Can you work out what this was? And what on earth is *ein Luftkissenfahrzeug*? (It shouldn't give you too much bovver . . .)

VORSICHT!

In his book 'Three Men on the Bummel', Jerome K Jerome describes going into a shop to buy a cushion and asking the pretty young lady for *einen Kuß* instead of *ein Kissen*. He got one.

Bummel comes from *bummeln* – to stroll, loiter, saunter. A *Bummel-zug* has been defined as a train where the driver leans out of his cab to plant seeds, and the guard leans out to pick the flowers from them . . .

ÜBUNG MACHT DEN MEISTER

A German *k* sound is like an English one:
Die Kinder im Zirkus Krone.

But remember – a final *g* might also sound like *k*:
Wir verbringen den Tag (*Tak!*) auf dem Berg (*Berk!*)

ck is the same sound:

locker   Stock   Stück

In Berlin you'll hear people saying *ick*, when you're expecting *ich*. (And you'll hear *isch* instead of *ich* in the south.) The proper sound *ch* in *ich* is generally found difficult by English speakers. If you find it hard, get annoyed with Hugh. Get ready to shout out his name, and then, when you see the look on his face, whisper it instead. The *h* sound you produce in Hugh is what you're after. Try it:

Hugh! Manchmal möchte ich in München sein!

A different *ch* sound occurs in *ach!*

Ach! Bach in der Nacht . . .

The conventional advice here is to practise clearing your throat.

Danach ist das Fach einfach.

And when do you use the *ch* in *ich* and when do you use the *ch* in *ach*? Well, any good pronunciation dictionary will tell you where to put your velar or palatal fricatives. Meanwhile, here are a few guidelines:

Use the *ch* as in *ich*
— in words starting with *ch*:
   Er is Chirurg in China.

— at the end of words when the *ch* follows a consonant:
   Durch die Milch.

Otherwise, rely on the preceding vowel. If you need to open your jaws widely to produce it (as for *a* and *o*), then you'll find you need the *ch* as in *ach*. If the vowel is one you pronounce without opening the jaws so widely, then it's the other *ch*, as in *ich*.

You also have to distinguish between the *ch* in *Kuchen* and the *ch* in *Mädchen*. The *ch* in *Mädchen* is 'at the beginning' of the suffix *-chen*, and is therefore like the *ch* in *ich*. The *ch* in *Kuchen* isn't at the beginning, therefore it's the one which occurs in *ach*.

Das Mädchen ißt den Kuchen.
Mir macht das Fach Spaß.
Die Aussichten sind gemischt.
Danach möchte ich noch nicht nach China.

THE FUTURE

There are various ways of saying what's going to happen:

1 *Nächste Woche* **kommt** *der Zirkus.*

Here the present tense has a future meaning. We do this in English: I'm going to the theatre tonight.

2 Axel said: *Vielleicht* **möchte ich** *studieren – auf einer Fachhochschule.*

This is a diffident way of talking about the future, and signifies 'I should like to . . .'. *Möchte*, from the modal verb *mögen*, is followed by an infinitive without *zu*. (Modals are dealt with on page 248.)

JETZT SIND SIE DRAN!

3 Ariane said: *Ich* **will** *dann Journalismus* **studieren.**

Ich will means 'I want to' (am willing to). It's part of the modal verb *wollen*, and, like *mögen*, is followed by an infinitive without *zu*.

Ich will nicht in einem Büro sitzen.

4 Jürgen said: *Ich* **werde** *mein Examen* **machen.**

This is the future tense proper. It's formed by using the present tense of the verb *werden* (*ich werde, du wirst, er, sie, es wird, wir werden, ihr werdet, Sie werden, sie werden*) with an infinitive without *zu*.

Notice that Jürgen didn't say „*Ich will mein Examen machen*". The future tense with *werden* expresses what's going to happen, whether you want it to or not.

JETZT SIND SIE DRAN!

Answer these questions.

- Wann werden Sie Freiburg verlassen? (Am Samstag.)
- Wie werden Sie nach England fahren? (Mit dem Flugzeug.)
- Was werden Sie am Montag machen? (Arbeiten.)

5 If you intend to do something, you can use the verb *vorhaben*:
Ariane said: *Ich **habe vor**, Journalismus **zu studieren**.*
The following infinitive must have a *zu*:
*Ich **habe vor**, nach Amerika **zu fahren**.*

JETZT SIND SIE DRAN!

You and your German wife are planning to go to Germany for a year. You're writing to an employment agency on behalf of both of you. These are the points to include in your letter:

Sehr geehrte Herren!

You and your wife will be arriving in Germany in July.
You both intend to live in Freiburg for twelve months.
Your wife is German and intends to do something with journalism. She'd like to do an apprenticeship.
You want to improve your German and would like to work with people.

Ich danke Ihnen im voraus für Ihre Hilfe.
Mit freundlichen Grüßen,

ZU GUTER LETZT!

When you go to Germany, it's more than likely that you'll be asked about what you intend to do...

Now you can say what you'd like or intend to do, and when, so how about going to a show and meeting some of the artistes backstage?

DESCRIBING PEOPLE
•
SAYING HOW THINGS ARE DONE

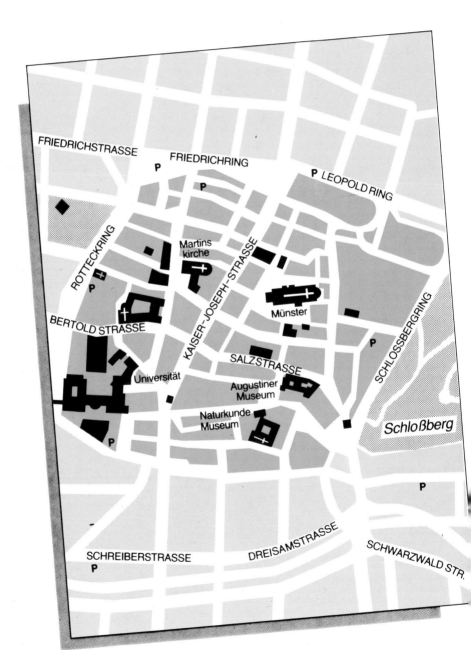

What does Freiburg – a place where every seventh inhabitant is a student – have to offer young people? A guide for young people offers lots of suggestions. It recommends a stroll through the old town, stopping to admire the minster, as you might expect. (The workshops may be visited, to see the masons at work on repairing the stonework, a job they've been doing for hundreds of years and probably always will, as the fabric is of soft red sandstone.) The 'new' and 'old' town halls find their place, too, and the inventor of gunpowder, and the guide doesn't forbear to mention the town's proud claim to an entry in a well-known *Buch der Rekorde* for having the only public toilet in Germany which is protected as a public monument. It mentions the museums, of course, for ancient history and for natural history, for example, but it doesn't leave out the one which is probably the smallest in Germany – it's for tin figures – and the *Narrenmuseum* where costumes and masks for the *Fastnacht* may be admired.

But it's not all education. Besides the Roman baths, the ruined castles and the healthy walks, we learn of the spring and autumn fairs and the *Weihnachtsmarkt* at Christmas. There's the planetarium and the botanic garden, the animal reserve at Mundenhof and the 23 cinemas. The town boasts of a vigorous musical life, too, from street musicians upwards (or downwards). There's jazz, and rock, and the classics, in concert-hall, *Musikkneipe* (pub with music) or in the open air in summer. Young people with a theatrical bent might like to know about the *Freiburg Kinder-und Jugendtheater*, just part of the town's theatrical offerings, where you can, if you wish, include in your theatre visit a tour backstage or round the theatre workshops.

 1   Künstler haben auf Frauen schon immer eine besondere Faszination ausgeübt, und Rita ist keine Ausnahme. Da ist zum Beispiel dieser junge Mann, attraktiv und offenbar selbstbewußt, und Rita möchte ihn kennenlernen.

Rita	Hallo, wer bist du denn?
Corrado	Mein Name ist Corrado, Corrado Schulz.
Rita	Du siehst ja super aus, mit deinem Schal!
Corrado	Ja, ich trage heute nur einen Schal, damit ihr auch seht, wie gut ich gebaut bin!
Rita	Du bist eitel, würde ich sagen.
Corrado	Hhm . . . kein Kommentar.
Rita	Ist dir's nicht zu kalt? Sei mal ehrlich!
Corrado	Oh nein, nein. Jetzt haben wir doch Frühling, und wenn du aus dem Fenster schaust . . . na, schau' doch mal aus dem Fenster!
Rita	Ja, ich kann dich verstehen. Willst du braun werden?
Corrado	Oh, natürlich.
Rita	Kannst du mir irgendwas vorführen, was du kannst?
Corrado	Ach, da ich so vieles kann, muß ich erst einmal überlegen. Ja, ich werde jetzt zu dir laufen und dir die Hand geben . . . Guten Tag! Wie geht es Ihnen?

Rita	Guten Tag, Corrado. Mir geht's ausgezeichnet, besonders wenn du bei mir bist.
Corrado	Ich kann auch vor dir knien und dir die Hand küssen.
Rita	Meine Güte, das machst du aber großartig!
Corrado	Und jetzt kommt der Höhepunkt! Ich werde jetzt einen Spagat machen. Aufgepaßt! Achtung! . . . Fertig! Los!
Rita	Bravo! Das machst du ja fantastisch!
Corrado	Applaus! Applaus!

selbstbewußt   self-confident
ehrlich   honest
eitel   vain, conceited
vor/führen   to show, demonstrate
überlegen   to think, consider
großartig   splendid
einen Spagat machen   to do the splits

 2 Corrados Herrin, Besitzerin und Schöpferin ist Frau Rieken. Rita bittet sie, ihr ihre anderen Marionetten zu zeigen.

Frau Rieken	Hier hängen noch einige Marionetten. Dieses hier ist Günter. Guten Tag, Günter! Neben Günter hängt die schöne Lola. Sie trägt meinen Ohrring. Und neben Lola ist meine erste Marionette. Sie heißt Scholastika. Scholastika, sag „Guten Tag"!
Scholastika	Hallo! Hallo!
Rita	Und die haben Sie alle selbst gemacht?
Frau Rieken	Ja, die sind alle selbstgemacht.
Rita	Die Lola finde ich ja ganz toll mit ihren roten Haaren. Aus welchem Material ist der Kopf gemacht?
Frau Rieken	Der Kopf ist aus einer Modelliermasse geformt, er ist innen hohl, damit er nicht zu schwer wird. Die Hände sind ebenfalls aus dieser Modelliermasse.
Rita	Und die Kostüme für die Marionetten haben Sie alle selbst gefertigt?
Frau Rieken	Ja, ich mache erst einen Entwurf auf einem Blatt Papier, und danach fange ich an zu schneidern und zu nähen.
Rita	Den Günter finde ich auch ganz reizend mit seiner riesigen Krawatte. Und was ist denn hier drauf? Ah, ein Känguruh!
Frau Rieken	Ja. Dazu muß ich sagen, Günter ist ein pensionierter Pilot von der australischen Fluggesellschaft, und daher trägt er noch dieses Känguruh an seiner Krawatte.
Rita	Trägt auch einen schicken Ledergürtel und Kordhosen, graue Kordhosen und dazu ein passendes Hemd, ein gestreiftes Hemd. Ein ganz vornehmer, pensionerter, älterer Herr mit einer riesigen Nase, stechend blauen Augen, und etwas Rouge hat er aufgelegt. Ja, und hier ganz links die Scholastika. Sie sagten, das war Ihre erste Puppe.
Frau Rieken	Ja, Scholastika ist meine erste Marionette gewesen. Und Scholastika ist eine trauernde Witwe. Daher trägt sie diesen schwarzen Schleier über dem Gesicht, den sie aber auch lüften kann.

Rita Ganz eindrucksvoll, vor allem der lange schwarze Schleier mit den Goldfäden, und sonst trägt sie ein rein schwarzes Gewand mit langen Ärmeln, und dazu haben Sie einen roten . . . knallroten Lippenstift gewählt, und auch sie hat blaue Augen. Gehen wir vielleicht noch mal zu Lola zurück. Sie trägt eine rote Perücke, knallrot der Lippenstift dazu, eine schwarze Schleife und – was ist das hier? – das sind Pailletten auf dem Schleier.

die Besitzerin   owner
die Schöpferin   creator
hohl   hollow
fertigen   to make, produce
der Entwurf   design
schneidern   to cut (like a tailor)
nähen   to sew
reizend   charming
riesig   enormous
die Fluggesellschaft   airline
passend   suitable
gestreift   striped
vornehm   grand, distinguished
trauern   to mourn
die Witwe   widow
der Schleier   veil
lüften   to raise
der Goldfaden   gold thread
das Gewand   robe, dress
die Perücke   wig
die Schleife   bow
die Paillette   sequin

 3 Und wie wird so eine Marionette wie Corrado hergestellt? Rita fragt Frau Rieken, wie sie das macht.

Rita Ich interessiere mich sehr für Marionetten und würde auch gern welche herstellen. Was muß ich denn alles dabei berücksichtigen?

Frau Rieken Ja, erstmal sollte man sich überlegen, wie fängt man an? Und ich fange immer mit dem Spielkreuz an. Zu dem Spielkreuz brauche ich besondere Maschinen, und so gehe ich in eine Schreinerei und säge mir die Teile zurecht, schleife sie dann mit der Hand ab und setze sie zusammen. Wenn das Spielkreuz fertig ist – das dauert ungefähr zwei Tage – fange ich mit dem Modellieren an. Zuerst der Kopf, dann die Hände, und wenn diese Teile fertig sind, fertige ich den Körper der Marionette.

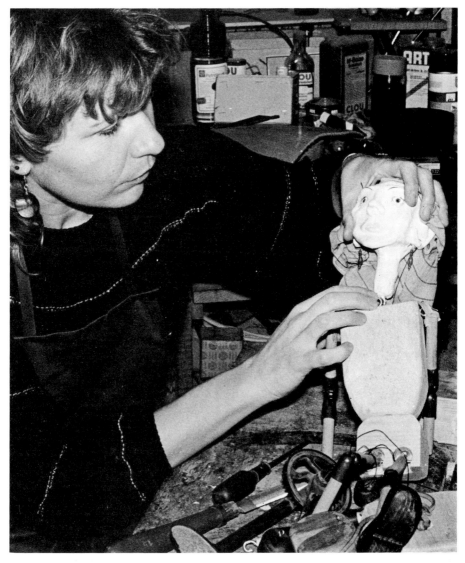

- What are the first stages when Frau Rieken makes a marionette?
- How does the body take shape?

her/stellen   to make
berücksichtigen   to consider, take into account
das Spielkreuz   the cross to which the strings of the marionette are
                 attached
die Schreinerei   carpenter's shop
zurecht   (here) to size
sägen   to saw
schleifen   to polish, rub down

HOW TO DESCRIBE PEOPLE

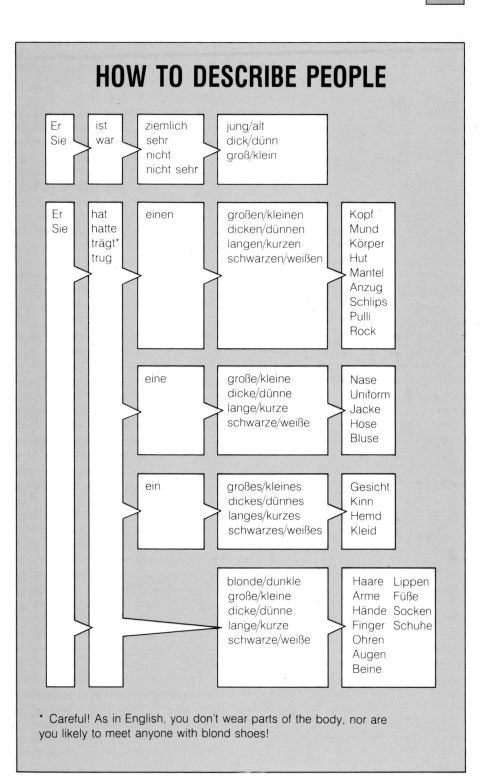

Er Sie	ist war	ziemlich sehr nicht nicht sehr	jung/alt dick/dünn groß/klein

Er Sie	hat hatte trägt* trug	einen	großen/kleinen dicken/dünnen langen/kurzen schwarzen/weißen	Kopf Mund Körper Hut Mantel Anzug Schlips Pulli Rock
		eine	große/kleine dicke/dünne lange/kurze schwarze/weiße	Nase Uniform Jacke Hose Bluse
		ein	großes/kleines dickes/dünnes langes/kurzes schwarzes/weißes	Gesicht Kinn Hemd Kleid
			blonde/dunkle große/kleine dicke/dünne lange/kurze schwarze/weiße	Haare Lippen Arme Füße Hände Socken Finger Schuhe Ohren Augen Beine

* Careful! As in English, you don't wear parts of the body, nor are
you likely to meet anyone with blond shoes!

JETZT SIND SIE DRAN!

 Bei der Polizei
Whilst you were buying tickets for the circus, a man stole your purse. You go to the police, where you're asked for a description.

Polizist	Können Sie den Mann beschreiben?
Sie	*Say: Yes, of course. He was fairly tall, thin, and not very old.*
Polizist	Und wie sah er, aus?
Sie	*Say: Excuse me?*
Polizist	Welche Farbe hatten seine Haare, zum Beispiel?
Sie	*Say he had long, black hair.*
Polizist	Weiter? Erinnern Sie sich an sonst nichts?
Sie	*Say he had small ears, and a big red nose.*
Polizist	Und seine Kleidung? Was hatte er an?
Sie	*Say you remember his hat.*
Polizist	So?
Sie	*Say he was wearing a black hat.*
Polizist	Ist das alles?
Sie	*Say: No. He had a blue suit and a yellow tie.*

 4 Ob im Puppentheater oder im Zirkus – die Zuschauer machen sich nur selten klar, wieviel Arbeit hinter den Kulissen dazu gehört. Im Zirkus Krone spricht Arthur mit dem Kostümschneider.

Arthur	Was ist das liebste Kostüm, das Sie je gemacht haben?
Kostümschneider	Das liebste? Sagen wir lieber mal das schwierigste. Das war für einen Elefanten einen Dirndlrock zu nähen, und dann einen Trachtenanzug mal für ein Pferd. Das war schon 'n bissel schwierig, und das hat mir aber viel Freude gemacht, wenn man dann sieht, daß man's doch kann, was man eigentlich doch gar nicht so . . . Und sonst halt für Artisten mache ich sehr gerne Kostüme, und ich hab' hauptsächlich mit Uniformen viel zu tun.

halt (=eben)   just
klar/machen   to realise
hinter den Kulissen   behind the scenes
die Tracht   traditional costume

 5 Nicht jedem gefallen unbedingt Elefanten mit Dirndlröcken und Pferde mit Trachtenanzügen, aber wer könnte von sich selbst sagen, daß ihm der Zirkus nie Spaß gemacht hätte? Arthur fragt einige Zirkusbesucher, woran sie beim Zirkus denken.

Arthur	Kommen Ihnen Kindheitserinnerungen, wenn Sie in den Zirkus gehen?

Frau	Ja, natürlich, deswegen gehen wir ja wieder rein.
Arthur	Und an was erinnern Sie sich?
Frau	An viel Freude, an viel Lachen, und an 'n großen Eindruck, der so hinterblieben ist, und Träume dann im Bett, und so weiter. Und der große Traum, selber zum Zirkus zu gehen, und all so Sachen natürlich.

●   ●   ●

Arthur	Auf was freust du dich am meisten im Zirkus?
Junge	Auf die Tiere und auf die lustigen Clowns.
Arthur	Hast du gar keine Angst vor großen Tieren?
Junge	Ah, eigentlich nicht. Ich weiß, daß die meisten gezähmt sind.

●   ●   ●

Arthur	Freust du dich auf den Zirkus?
Mädchen	Ja.
Arthur	Was möchtest du am liebsten sehen?
Mädchen	Die Elefanten.
Arthur	Warum möchtest du die Elefanten sehen?
Mädchen	Weil die so nett sind, find' ich.

●   ●   ●

Arthur	Gehst du in den Zirkus?
Mädchen	Ja.
Arthur	Was gefällt dir am meisten am Zirkus?
Mädchen	Die Tiere.
Arthur	Hast du keine Angst vor großen Tieren?
Mädchen	Nee.

sich erinnern an	to remember
sich freuen auf	to look forward to
Angst haben vor	to be afraid of

 6   Im Zirkus ist für viele Leute der Clown der Star. Während sie auf den Beginn der Vorstellung warten, fragt Arthur einige Zuschauer, wie sie sich einen Clown vorstellen.

Arthur	Warst du schon mal im Zirkus?
Mädchen	Ja, schon oft.
Arthur	Wie sieht der Clown aus?
Mädchen	Er hat so große Schuhe an, wo† ihm nicht so gut passen, und er malt sich dann so ein großes Gesicht, und er hat dann auch solche angemalten Augen, und dann hat er noch solche . . . manchmal, da hat er solche Hosen an, solche weiß-roten, mit so viereckigen Kästchen, weiß-rot, immer so.
Arthur	Was gefällt dir am besten am Zirkus?
Mädchen	Ach, der Clown ist manchmal sehr lustig, und die Tiere.

† wo (coll.) = die.

● You're being interviewed about the circus – You just hate the circus. You remember once seeing an elephant in a dirndl skirt, and in any case you're terrified of the animals. As far as you're concerned, the whole thing's just for kids.

Also, was halten Sie denn vom Zirkus?

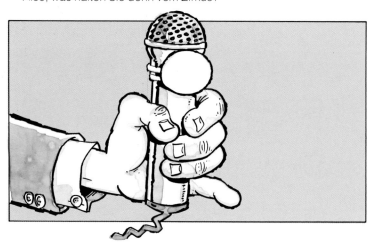

7 .Und hier ist endlich ein richtiger Clown, der berühmte Pierino vom Zirkus Krone. In Wirklichkeit heißt er übrigens ganz schlicht Kurt Matzler. Wie ist aus ihm ein Clown geworden?

Pierino	Also, ich war früher Lehrer in der Schweiz und hab' unterrichtet auch mit Kindern und bin eigentlich durch die Kinder darauf gekommen, die Theaterwelt zu erforschen, weil, das war für mich was unendlich Fernes und Unerreichbares. Und dann habe ich eine Theaterschule gemacht in der Schweiz beim Clown Dimitri und bin dann über das Stadttheater Basel zum Zirkus gekommen. Also, eigentlich ganz zufällig.
Arthur	Als Clown, muß man da immer besonders lustig sein?
Pierino	Nein, ich glaube nicht. Also, ich bin ein ganz normaler Mensch. Ich mache Dinge im Zirkus, über die man vielleicht lachen kann oder über die man eben Freude haben kann. Aber ja, ich bin 'n ganz normaler Mensch – denke ich auf jeden Fall.
Arthur	Wenn man ein normaler Mensch ist, dann ist man auch traurig oft. Wenn Sie in so einer traurigen Stimmung sind, wie können Sie dann arbeiten?
Pierino	Ja, das ist schwer, daß man immer eigentlich bereit sein muß zu spielen, daß man immer eben gut spielen muß, und auch wenn man traurig ist, daß man eben, wenn man spielt, Fröhlichkeit und Freude zeigt. Das ist eine Arbeit, also da muß man sich überwinden. Aber meistens gelingt das, wenn man beim ersten Auftritt irgendjemand sieht, eine Person, ein kleines Kind oder eben eine Frau, die einem zulächelt oder so, dann ist dann alles wieder gut.
Athur	Arbeiten Sie allein, oder mit wem arbeiten Sie zusammen?
Pierino	Ich arbeite alleine. Ich werde aber von meiner Frau unterstützt. Also, sie assistiert mir zum Beispiel in der Tellernummer, oder sie führt eine kleine Elefantenmarionette. Also sie ist eigentlich die Stütze im Hintergrund.

Arthur   Haben Sie auch Tiere in Ihre Nummer eingebaut?
Pierino Ja, ich hab' eine Gans. Seit einem Jahr arbeite ich mit einer Gans,
         die aus einer Kugel kommt. Das ist eine ganz poetische Nummer.
Arthur   Warum ausgerechnet eine Gans?
Pierino Weil ich die Gans so was Liebes finde.

- What else did Pierino do besides being a teacher, before he joined the circus?
- What does he sometimes find difficult?
- Who (and what) else features in his act?

schlicht   simply
unterrichten   to teach
erforschen   to investigate
unendlich   infinitely
unerreichbar   unattainable
zufällig   by chance
die Fröhlichkeit   joy
die Freude   pleasure, joy
sich überwinden   to get control of onese
der Auftritt   appearance
unterstützen   to support
die Gans   goose
die Kugel   ball

8   Aber vielleicht kann man nicht sein ganzes Leben lang ein Clown
    bleiben...

Arthur   Was für Zukunftspläne haben Sie?
Pierino Ja, ich will noch einige Jahre im Zirkus bleiben, weil ich finde, das

Forum, das ich hier habe, ist einfach einmalig. Also so viele Leute, die jeden Tag kommen, und man kann eben für diese Leute alle spielen. Dann will ich vielleicht wieder zurück zum Theater, will das eigene Theaterstück, das ich angefangen habe, zu Ende führen. Ich möchte auch mal Regie machen. Ja, ich möchte noch viele Dinge machen in meinem Leben.

Arthur   Ist Zirkus hauptsächlich für Kinder gemacht?

Pierino   Nein, ich glaube nicht. Ich glaube, es ist für jede Altersstufe. Und die Erfahrung, die ich gemacht habe, eben gerade hier bei Zirkus Krone, ist wirklich die, daß, . . . da kommen achtzigjährige Leute, da kommt ein zweijähriges Kind, und alle sind berührt von etwas anderem. Also die Kinder sind berührt von ganz anderen Dingen, als wie es die Erwachsenen sind. Kann man wirklich sagen, ein Zirkus ist für alle da.

Ich finde die Gans was (=etwas) Liebes.

Etwas Liebes   *something dear, nice.*

● How would you say the following?

Something sad.
Something difficult.
Something good.

Das war für mich was (= etwas) unendlich Fernes.

Etwas unendlich Fernes   *something infinitely distant.*

● How would you say the following?

Something especially funny.
Something simply unique.
Something madly beautiful.

betrachten   to consider
irrsinnig   madly
Regie machen   to direct
die Altersstufe   age group
berührt   moved

Kindervergniigen

Was waren das für Zeiten, als Kinder noch Indianer spielten, Märchen lasen oder sich im Fernsehen die Kinderstunde anguckten! Inzwischen aber hat der Horror-Videofilm Einzug ins Kinderzimmer gehalten. Da werden Menschen gefoltert, geschlachtet und gefressen. ,,Das Tier'', ,,Geisterstadt der Zombies'', ,,Der Menschenfresser'' – von dieser Art sind die Titel. Für immer mehr Kinder und Jugendliche wird das Anschauen von Brutal-Videos zum bevorzugten Freizeitvergnügen. Lehrer und Psychologen berichten, daß viele das massive Angebot an Brutalität seelisch nur schwer verkraften

und selbst aggressiv werden. Nach erhöhtem Konsum am Sonnabend und Sonntag „ist dann bei Wochenbeginn selbst in Kinder-
gärten der Horror los", berichtete das Spiegel-Magazin. Drei- bis
Sechsjährige spielen Zombies killen. Vierjährige, so berichteten Kin-
dergärtnerinnen, bewegen sich wie Zombies mit steifen Armen und
Beinen durch die Gegend und geben Grunzlaute von sich. Welche
langfristige Wirkung die Horror-Videos auf die Psyche der Kinder
haben, ist allerdings bisher unbekannt. Nun sind bekanntlich die Märchen der Gebrüder Grimm an manchen Stellen ebenfalls ziemlich
grausam, weshalb einige Pädagogen sie auch schon verbieten wollten. Doch der Psychologe Bruno Bettelheim hat in seinem berühmt
gewordenen Buch „ Kinder brauchen Märchen" die These aufge-
stellt, daß Kinder durch solche Märchen mit ihren eigenen geheimen
Mord- und Folterwünschen seelisch erst fertigwerden. Der Unterschied zwischen Horror-Märchen und Horrorfilm ist aber, daß im Märchen am Ende immer das Gute siegt und selbst Tote auf
„märchenhafte" Weise wieder lebendig werden, während die meisten Horror-Videos nichts weiter sind als eine sinnlose Serie von
Gewaltszenen.

AUF EIN WORT!

A man who makes dirndl skirts for circus elephants is called in German *ein Kostümschneider*. *Ein Schneider* is, in fact, a 'cutter' (from
schneiden, to cut). A lady doing the same job would be called *eine
Schneiderin*. Both the activity they pursue and the place where they
do it are *die Schneiderei*.

But certain words ending in *-ei*, particularly if the activity they refer
to has an artistic slant, tend to be a little bit pejorative. No writer
would like to be complimented on his *Schreiberei*, nor any opera-
singer on his *Singerei*.

Where a butcher works is *eine Schlachterei*. In English he's a slaugh-
terer. (English *gh* often corresponds to German *ch*.) In fact,
Schlachter, *Schlachterei* and *schlachten* are North German words
and in general you are much more likely to be sold meat by *ein
Fleischer*, who deals in flesh, and go to the *Fleischerei* for it. And
as you travel southwards, you'll find yet another word for butcher
– *der Metzger* – who works in *die Metzgerei*.

So what about Herr Natzer, the teacher in the Krone Circus? He's
ein Lehrer (*lehren* – to teach). And the place where he does it? Well
even without wheels it would still be called *eine Schule*. And there's
no such words as '*Lehrerei*'. Teaching is *der Unterricht*.

VORSICHT!

When Corrado (Frau Rieken's marionette) was going to greet Rita,

he said, „*Ich werde jetzt zu dir laufen*". Although *laufen* means literally 'to run', it also has the meaning 'to go' (on foot).

Ich **laufe** gerade mal zum Supermarkt.
*I'm just **going** to the supermarket.*

There are other ways of saying 'going' . . .

I'm going (on foot) into town – Ich gehe in die Stadt.
I'm going by bus to town – Ich fahre mit dem Bus in die Stadt.
I'm going on a trip – Ich mache einen Ausflug.
I'm going on a hike – Ich mache eine Wanderung.
I'm going to learn German – Ich werde Deutsch lernen.

ÜBUNG MACHT DEN MEISTER

Germans don't drop aitches.

Hinterm (hinter dem) Holzhaufen hat Hans Helmut husten hören.

That's not to say that *h* is always pronounced.

Sei mal ehrlich – sehe ich nicht super aus?

h can be silent after a long vowel:

Was hast du gewählt?

It can be part of *sch* or *ch*:

Wenn ich aus dem Fenster schaue, ist das fantastisch.

It can divide separate syllables in a word:

Sehen wir zu Scholastika hinüber.

Pierrino war früher Lehrer in der Schweiz.
Er hat vor, hauptsächlich die Theaterwelt zu erforschen.
Das Känguruh hatte rote Haare und schicke Kordhosen.
Was ich hier habe, ist einfach einmalig.

VERBS TAKING PREPOSITIONS

As in English, some verbs are followed by a preposition:

Ich *freue mich auf* den Zirkus.

I'm looking forward to the circus.

(Watch out for the case following the preposition! *Auf* here takes the accusative.)

Some verbs behaving like this are:

sich interessieren für + accusative	to be interested in
sich erinnern an + accusative	to remember
sich handeln um + accusative	to be a question of
sich freuen über + accusative	to be pleased about
bestehen auf + dative	to insist on
denken an + accusative	to think of (be thinking of)

JETZT SIND SIE DRAN!

Match the captions with the cartoons

,,Ich interessiere mich für Autos."
,,Ich erinnere mich an meine Kindheit."
,,Es handelt sich um meine Belohnung."
,,Ich freue mich über deinen Besuch."
,,Ich bestehe auf einer Entschuldigung."
,,Ich denke an meine Ferien."

Remember – a preposition is something which in German you can never end a sentence with. So, if you want to ask a question using one of these verbs, watch out!

Auf wen warten Sie? *Who are you waiting for?*
Mit wem kommen Sie? *Who are you coming with?*

And if it's a thing you're talking about, and not a person:

Auf was warten Sie? *What are you waiting for?*
But in this case you can say, instead of *auf was*? *Worauf*?

Worauf *warten Sie*?

(You normally add just *wo* to the preposition. The *r* creeps in when it starts with a vowel. You say *womit* but *worin*.)

JETZT SIND SIE DRAN!

How would you ask these questions in German?

What are you looking forward to?
Who are you thinking of?
What are you interested in?
Who are you afraid of?

THE PASSIVE VOICE

Any verb that takes a direct object can be both active and passive.

Active: At football I kick my opponent.
(The direct object receives the action of the verb.)

Passive: After the game I am kicked by my opponent.
(The subject of the verb receives the action of the verb.)

In fact, you can get along quite well in German by not using the passive at all.

Instead of saying ,,*Deutsch wird gesprochen*'' (German is spoken) you can just as well say ,,*Man spricht Deutsch*'' (One speaks German.) *Man* doesn't have the somewhat snooty tone of the English 'one'. It simply implies 'people' or 'you' in a general sense.

Man ißt viel Wurst in Deutschland. *They/you/people eat a lot of sausage in Germany.*

If you want to be brave, and use the passive itself, then it's helpful to remember that the construction is similar to English:

Die Marionette **wird** auf diese Weise **gemacht.**
The marionette is made in this way.

But

1 *Gemacht* goes to the end, because it's a past participle.
2 The main verb is not 'to be' (*sein*) but 'to become' (*werden*).

You'll meet sentences like *Die Tür* **ist geschlossen**

as well as *Die Tür* **wird geschlossen**

but the first example isn't really passive, as it describes the state of being closed, not the action of being closed. *Geschlossen* in the first sentence is more like an adjective.

If you want to say **by whom** the action of the verb is being carried out, then you use *von* (+ dative, as always).

Nichts ist zu sehen. *Nothing is to be seen.* This is passive in English, but active in German.

Das muß gemacht werden. *That must be done.*
Es wird viel getanzt. *A lot of dancing goes on.*

JETZT SIND SIE DRAN!

You're talking to Frau Rieken about her marionettes, and she's explaining the various stages in making one.

,,Ich zeichne zuerst einen Entwurf auf ein Blatt Papier. Für das Spielkreuz säge ich Holzteile zurecht. Ich schleife sie mit der Hand ab. Aus einer Modelliermasse forme ich Kopf und Hände. Dann setze ich alle Teile zusammen. Schließlich mache ich die Kostüme und ziehe die Marionette an.''

Now you try explaining how a marionette is made. Start with ,,Zuerst wird ein Entwurf . . .''

ZU GUTER LETZT!

Whilst you were at the circus, you got to know these two gorgeous creatures. You ring home to mum, to tell her what they're like. What do you say?

The circus moves, and so do we – next stop Berlin.

DISCOVERING BERLIN
•
DECIDING WHAT TO SEE AND DO
•
TALKING ABOUT THE PAST

Just in case you might be concerned at the thought of going 176 km behind the Iron Curtain to get to Berlin, the city's publicity stresses accessibility. *,,Gute Reise nach Berlin!"* we're wished. *,,Auf allen Wegen. Per Flugzeug, auf Schiene und Straße, mit eigenem Pkw oder Reisebus, Berlin ist leicht und bequem zu erreichen . . . Was liegt näher als Berlin?"* And there's no delay, it's emphasized, at the crossing points.

But don't forget your passport, and don't forget your money. (You're courteously reminded that you may bring in western currency *,,in unbegrenzter Höhe."* There's not much delay either when it comes to inviting you to partake in a wealth of *,,Sonderangebote, Pauschal-Arrangements, Gruppenreisen, Spezialprogramme, Wochenendtrips, Extratouren."* Brandenburg Gate, Europa-Center, Kaiser-Wilhelm Memorial Church, Olympic Stadium, Philharmonie, Charlottenburg

Castle – they're some of the goodies in a huge basket held up to tempt today's tourists to the old capital. You're urged to pack it all in. You can, if that way inclined, 'do' Berlin in two hours. (Ten minutes at the *Reichstag*, no restrictions on photography through the coach windows.)

And the zoo, of course ('one of the world's best', its publicity modestly proclaims). You must see the bears that gave the city its name. (*Ber-lin = Bär-lein* – little bears.) History may prosaically note that the first documentary reference to the place was in 1244 as a 'reloading point for goods shipped along the Elbe-Havel-Spree waterway'. But legend has it that one of the dukes of Ascanien (the dynasty that ruled over Brandenburg until the seventeenth century) was out in the forests one day hereabouts, came across a nest of little bears, and decided it would be a good place to build a city. It's a much prettier story. Who can blame anyone for sticking to it?

 1   Wenn man nur kurze Zeit in einer Stadt ist, dann möchte man gleich herausfinden, was da alles los ist. Brigitte geht zum Fremdenverkehrsamt.

Brigitte   Guten Tag! Ich bin hier jetzt für eine Woche in Berlin, und ich hätte gern 'n paar Informationen, was ich hier so unternehmen kann.

Angestellte   Wir haben hier einen kleinen Stadtplan. Der hat die wichtigsten

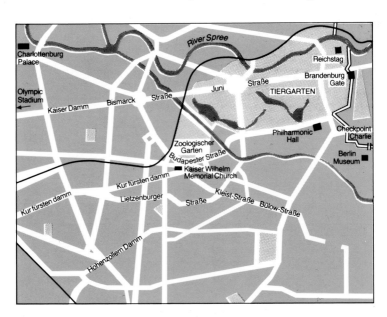

Sehenswürdigkeiten aufgeführt. Das sind die Nummern, die Sie hier sehen. Wir sind hier in der Nähe der eins, das ist die Gedächtnis-Kirche, und dies ist dann unsere Hauptstraße, der Kurfürstendamm.

Brigitte   Gibt's von hier aus Stadtrundfahrten?

Angestellte	Wir selber bieten keine Stadtrundfahrten an, aber es gibt mehrere Firmen am Kurfürstendamm, die das machen. Da wär' hier zum Beispiel eine. Die fährt ab an der Ecke Meineckestraße, am Kurfürstendamm, und da haben Sie die Wahl zwischen zwei Stunden West-Berlin oder drei Stunden West-Berlin. Sie können auch nach Ost-Berlin fahren. Es gibt dann auch am Wochenende Sonderfahrten oder auch am Wochenende Nachtclubtouren, falls das interessiert, gibt's also verschiedene Möglichkeiten. Nicht, das würde man nicht bei uns buchen, dann müßte man sich mit der Gesellschaft dann in Verbindung setzen, nicht? Entweder für diese West-Berlin-Rundfahrten direkt zur Abfahrtstelle gehen oder diese Sondertouren dann vielleicht telefonisch buchen.
Brigitte	Und wissen Sie, wie diese Stadtrundfahrten aufgebaut sind? Also ist da zum Beispiel . . . sind da Pausen, wo ich mir was angucken kann, oder geht es nur im Bus durch die Stadt?
Angestellte	Nein, man ist also überwiegend im Bus. Eine Pause auf der Zweistundentour zum Beispiel ist, so weit ich weiß, am Reichstags – gebäude eine Pause von vielleicht zehn Minuten. Nicht, also fotografieren muß man überwiegend dann durch die Scheibe des Busses.

- Which tours is it advisable to book in advance?
- How do you go about booking tours?

die Sehenswürdigkeit   sight
die Nähe   neighbourhood
die Gedächtniskirche (die Kaiser-Wilhelm-Gedächtniskirche)
   Kaiser Wilhelm memorial church
die Wahl   choice
die Sonderfahrt   special trip
die Gesellschaft   company
sich in Verbindung setzen   to get in touch with
die Scheibe   windscreen

 2   Berlin in zwei Stunden? Zehn Minuten am Reichstag? Die Sehenswürdigkeiten durch die Scheibe des Busses fotografieren? Gibt es denn keine anderen Möglichkeiten?

Brigitte	Also ich hab' gehört, daß man auch so eine Tour machen kann, wo man mit dem Bus und mit dem Schiff fährt, wissen Sie da was drüber?
Angestellte	Ja, das ist außer montags täglich, und zwar um elf Uhr. Nicht, das ist dann im Grunde weniger eine Stadtrundfahrt. Man wird zu einer Anlegestelle gefahren, und auf dieser Strecke werden auch Erklärungen abgegeben. Und dann macht man die Fahrt mit dem Schiff und wird dann von diesem Bus wieder abgeholt und wieder zur Abfahrstelle in der Innenstadt zurückgefahren, und die Strecke, die der Bus dann fährt, da werden auch Erkläurungen abgegeben.
Brigitte	Ich hab' gehört, daß es hier in den Randbezirken noch so alte Dörfer gibt oder irgendsowas. Können Sie mir da was empfehlen, wo ich da hinkann?

Angestellte   Ja, das bekannteste ist da vielleicht das Dorf Lübars. Nun, das liegt hier im Norden der Stadt, Lübars, und das grenzt also an so ein Neubaugebiet – das Märkische Viertel. Nicht, das kann man gut erreichen, wenn man die U-Bahn bis zur Endstation Tegel nimmt, und dann mit dem Autobus zwanzig fährt, da hat man so einen Dorfanger, 'ne Dorfkirche, richtig ländliches Gebiet. Das ist sehr hübsch.

die Strecke   stretch
der Randbezirk   suburb
der Dorfanger   village green

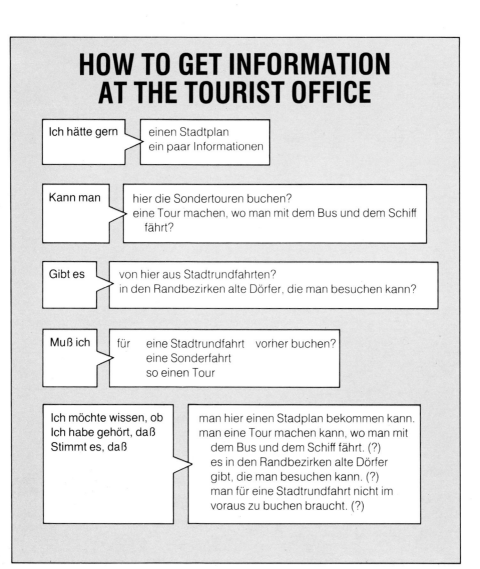

HOW TO GET INFORMATION
AT THE TOURIST OFFICE

| Ich hätte gern | einen Stadtplan
ein paar Informationen |

| Kann man | hier die Sondertouren buchen?
eine Tour machen, wo man mit dem Bus und dem Schiff fährt? |

| Gibt es | von hier aus Stadtrundfahrten?
in den Randbezirken alte Dörfer, die man besuchen kann? |

| Muß ich | für   eine Stadtrundfahrt   vorher buchen?
eine Sonderfahrt
so einen Tour |

| Ich möchte wissen, ob
Ich habe gehört, daß
Stimmt es, daß | man hier einen Stadplan bekommen kann.
man eine Tour machen kann, wo man mit dem Bus und dem Schiff fährt. (?)
es in den Randbezirken alte Dörfer gibt, die man besuchen kann. (?)
man für eine Stadtrundfahrt nicht im voraus zu buchen braucht. (?) |

JETZT SIND SIE DRAN!

Im Informationsbüro.

Angestellter	Bitte schön?
Sie	*Say you'd like to have a town plan.*
Angestellter	(*Gives you one*) Bitte schön.
Sie	*Ask if there are city tours from here.*
Angestellter	Ja, gewiß. Wollen Sie in West-Berlin eine Rundfahrt machen?
Sie	*Say yes, and ask whether it's true that for the West-Berlin tour you don't need to book in advance.*
Angestellter	Nein, Sie brauchen nur an die Abfahrtstelle zu gehen.
Sie	*Say you've heard that there are tours where you can travel by bus and by boat.*
Angestellter	Ja, das stimmt.
Sie	*Ask whether you need to book for a trip like that.*

3 Hat sich die Stadt nun wirklich so verändert, wie man immer sagt? Nehmen wir zum Beispiel den Kurfürstendamm . . .

Thomas	Und Ihnen gefällt der Ku'damm auch immer noch . . . ?
Dame	Na, ja, der hat sich verändert. Mir gefällt er nicht mehr ganz so gut, aber es gibt das beste Eis am Ku'damm. Deshalb komme ich immer wieder her.
Thomas	Und was vermissen Sie am Ku'damm, was vielleicht früher schöner war?
Dame	Ja, es sind jetzt ein bißchen viel Läden, die uninteressant sind. Diese Schnellfresser-Geschichten, wie die amerkanischen, und dann Peepshows und alles mögliche . . . Ich mein', Peepshows weiß ich nicht so genau Bescheid . . . Aber es sind früher exklusivere Geschäfte gewesen. Jetzt sind es zwar auch zum Teil teure Geschäfte, aber es ist früher schöner gewesen, irgendwie.
Thomas	Also, könnte man sagen . . . ?
Dame	Vielleicht ist es auch atmosphärisch, man kann es gar nicht so genau sagen, nicht?
Thomas	Hat er vielleicht etwas Niveau verloren?
Dame	Möglicherweise, ja!

- Was bedeutet das?

Choose the right answer.

„Peepshows weiß ich nicht so genau Bescheid" means

'I don't approve of peepshows.'
'I know nothing about peepshows.'
'I've never been to a peepshow.'

„Der Ku'damm hat etwas Niveau verloren" means

'The tone isn't what it used to be.
'The street's lost its atmosphere.
'The street is lower than it used to be.'

vermissen   to miss
fressen   to eat (like an animal)
Bescheid wissen   to know about

4   Eine andere Berlinerin findet auch, daß sich das Stadtbild geändert hat. Aber sie nimmt die Sache philosophisch.

Thomas   Was würden Sie vielleicht vermissen im Vergleich zu früher?

Dame Vermissen? Vielleicht, so dieses gewisse Flair, daß man sich mal ein bißchen nett gekleidet hat auch, wenn man zum Kurfürstendamm gegangen ist, wenn man ausgegangen ist, so zum Beispiel, so dieses Besondere. Nicht, daß man's eben auch nicht so jeden Tag tun wollte, um sich halt das Besondere so zu bewahren, und daß man sich dann irgendwie etwas netter gekleidet hat, und nicht irgendwie hier in zerrissenen Jeans und so was, nicht? Ich finde das stört das Stadtbild, ja! Das wird man, glaube ich, in Wien nicht finden – in London vielleicht so schon eher, aber ich glaube, so in südlichen wohl nicht so ganz . . .

bewahren   to preserve
zerrissen   torn
stören   to destroy

5 Frau Martin, eine gebürtige Berlinerin, wuchs in Mariendorf auf, im Süden von Berlin. Später – und das ist auch schon wieder fünfundzwanzig Jahre her – zog sie in den Stadtteil Steglitz um, wo sie seitdem lebt.

Brigitte Das Forum Steglitz ist relativ neu. War hier nicht früher so 'ne Art Kulturzentrum?

Frau Martin Nein, was erst mal ganz anders geworden ist, das ist der Blick von meinem Balkon. Vor fünfundzwanzig Jahren stand nicht ein einziges Auto auf der langen Straße, während man jetzt also sagenhaftes Glück hat, wenn man nach Hause kommt und dreimal ums Karree gefahren ist, einen Parkplatz zu finden. Dies Forum muß etwa sieben oder acht Jahre erst stehen. Dann haben sich viele Kaufhäuser, die im Ostteil der Stadt ansässig waren, zur Schloßstraße verzogen und haben sich hier etabliert, wie Hertie, Wertheim, Karstadt, Ebbinghaus,

Leineweber, Peek und Kloppenburg. Das war früher im Osten, und das ist alles jetzt hier in die Schloßstraße nach Steglitz gekommen.

Brigitte Und wenn wir noch weiter zurückgehen, in der Zeit vorm Krieg, haben Sie da . . . sind Sie da sehr viel 'rumgekommen in ganz Berlin? Haben Sie da viel unternommen, zum Beispiel?

Frau Martin Ja, selbstverständlich. Der Potsdamer Platz ist für uns Berliner, die wir den Jahrgängen 1920–25 angehören, ist der Potsdamer Platz das Zentrum für uns gewesen. Mit dem großen Kempinski, das ist ein großes – ja, kann man sagen – oder ein kleines Kulturzentrum gewesen, und das war der Mittelpunkt von Berlin, und da fuhr man selbstverständlich per Fahrrad oder U-Bahn jeden Tag hin.

- Was sah Frau Martin früher nicht, wenn sie auf ihrem Balkon stand?
- Wann baute man das Forum?
- Wo waren die großen Geschäfte wie Hertie und Wertheim, bevor sie nach Steglitz kamen?
- Wo fuhr Frau Martin hin, um sich zu amüsieren, als sie jung war?

sagenhaft   fabulous
das Karree   square
ansässig   resident
sich verziehen   (coll.) to clear off
die Unterhaltung   entertainment

 6   Das ist alles schon lange her. Zwangsläufig werden unsere Gewohnheiten verändert, auch beim Einkaufen.

Brigitte Kaufen Sie immer im Supermarkt ein? Haben Sie früher anders eingekauft als heute?

Frau Martin Ja, ich habe früher gegenüber meines Hauses[†] einen sogenannten Tante-Emma-Laden gehabt, und da habe ich eingekauft. Und seitdem der geschlossen worden ist, aus finanziellen Gründen, oder eingegangen ist, und hier das Forum mit Supermarkt, kaufe ich vorwiegend – weil es gar keine Einzelgeschäfte hier im ganzen Umkreis gibt – im Supermarkt ein. Weil es auch den Vorteil jetzt hat, daß man durch eine Kasse geht, alles in seinen Wagen packt. Und dann einmal in der Woche kaufe ich sowieso nur ein, möglichst am Anfang oder in der Mitte, damit ich den Berufstätigen am Wochenende den Platz lasse. Das mache ich sehr bewußt, also Freitag/Sonnabend ist für mich absolut tabu. Da greife ich lieber in die Kühltruhe, als daß ich mich da anstelle, weil ich das selbst weiß, wie es ist, als Berufstätiger da zu stehen und zu sagen: „Mein Gott, die Tante hätt' ja nun auch schon gestern oder vorgestern einkaufen können." Und . . . aber ich würde lieber hier meinen alten Tante-Emma-Laden besuchen, weil man ein bißchen anderen Kontakt hat als in einem so sterilen Laden wie Supermarkt. Aber es gibt hier keinen mehr.

[†] *meines Hauses* = genitive. *Gegenüber* normally takes the dative. (For more information about the genitive, see page 213).

Ergänzen Sie!

Früher hatte Frau Martin einen Tante-Emma-Laden in der Nähe. Jetzt
. . . sie nur den Supermarkt.

Damals kaufte sie immer im Tante-Emma-Laden ein. Jetzt . . . sie im
Supermarkt ein.

Es gab früher Einzelgeschäfte. Die . . . es nicht mehr.

Als sie jünger war, ging sie auch am Wochenende einkaufen. Jetzt
. . . sie nur am Anfang oder in der Mitte der Woche einkaufen.

zwangsläufig   willy-nilly
die Gewohnheit   habit
*ein/gehen   to die
einzeln   individual (the final -*n* is dropped in compound nouns –
    das Einzelgeschäft)
der Umkreis   area, quarter
der Berufstätige   person who works·
die Kühltruhe   deep freeze
die Tante   (here – coll.) the old bag

7   Offenbar vermißt Frau Martin manches von ihrem alten Leben. Brigitte
fragt sie, ob sie noch Kontakt zu Leuten hat, die sie von früher her
kennt.

Frau Martin   Vorm† Krieg habe ich gar keine Freunde mehr. Die sind alle in West-
deutschland beheimatet, beziehungsweise schon verstorben. Aber
so Freundschaften, die seit fünfundzwanzig, fast dreißig Jahren
bestehen, da habe ich noch einige Freunde, und wir pflegen sehr
guten Kontakt.

Brigitte   Wenn Sie sich so an Ihre Jungmädchenzeit zurückerinnern, was
haben Sie damals so gemacht? Und wie . . . Erinnern Sie sich gern
daran? Haben Sie gern in der Zeit damals gelebt – gerade auch
wenn Sie vergleichen, was die jungen Mädchen heute so machen?

Frau Martin   Muß ich Ihnen sagen: ich denke sehr gerne an meine Kindheit, an
meine Jugend. Ich hab' ein sehr intaktes, wie man heut' sagt, Elternhaus gehabt. Mein Vater war Oberlehrer in Berlin. Und ich war das
einzige Kind, hab' damit also auch viel Freiheiten gehabt, also finanziell keine Sorgen kennengelernt im Elternhaus, und bin also seit
Bewußtsein, seit meinem sechsten/siebenten Lebensjahr total dem
Sport verschrieben. Ich habe also . . . Mich hat weder Tanzen noch
sonst was interessiert. Aber ich habe fast alle Sportarten und alle
Sportabzeichen, die es zu erringen gab, errungen. Das ist angefangen vom Reitersportabzeichen, ich bin sieben/acht Jahre passionierte Reiterin gewesen. Hab' Tennis gespielt. Dann war damals die
Jugend ja organisiert in der Hitlerjugend, und dadurch mußten wir
alle Leistungssportabzeichen machen, die es überhaupt gegeben
hat. Und da bin ich so geprägt worden, daß sich das auch heute

mit meinen fünfundsechzig Jahren noch erhalten hat. Für mich ist heute wie damals der Sport immer noch dominierend. Zwar reite ich heute nicht mehr. Aber ich bin dafür passionierte Seglerin geworden und verbringe meine gesamte Freizeit auf meinem Boot oder auf Segelturniers, oder also jedenfalls mit der Natur und dem Wasser verbunden.

Brigitte Stimmt Sie das etwas melancholisch, wenn Sie an das alte Berlin zurückdenken, oder können Sie jetzt ganz gut mit der geteilten Stadt leben?

Frau Martin Also, das Wort melancholisch würde ich nicht sagen. Ich gehöre der Kriegsgeneration an, und ich weiß, daß wir . . . oder empfinde es als Berlinerin und als Deutsche, daß wir für den Krieg bezahlen müssen.

Und das ist die Quittung, die wir bekommen haben für das, was unsere . . . ja, muß ich sagen, unsere Generation in die Wege geleitet hat. Wobei ich . . . um nicht auszuschweifen, das würde einfach jetzt zu lange dauern, die ganzen Empfindungen und Gedanken hier Ihnen preiszugeben. Daß der Ausgang des Krieges so verlaufen ist, ist für alle Beteiligten schrecklich. Und damit werden wir, oder ich jedenfalls, nie fertig werden. Und ich kann . . . und fahre auch nicht an die Mauer, weil es mich bedrückt, und, weil ich eben der Generation angehöre, die mit dafür verantwortlich ist, so etwas wie ein schlechtes Gewissen habe.

Frau Martin obviously meant *Von vorm* (*vor dem*) *Krieg* . . .

Woran erinnert sich Frau Martin?

1 Ihre Kindheit. Frau Martin erinnert sich an ihre Kindheit.

Ihre Jungmädchenzeit./Die Hitlerzeit./Ihre alten Freunde.

2 Die Jugend war in der Hitlerzeit organisiert. Frau Martin erinnert sich daran, wie die Jugend in der Hitlerzeit organisiert war.

Junge Leute machten alle Leistungssportabzeichen./Ihre Familie hatte finanziell keine Sorgen./Der Ausgang des Krieges ist für die Beteiligten schrecklich verlaufen.

3 Sie hatte ein intaktes Elternhaus. Frau Martin erinnert sich daran, ein intaktes Elternhaus gehabt zu haben.

Sie hatte viele Freiheiten./Sie verschrieb sich dem Sport./Sie war passionierte Reiterin.

beheimatet   resident
beziehungsweise   or
bestehen   to exist
Kontakt pflegen   to keep in touch
die Freiheit   freedom
die Sorge   worry, care
seit Bewußtsein   as far back as I can remember
sich verschreiben   to devote oneself to
das Abzeichen   badge, insignia
erringen   to achieve
reiten   to ride (a horse)
der Leistungssport   competitive sport
prägen   to stamp, mould
geteilt   divided
die Quittung   the price to pay
aus/schweifen   to digress
preis/geben   to reveal
der Beteiligte   person involved
fertig *werden mit   to come to terms with
bedrücken   to oppress
verantwortlich   responsible
das Gewissen   conscience

ETWAS ZUM ZUHÖREN!

Frau Loewke hat immer noch Alpträume, wenn sie an eine Begebenheit vor dreißig Jahren zurückdenkt. Sie hatte die Hausarbeit für ihr erstes juristisches Staatsexamen fertiggestellt und von einem Schreibbüro tippen lassen. Sie wollte nur noch in ein Café gehen und Korrektun esen . . .

Transit nach West-Berlin

West-Berlin ist eine Insel. Wie kommt man dorthin? Mit dem Schiff? Nein, es gibt zwar Kanäle, aber besser ist wohl doch Straße, Eisenbahn oder Luftweg. Apropos Luftweg: mit der Lufthansa kann man nicht nach West-Berlin fliegen, weil sich die drei Westalliierten das alleinige Flugrecht vorbehalten haben. Es gibt drei Flugkanäle nach West

berlin: von Hamburg, von Hannover und von München. Ähnlich ist
es mit den Straßen und Eisenbahnen: auch da gibt es jeweils drei
Hauptverbindungen. Nehmen wir an, Sie fahren von Hannover aus
los. Am Grenzkontrollpunkt Helmstedt-Marienborn stehen dann DDR-
Grenzpolizisten, kontrollieren Ihren Paß und geben Ihnen ein Transitvisum. Die Visagebühren für Bundesbürger werden von der Bundesregierung jedes Jahr pauschal an die DDR überwiesen, eine
Pauschalsumme in Millionenhöhe. Ihr Kofferraum und Ihr Gepäck wird
gewöhnlich nicht kontrolliert, das gehört zu den Abmachungen.
LKWs werden plombiert, bevor sie das Bundesgebiet verlassen, ihre
Ladung wird ebenfalls nicht kontrolliert. Wenn Sie dann den Grenzkontrollpunkt passiert haben, dürfen Sie die Transitautobahn nicht
verlassen. Und seien Sie vorsichtig: trinken Sie keinen Tropfen Alko-
hol, und fahren Sie nicht schneller als erlaubt – die DDR-Polizei ist
sehr schnell mit Strafmandaten bei der Hand. Sie können aber an
den Tankstellen entlang der Transitautobahn tanken. Das Benzin dort
(Sie zahlen in Devisen) ist billiger als im Bundesgebiet. Sie dürfen
übrigens auch keine Ost-Mark in die DDR einführen, denn die Ost-
Mark ist eine reine „Binnenwährung".
Wenn man mit der Eisenbahn fährt, hält der Zug am Grenzkontrollpunkt an, und DDR-Polizisten laufen mit Schäferhunden den Zug entlang, um irgendwelche Unregelmäßigkeiten aufzuspüren. DDR-
Grenzbeamte laufen durch den Zug. Jeder hat so etwas wie einen
Bauchladen mit Visumformularen und Stempeln, um für jeden Reisen-
den das Transitvisum auszustellen. Ja, und nach etwa zweihundert
Kilometern passieren Sie dann kurz hinter Potsdam die Grenze nach
West-Berlin, und wenn Sie das Schild „Zoologischer Garten" lesen,
dann steigen Sie aus. Sie sind auf der Insel angekommen.

AUF EIN WORT!

In the *Informationsbüro* you may hear: „*Hier sind wir in der Nähe
der Kirche*". *Die Nähe* (neighbourhood, proximity) really means
'nearness'. It comes from the adjective *nah* (near) and is a good
example of a common way of creating nouns. *Die Frühe* ('early-ness')
comes from *früh*, *die Größe* ('big-ness', size) from *groß* and *die Kühle*
(coolness) from *kühl*. They're all abstract, and feminine, and they
have an *Umlaut* when it's possible. You don't know when it's possible? Ask AdOlphUs, whose name contains the three vowels that
take one.

Frau Martin said: „*Ich war das einzige Kind, habe damit also viele
Freiheiten gehabt*". -heit is another suffix that can be added to an
adjective to make up a feminine abstract noun:

die Schön**heit** (from *schön* – beautiful), die Klar**heit** (*klar* – clear),
die Gesund**heit** (*gesund* – healthy).

-keit can also change an adjective into a noun. When the lady in the tourist-office offered Brigitte a map showing where the *Sehenswürdigkeiten* were, she was really talking about the 'see-worthynesses' – the sights.

die Möglich**keit** (*möglich* – possible), die Sauber**keit** (*sauber* – clean), die Dankbar**keit** (*dankbar* – grateful)

VORSICHT!

The word *Gedächtnis* as in *die Kaiser-Wilhelm-Gedächtniskirche* (the Kaiser-Wilhelm Memorial Church) comes from *denken*, whose parts, you'll remember, are *denken, dachte, gedacht*. (*dachte* – thought: German *ch* – English *gh*.) Besides meaning 'memorial', *das Gedächtnis* also means 'memory', in the sense of 'I have a good memory' – *ich habe ein gutes Gedächtnis*. If you want to talk about 'memories', ie what you won't forget, then use *die Erinnerung* (from *sich erinnern* to remember):

Das sind gute **Erinnerungen**!

A third word for 'memory' is das *Andenken* (from *denken an* – to think of):

Behalte mich in gutem **Andenken**!

– and it also means 'souvenir'.

ÜBUNG MACHT DEN MEISTER

You shouldn't find the *ä* sound in *es gefällt mir, in die Geschäfte zu gehen* too difficult. It's almost like the *e* in English 'get' and 'met' – and the German *e* in *es, fest* and *denken:*
West Berlin ist etwas ländlich.

Sometimes, though, the *ä* is long. (Open your jaws a little more to say it.)

Das Mädchen wählte Käse für die Bären.
Be careful. The long *ä* in *Bären* is not the same vowel you hear in *wem, stehen* and *Beere*. (This is much more 'closed'.):

Wo sehen wir die **Bären**? Im Zoo.
Wo sehen wir die **Beeren**? Auf dem Land.

Selbstverständlich hat sich das Märkische Viertel sehr verändert.
Er fährt täglich zu den Läden in West-Berlin.
Ein achtzehnjähriges, unaufgeklärtes, berufstätiges Mädchen.

THE IMPERFECT TENSE

Just as with the perfect tense (see page 104), the way you form the imperfect tense depends on whether the verb is weak or strong.

WEAK VERBS

Add -te, -test, -te, -ten, -tet, -ten, -ten to the stem of the verb:

Das *stimmte* mich etwas traurig.

Modal verbs also take these weak endings. (*Können, müssen, dürfen* and *mögen* also lose their *Umlaut*, and in addition the stem of *mögen* changes to *moch-*):

Wir *mußten* alle Leistungssportabzeichen machen.

Haben is also weak, but goes *ich hatte, etc*

JETZT SIND SIE DRAN!

In Berlin someone describes an old lady to you.

,,Frau Kostrewa wohnt in Mariendorf. Sie erinnert sich gut an ihre Kindheit und pflegt noch guten Kontakt mit ihren Freunden aus der Vorkriegszeit. Sie hat sogar noch Freunde in Ost-Berlin. Sie interessiert sich für Sport und spielt noch Tennis. Da sie zu der Kriegsgeneration gehört, stimmt es sie melancholisch, an, die Mauer' zu gehen."

Sometime later you write to a German friend about Frau Kostrewa. ,,*Frau Kostrewa wohnte in Berlin . . .*"

STRONG VERBS

As we've seen before, with the perfect tense, the best way to deal with strong verbs is to learn the parts of each one as you meet it:

finden/fand/gefunden
*fahren/fuhr/gefahren (ä)

fand and *fuhr* are the imperfect stem, to which you add the endings – (*nothing*), -st, – (*nothing*), -en, -t, -en, -en:

Wir *fuhren* per Fahrrad dahin.

A list of common strong verbs appears on page 330.

You'll remember, too, that a few verbs behave both like strong and weak verbs. The stem-vowel changes, but the endings are weak:

Ich **dachte** (*denken*) an das alte Berlin zurück.

JETZT SIND SIE DRAN!

Your guide to Berlin describes what the day has in store for you.

Am Dienstag stehen wir früh auf. Der Tag beginnt mit einem Ausflug auf's Land. Wir nehmen die U-Bahn bis zur Endstation, und dann fahren wir mit dem Autobus nach Lübars. Da sehen wir uns die alte Dorfkirche an. Später bringt uns der Autobus in die Stadt zurück, wo wir zu Mittag essen. Am Nachmittag können alle, die wollen, eine Dampferfahrt nach Wannsee machen. Am Abend kommen wir um sechs Uhr zurück. Dann gibt es die Gelegenheit, Berlin by Night zu sehen . . .

Describe to a friend what you did today.

The imperfect tense is the one you use to describe what used to happen.
There are two ways to say what happened in the past: you can either use the imperfect tense, e.g. *Vor fünfundzwanzig Jahren stand nicht ein einziges Auto in der langen Straße*; or you can use the perfect tense, e.g. *Haben Sie früher anders eingekauft als heute*?
However, Germans, when talking about the past, tend to use the perfect tense more frequently, whereas when writing about the past, they generally use the imperfect tense.
There are of course a few exceptions – *haben, sein* and modal verbs usually take the imperfect, both in written and spoken form. An example of the spoken form using a modal verb in the imperfect would be: „*vor einigen Jahren **mußte** ich auf das Reiten verzichten*".

It also describes what was going on:

Dann **war** damals die Jugend organisiert in der Hitlerjugend.

Very importantly, it's the tense of narrative:

Er **ging** zum Supermarkt, **machte** seine Einkäufe, **packte** alles in seinen Wagen, und **fuhr** nach Hause.

JETZT SIND SIE DRAN!

Enquiring about trips in Berlin, you're told:

,,Das Informationsbüro selbst bietet keine Stadtrundfahrten an, aber es gibt mehrere Firmen, die das machen. Da gibt es zum Beispiel eine, die an der Ecke Meineckestraße abfährt, und da haben wir die Auswahl zwischen der Zwei-Stunden West-Berlin-Tour oder der Drei-Stunden West-Berlin-Tour. Man kann auch nach Ost-Berlin fahren. Wenn man nicht beim Informationsbüro bucht, muß man sich mit der Gesellschaft in Verbindung setzen."

A friend at the office, thinking about going to Berlin, asks you about trips around the town. How do you tell him what they said to you at the *Verkehrsamt?*

ZU GUTER LETZT!

You're telling a friend about an old lady you met on the first occasion you came to Berlin, some years ago. What's missing? Here are some words to help you:

sich erinnern   fahren   geben   gefallen   müssen
plaudern   sagen   sein   sprechen   tanzen   verbringen
wohnen   wollen

Die alte Dame . . . gleich hier am Kurfürstendamm. Sie . . . gern mit uns über das alte und das neue Berlin. Unterwegs zu ihrer Wohnung . . . wir an den großen Läden, den Kinos und den Nightclubs vorbeigehen, und als wir davon . . ., wurde die Alte fast zornig! Das . . . ihr gar nicht. Sie . . . an die Zeit, wo alles 'proper'. . . .

Sie . . .: ,,Wenn man ausgehen . . ., . . . man den Abend nicht in Nacht clubs. Peepshows . . . es auch nicht. Damals, vor dem Krieg . . . man mit dem Fahrrad zum Potsdamer-Platz, und da . . . man den ganzen Abend hindurch!"

Now you've heard a bit about the city's past (and decided what you'd like to see and do), let's talk to some other Berliners – they're not really what they seem to be . . .

SAYING HOW YOU EARN YOUR LIVING
●
SAYING WHAT YOU THINK
●
SAYING WHERE THINGS ARE

Berlin may not only not be what it was. It's not what it is, either. Or at least what it seems to be, seen through a bus window. Like any other place of interest or significance, it warrants closer examination. Of course, you may have the opportunity to utter succinct words of admiration as your coach glides past the *Kaiser-Wilhelm-Gedächtnis-Kirche*, the *Kongreßhalle* or the *Philharmonie*, but it's something quite different to hear from a real Berliner about '*Gottes Bunker*', '*die schwangere Auster*' and the '*Zirkus Karajani*'. These are the names given, with wit and affection, to the same three monuments, by the inhabitants of Berlin.

'God's Bunker' is what they call the new version of the Kaiser Wilhelm Memorial Church, which was badly damaged in the war. Only the tower remained. Its best friends might agree it could be mistaken for an office block, at least from outside. But even its enemies would be impressed by the stark beauty and simplicity of the interior. And the 'pregnant oyster'? That's the name given by the populace to the *Kongreßhalle*, somewhat ungraciously perhaps, as it was a gift from the Americans. 'Karajan's Circus' is where the world-renowned Berlin

Philharmonic Orchestra has its home. It's one of several used by the chief conductor, Herbert von Karajan.

But the monuments of Berlin are not the subject of this chapter. We're going to meet and talk to some real Berliners – a fishmonger for a start, a taxi-driver, the owner of a solarium and a student. In the course of the conversation, they turn out to be a doctor, someone who makes a living by playing the stockmarket, a man who never uses a solarium and a master cook, though not necessarily in that order. Just like the monuments, on close acquaintance they reveal themselves as something which at first sight they do not promise to be.

 1 Brigitte möchte gern ein paar echte Berliner treffen, und da sie sowieso Fisch einkaufen will, bietet sich da schon die erste Gelegenheit. Herr Weichelt ist alter Berliner und mehr als bloß Fischhändler.

Brigitte	Guten Tag!
Herr Weichelt	Schönen guten Tag!
Brigitte	Können Sie mir vielleicht helfen? Ich weiß noch gar nicht genau, was ich möchte . . . und zwar habe ich Gäste heute . . . Und ich möchte gern ein Fischessen machen. Gibt's irgendwas, was Sie mir grad empfehlen?
Herr Weichelt	Wollen Sie braten oder kochen, den Fisch? Was ist Ihnen sympathischer?
Brigitte	Ich glaube, ich möchte gern was zum Braten haben.
Herr Weichelt	Ja, ein Filet. Wir haben preiswertes Seelachsfilet . . . Da kostet das Pfund heute vier Mark und fünfundzwanzig. Sie können natürlich auch Rotbarsch haben, aber das ist relativ teuer. Und der Qualitätsunterschied ist nicht so groß, wie der Preis eigentlich aussagt. Also ich könnte Ihnen das Seelachsfilet empfehlen.
Brigitte	Ich sehe da, Sie haben da auch schöne Makrelen. Die könnt' ich ja auch grillen, oder . . .
Herr Weichelt	Ja, natürlich können Sie sie grillen! Sie können sie auch dünsten, wenn Sie wollen. In Weißwein, zum Beispiel, daß Sie ein bißchen Zwiebel anschwitzen, und dann so die Makrele 'rin, Gemüse dazu, etwas Weißwein darüber und Deckel drauf. Und dann dünstet die ganze Geschichte!
Brigitte	Und die sind schon fertig ausgenommen?
Herr Weichelt	Ja, die mache ich Ihnen natürlich fertig. Selbstverständlich kriegen Sie die fix und fertig für die Küche.
Brigitte	Gut. Was kostet jetzt das Kilo Makrelen?
Herr Weichelt	Kilo Makrele kostet vier Mark fünfunddreißig.
Brigitte	Und wie schwer sind die ungefähr?
Herr Weichelt	Eine Makrele, na, die wiegt ungefähr dreiviertel . . . also dreihundertfünfzig bis fünfhundert Gramm. Das sind sehr große Makrelen. Das ist bei den Makrelen schön. Die großen sind besser als die kleinen.
Brigitte	Und für drei oder vier Leute, wieviel brauche ich da?
Herr Weichelt	Ich würde sagen, pro Person eine halbe Makrele. Ich suche Ihnen

	große aus. Damit kommen Sie aus!
Brigitte	Gut, dann nehme ich mal zwei Makrelen.
Herr Weichelt	Ist in Ordnung. Ich nehme sie Ihnen gleich aus und mach' sie Ihnen fix und fertig . . . Die haben ein Kilo und Zweihundert Gramm.
Brigitte	Ja, ist gut.

- How does Herr Weichelt recommend that the mackerels should be cooked?

braten   to fry
der Unterschied   difference
dünsten   to steam

an/schwitzen   to brown
fertig ausgenommen   ready prepared
fix und fertig   completely ready

2   Das ist noch Bedienung! Es stellt sich heraus, daß Herr Weichelt kein
gewöhnlicher Fischhändler ist.

Herr Weichelt   Ich bin Küchenmeister von Beruf, und hab' aber die Nase voll gehabt,
in der Gastronomie zu arbeiten. Hab' mir dann so ein Geschäft gekauft. Und mache alles selbst, ich kaufe nix fertig, Bratheringe, mari-
nierte Heringe, die Salate. Alles, nicht? Und eben keine Farbe, keine
Fremdstoffe. Nix drin. Das . . . junge Leute legen da großen Wert
drauf, ne?

Brigitte   Kann man sagen, daß die alten Leute andere Sachen kaufen als die
jungen Leute?

Herr Weichelt   Ja, alte Leute sind sehr konservativ. Die bleiben eben bei ihren
eingeführten Salaten, die sie kennen. An so was Neues gehen sie
nicht 'ran, da sind sie vorsichtig, ne? Genauso wie eben die Leute
Goldbarsch kaufen, obwohl der jetzt das Pfund acht Mark kostet, das
war vor dem Kriege . . . gehörte zu den billigen Fischen. Und da sind
die Leute dran gewöhnt, und da essen sie ihn heute auch noch, und
wenn sie acht Mark dafür bezahlen. Die kaufen keinen preiswerten
Fisch wie Makrele oder Seelachsfilet. Ich verstehe das nicht, junge
Leute schon, ne, die lassen sich dann überzeugen . . . kann man nix
machen.

Brigitte   Glauben Sie, daß die Supermärkte eine echte Konkurrenz für Sie
sind?

Herr Weichelt   Ja, für mich persönlich nicht so sehr, denn meine Salate können die
Supermärkte nicht herstellen. Ist nicht drin. Die müssen immer große
Mengen herstellen, mit viel Rattengift drin, damit das auch hält sich,
das Zeug, nicht . . . die müssen ja in vierzehn Tagen Vorrat kaufen,
ne? Und dann ist das für mich keine Konkurrenz. Also, die Leute,
die bei mir kaufen, die kaufen zwar auch im Supermarkt, klar, natürlich, aber wenn sie einen vernünftigen Heringstip essen wollen oder
marinierten Hering oder Brathering, wie bei Müttern, wie ich's
draußen 'rangeschrieben hab', das stimmt auch so, das ist . . . gibt's
in großen Kaufhäusern nicht.

● How does Herr Weichelt compare his older customers with the
younger ones?
● What advantage does he claim to have over the supermarket?

der Fremdstoff   foreign matter
auf etwas Wert legen   to attach importance to
überzeugen   to convince
die Konkurrenz   competition
das Gift   poison
der Vorrat   supply

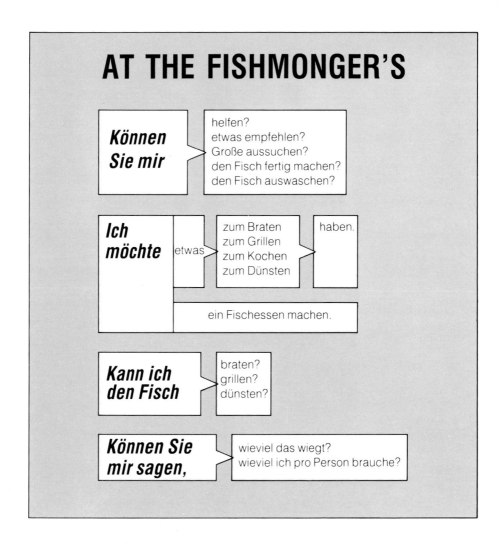

AT THE FISHMONGER'S

Können Sie mir
- helfen?
- etwas empfehlen?
- Große aussuchen?
- den Fisch fertig machen?
- den Fisch auswaschen?

Ich möchte etwas
- zum Braten
- zum Grillen
- zum Kochen
- zum Dünsten

haben.

ein Fischessen machen.

Kann ich den Fisch
- braten?
- grillen?
- dünsten?

Können Sie mir sagen,
- wieviel das wiegt?
- wieviel ich pro Person brauche?

JETZT SIND SIE DRAN!

 Beim Fischhändler

Sie	*Say 'good day'.*
Fischhändler	Schönen guten Tag!
Sie	*Ask him if he can help you.*
Fischhändler	Gerne!
Sie	*Say you'd like to make a fish dish.*
Fischhändler	Ja, wollen Sie den Fisch braten oder grillen?
Sie	*Say you'd like something to grill.*
Fischhändler	Schöne Makrelen haben wir!

Sie	Ask if he can tell you how many you'd need for four people.
Fischhändler	Eine halbe Makrele pro Person.
Sie	Ask if he can prepare them for you.

3 Unterwegs zu ihrem nächsten Interview nimmt Brigitte ein Taxi – und erfährt etwas Überraschendes über den jungen Taxifahrer.

Brigitte	Du arbeitest als Taxifahrer. Ist das dein Beruf?
Taxifahrer	Nein, ich mache das aushilfsweise.
Brigitte	Aushilfsweise? Was heißt das?
Taxifahrer	Aushilfsweise heißt, daß ich einen anderen Beruf habe und das nur mache, um Geld zu verdienen.
Brigitte	Und was für einen Beruf hast du?
Taxifahrer	Ich bin Arzt. Ich habe Medizin studiert.
Brigitte	Und warum arbeitest du nicht in deinem Beruf?
Taxifahrer	Ich bin jetzt im Frühjahr fertig geworden mit dem Studium. Und es ist sehr schwer in Berlin, eine Stelle als Arzt zu bekommen.
Brigitte	Und wie bist du zu dieser Arbeit gekommen?
Taxifahrer	Es ist sehr leicht in Berlin, als Taxifahrer zu arbeiten, weil es gibt viele Firmen und nicht so viele Fahrer.
Brigitte	Und was muß man machen?
Taxifahrer	Man muß einfach eine Zeitung aufschlagen und die Anzeigen studieren und dann eine dieser Firmen anrufen.
Brigitte	Und gibt es keine Ausbildung für Taxifahrer?
Taxifahrer	Doch! Es gibt eine Prüfung über die Ortskunde in Berlin. Das ist ziemlich schwierig. Man muß das aber ganz allein selbst lernen.

● Was muß man machen, um das zu tun?

„Ich mache das, um Geld zu verdienen", is another way of saying
„Ich mache das, weil (or wenn) ich Geld verdienen will."
What could you say instead of:

„Man muß studieren, wenn man Arzt werden will."
„Man muß einfach eine Zeitung aufschlagen, wenn man eine Stelle
als Taxifahrer finden will."
„Man muß eine Prüfung über die Ortskunde in Berlin bestehen, wenn
man Taxifahrer werden will."

erfahren   to learn, find out about
überraschend   surprising
aushilfsweise   temporarily
auf/schlagen   to open
die Anzeige   advertisement
die Ausbildung   training
die Ortskunde   local knowledge

4   Und jetzt ins Solarium. Wie man auf deutsch auch sagt: „Bräunungsstudio". Wie kommt es nur, daß der Besitzer, Herr Schweizer, ein
so blasses Gesicht hat?

Matthias   Herr Schweizer, was tun Sie denn selber für Ihre Bräune?
Herr Schweizer   Ja, wie Sie sehen, recht wenig. Aber das ist ein ganz anderes Problem. Wir haben geöffnet von morgens um sieben Uhr bis abends
um elf Uhr, also bis spät in die Nacht. Und wie Sie sehen – wir sind
in der Hochsaison – es ist also jetzt selbst am Vormittag voll ausgebucht, nachmittags ist es noch viel schlimmer, so daß ich einfach
keine Möglichkeit habe ranzukommen. Meine Kunden gehen vor, das
Geschäft geht vor, und nachts um zwölf zu bräunen, habe ich auch
keine Lust.
Ich überlege mir jetzt, ob ich mir vielleicht ein Gerät zu Hause mal
hinstelle, denn wenn man Bräune verkauft, sollte man natürlich auch
braun sein. Und ich werde manchmal dann 'n bißchen auf den Arm
genommen von Journalisten, die sagen: „Na ja, Sie wissen wahrscheinlich, daß es schädlich ist, deswegen bräunen Sie sich nicht."
Das ist natürlich absolut nicht der Fall, und aus diesem Grunde muß
ich mich da 'n bißchen jetzt doch mal bräunen.
Matthias   Herr Schweizer, wer hat das Solarium eigentlich erfunden?
Herr Schweizer   Erfunden wurde diese Bräunungsröhre von einem Herrn Wolff, einem
deutschen Wissenschaftler, der die Substanz, also diese Bräunungs-
substanz erfunden hat. Vermarktet habe ich es. Ich habe also die
Idee aufgegriffen und habe gesagt. Bräune müßte man verkaufen
können, und ich habe das erste Bräunungsstudio im Januar 1977
hier in Berlin eröffnet mit diesen Wolff-Bräunungsröhren. Und das war
demals ein so gigantischer Erfolg, die Presse schrieb darüber, und
die internationalen Presseagenturen UPI und DPA haben das Foto

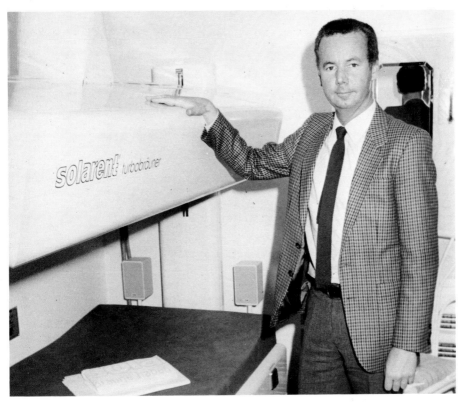

von der Eröffnung um die ganze Welt gefunkt. Also die Eröffnung dieses Bräunungsstudios, ich erinnere mich noch, erschien, ich glaube, in fast allen Zeitungen in der Welt, und das war der Grundstein dieser neuen Idee.

Die Konkurrenz kam natürlich sofort, und heute schießen Bräunungsstudios in Deutschland wie Pilze aus dem Boden und, wie ich auch gehört habe, im Ausland. In Amerika hat der Boom seit zwei Jahren begonnen – ein gigantischer Boom. Ein Amerikaner, der neulich aus Alaska extra zu mir kam, um sich das Studio hier anzugucken, weil er in Amerika eine Kette von Bräunungsstudios aufmachen wollte, aufmachen will, sagte zu mir: „In America it's like digging gold!"

meine Kunden gehen vor   my clients have priority
das Gerät   machine, apparatus
auf den Arm genommen werden   to have one's leg pulled
schädlich   harmful
die Röhre   tube
UPI   United Press International
DPA   Deutsche Presse-Agentur
funken   to broadcast
der Pilz   mushroom
die Kette   chain

WAS MEINEN SIE?

Ich finde,	es ist	im Prinzip gut, daß . . .	*good in principle*
Ich meine,		hervorragend, daß . . .	*splendid*
Ich denke,		schade, daß . . .	*a pity*
		furchtbar, daß . . .	*terrible*
		komisch, daß . . .	*funny*
		normal, daß . . .	*normal*

Express your opinions about these situations:

Der Fischhändler berät seine Kunden.
Taxifahrer müssen eine Prüfung über die Ortskunde ablegen.
Der Arzt muß als Taxifahrer arbeiten.
Die alten Leute bleiben bei ihren alten Gewohnheiten.
Die Supermärkte sind eine Konkurrenz für die kleineren Geschäfte.
Es ist sehr schwer in Berlin, eine Stelle als Arzt zu bekommen.

 5   Ein anderer höchst interessanter Mann ist Thomas. Er ist Student und lebt in einer Wohngemeinschaft. Eine radikale Umwälzung traditioneller Lebensformen? Nicht ganz. Auch hier gibt es Probleme die, wir alle nur zu gut kennen . . .

Brigitte	Wie lange wohnt ihr schon zusammen?
Thomas	Wir haben es jetzt geschafft, ein Jahr zusammen zu wohnen.
Brigitte	Ihr habt's „geschafft"? Warum betonst du das so?
Thomas	Ja, ein Jahr ist normalerweise die Zeit, wo ziemlich viele Wohnge- meinschaften kaputtgehen, wo es anfängt zu kriseln, wie in einer guten Ehe. Und also bisher ging's ganz gut, trotz einiger Probleme, ja.
Brigitte	Wie viele Leute seid ihr denn?
Thomas	Vier. Paritätisch aufgeteilt – zwei Männer, zwei Frauen.
Brigitte	Und organisiert ihr euren ganzen Haushalt zusammen?
Thomas	Leider! Das heißt, jeder ist einen Tag mit Putzdienst dran, dann der nächste wieder mit Einkaufen, jede Woche muß einmal die Wohnung gesäubert werden, so alles nach der Reihenfolge.
Brigitte	Du sagst „leider". Wie willst du das denn eigentlich haben?
Thomas	Na ja, ich sehe schon ein, daß das so richtig ist und auch gut ist und alles gemacht werden muß. Aber ich bin leider der Faulste in der WG, und ich würde das also nicht ganz so häufig machen, wie ich es machen muß.
Brigitte	Ich habe früher auch mal in einer Wohngemeinschaft gewohnt, und ich erinnere mich auch so, daß die Küchenprobleme eigentlich die größten Probleme waren. Ist das bei euch auch so?
Thomas	Das ist mit das größte Problem, ja. Papierkorb 'runterbringen, Flaschen wegbringen . . . die Jungens trinken die Flaschen, und die Frauen müssen sie wegbringen.
Brigitte	Ah, da hat sich also nicht sehr viel geändert seit der Zeit.
Thomas	Doch doch doch doch!
Brigitte	Seid ihr jeweils untereinander befreundet, also Pärchen, oder habt ihr außerhalb eure Freunde? Ich erinnere mich, in unserer Wohnge- meinschaft war das so, daß wir sehr viele Freunde außerhalb hatten. Und da gab's immer Probleme, weil die dann bei uns gewohnt haben, und dann waren noch mehr Esser da. Und das hat viel gekostet.
Thomas	Also es sind keine Pärchen bei uns, es sind alles Einzelpersonen, und die Probleme gibt's also auch bei uns. Wenn jetzt der eine zu

häufig kommt, dann sind immer fünf oder sechs beim Essen da, und . . . Aber ansonsten würde ich sagen, die Mehresser sind nicht das größte Problem, sondern das größte Problem ist, daß man, wenn man sagt, man will unabhängig bleiben in der WG, auch wirklich unabhängig bleibt, weil ansonsten geht 'ne WG ziemlich schnell kaputt, wenn sich da plötzlich ein Pärchen bildet und zwei andere nicht, dann stimmen die beiden immer im Block ab, und das ist keine gute Basis.

- What are the disadvantages of living in a *Wohngemeinschaft?*

die Wohngemeinschaft (WG)   commune
schaffen   to manage
kriseln   to take a critical turn
die Ehe   marriage
paritätisch   on an equal footing
der Haushalt   household
unabhängig   independent
ab/stimmen   to vote

FACING UP TO A CRISIS

Es fängt an zu kriseln.	*slowly a crisis is creeping up.*
Es geht kaputt.	*it is breaking down.*
Es geht ganz gut.	*(it goes) fairly well*
Wir haben einige Probleme.	*we have got some problems*
Das ist das größte Problem.	*that is the biggest problem*
Wir haben's geschafft!	*we've made it!*

 6　Für die meisten Studenten ist Geld ein Problem. Viele bekommen BAFÖG vom Staat. Und Thomas?

Brigitte　Kriegst du BAFÖG, oder wovon lebst du?
Thomas　Mein Vater ist knapp drüber. Wie fast jeder gute Angestellte, der ganz knapp drüber ist, und deswegen kein BAFÖG bekommt. Das ist sehr geschickt gemacht.
Brigitte　Ja, das heißt, daß du noch irgendwie Geld verdienen mußt?
Thomas　Ja, ich verdiene mein Geld mit Aktienspekulation.
Brigitte　Was? Aktienspekulation?
Thomas　Ja, ich leihe mir Geld von meinen Bekannten und sage ihnen, ich lege ihnen das Geld an, und von dem Gewinn machen wir halbe halbe. Und davon lebe ich.
Brigitte　Und das funkioniert?
Thomas　Das funktioniert sehr gut, wenn man sich auskennt.
Brigitte　Und wo hast du das gelernt?
Thomas　Ja, ich habe einmal angefangen, weil ein Freund damit so viel Geld gemacht hat, daß ich mir gesagt hab': das mußt du dann auch

machen. Dann so langsam angefangen, ja, und jetzt hat das größere Maßstäbe angenommen, daß ich davon mir einen Urlaub finanzieren kann, eventuell davon sogar in die USA gehen kann.

Brigitte Was du da so machen mußt, hängt das irgendwie mit deinem Studium zusammen?

Thomas Auch. Also ich studiere im Hauptfach Geschichte, aber mit Spezialgebiet amerikanische Wirtschaftsgeschichte. Und da kommt der Bezug zur amerikanischen Börse automatisch.

Brigitte Und was sagen deine Freunde zu dem Job?

Thomas Kapitalismus!

Richtig oder falsch?

● Was hat Thomas wirklich gesagt?

1 Das größte Problem in einer Wohngemeinschaft sind Sachen wie Kochen und Saubermachen.

2 Das größte Problem für ihn selbst ist, daß er kein BAFÖG bekommt.

3 Wenn er sein Studium abgeschlossen hat, will er eine Börsenkarriere machen.

4 Mit zwei Frauen und zwei Männern in einer Wohngemeinschaft ist es schwierig, Beschlüsse zu fassen.

5 Er hat nichts dagegen, wenn die anderen ab und zu Freunde mitbringen.

das BAFÖG (Bundesausbildungsförderungsgesetz) equivalent of student grant
geschickt cleverly
die Aktie share
an/legen to invest
der Gewinn profit
die Wirtschaft economy
die Börse stock exchange

SAYING HOW YOU EARN YOUR LIVING

When in Germany, someone is bound to ask you „*Was bist du von Beruf?*" You might reply:

Ich bin . . .

Arzt Bäcker Bauer Baumeister Bürgermeister Clown Dompteur Förster Friseur Händler (Blumenhändler, Fischhändler . . .) Hausfrau Hauswirtschafter Jongleur Journalist Kellner König Künstler Lehrer Maler Metzger Pastor Fotograf Pilot Putzfrau Sattler Schlosser Schneider Schüler Steinmetz Student Taxifahrer Verkäufer Winzer Wirt Zimmermann

(For most add -*in* if you're a lady . . .)

You might be the owner of something:

Ich bin *Caféinhaber(in)*   *Hotelbesitzer(in)*   *Solariumbesitzer(in)*

Or you might be *ein Beamter* (*eine Beamtin*) (broadly, someone who works for the state.) Otherwise, you could say:

Ich bin *Angestellter/Angestellte* (an employee)
or
Ich arbeite . . .
auf dem Land   *für einen Arzt*   *in einer Fabrik*   *beim Fernsehen*
(beim Radio, beim Theater)   *mit Computern*

Geteiltes Berlin

Berlin, Hauptstadt Deutschlands, Hauptstadt Preußens: vorbei. Preußen wurde 1945 von den siegreichen Alliierten als ,,Hort des Militarismus'' aufgelöst; Deutschland und Berlin selbst sind geteilt. Ost-Berlin ist heute Hauptstadt der DDR, obwohl ganz Berlin rechtlich gesehen nach wie vor unter der Kontrolle der vier Alliierten steht. Das bedeutet auch, daß Westberlin offiziell nicht Teil der Bundesrepublik ist. (Die Bundestagsabgeordneten aus Westberlin werden nur indirekt gewählt und haben nur ,,beratende'' Stimme. Westberliner brauchen auch nicht zur Bundeswehr, und deshalb ziehen manche junge Bundesbürger dorthin . . .)

1948 hat die Sowjetunion alle Zufahrtswege nach Westberlin für etwa ein Jahr blockiert, um die Stadt auszuhungern. Die Briten und Amerikaner haben dann in der größten Luftbrücke der Geschichte die Stadt die ganze Zeit hindurch mit Nahrungsmitteln, Kohle, Kleidung, kurzum: mit allem versorgt. Ihre Flugzeuge wurden von den Westberlinern liebevoll ,,Rosinenbomber'' genannt.

Am 13. August 1961 haben die DDR-Behörden rund um Westberlin eine – ,,die'' Mauer gebaut, weil zu viele DDR-Bürger auf Nimmerwiedersehen in den Westen verschwanden. ,,Der letzte macht dann das Licht aus'' – das war damals ein heimlicher Witz in der DDR. Diese Mauer, von der DDR-Regierung ,,antifaschistischer Schutzwall'' genannt, ist auf ihrer Westweite heute wohl das größte Kunstwerk Europas: im Lauf der Zeit haben irgendwelche Leute immer mehr Graffiti und Bilder darauf gemalt.

Berlins große Zeit waren die 20er Jahre. Damals war es wahrscheinlich die kulturell lebendigste Hauptstadt Europas, – man kann das bei Auden und Isherwood nachlesen. Westberlin ist aber auch heute trotz (oder wegen?) seiner Insellage eine kosmopolitische Stadt, ein Tummelplatz für Künstler, Ausgeflippte, Alternative und Freaks aller Art. Zugleich ist es die drittgrößte türkische Stadt nach Istanbul und Ankara: so viele Türken leben dort heute. 1961, nach dem Mauerbau, bekam die Stadt auch mindestens einen zusätzlichen amerikanischen Bürger: John F Kennedy kam und rief vor tausenden von Menschen aus: ,,Ich bin ein Berliner!''

siegreich   victorious
der Bundestagsabgeordnete   member of West
  German House of Representatives
die Nahrungsmittel (pl)   food
der Rosinenbomber   name given to British
  and American aeroplanes during the 1948
  Berlin airlift
der Tummelplatz   hotbed
der Ausgeflippte   drop-out

AUF EIN WORT!

It's well-known that horses sweat, men perspire and ladies faintly glow. What German onions do is *schwitzen*. But not on their own. It was the fishmonger, you remember, who advised: ,,*Und dann können Sie ein bißchen Zwiebel anschwitzen.*'' The precise culinary term

ERST DIE ZWIEBELN
ORDENTLICH
ANSCHWITZEN,
UND DANN HUß ICH
NOCH WAS GRILLEN...

for this can be left to discussion – you put the onions with a touch of fat over a low heat until they *schwitzen* – sweat.

Or at least until they start to. Normally the prefix *an-* suggests 'at' or 'to'. *Kommen* is 'to come', *ankommen* means 'to arrive', ie to come to a place. *Sprechen* is 'to speak', but *ansprechen* means 'to address' or 'talk to'. But in the recipe the fishmonger recommended for the onions it implies 'starting the action of the verb, without necessarily completing it.'

Other examples are:

Für diesen Elektroherd müssen Sie hundert Mark **anzahlen**.
make a first payment of 100 DM
Wollen wir eine Flasche Wein **anbrechen**?
start a bottle of wine?

VORSICHT!

When Amasis, King of Egypt, wanted to propitiate the gods, he threw a valuable ring into the sea. Next day, when his cook brought him a fine fish for dinner, in it's belly was found the very same ring, his fleet was wrecked, and the Cretan army advanced on him. You or I, finding a ring in a fish, might consider this to be, like the Berlin fishmonger's sea-salmon, *preiswert* ('price-worth', value for money). It's not recorded whether Amasis thought the ring was *preiswert*, though we do know it was *kostbar* (valuable). Another word for this is *wertvoll* 'full of value', which has the added meaning of invaluable, ie (very) useful.

This fishmonger might well also have said that his fish would be *köstlich*. This has nothing to do with the price. The verb *kosten* has two meanings:

Der Fisch **kostet** vier Mark fünfzig – *The fish costs 4.50 DM.*
Ich **koste** den Fisch – *I taste the fish.*

And when you've tried it, and found out: ,,Der Fisch schmeckt gut!'' – '*The fish tastes good!*', you can add: ,,Er ist köstlich!'' (*delicious*).

If, on the other hand, you find the fish costs too much, then you say: ,,Der Fisch ist zu teuer!'' (If the fishmonger is *ein teurer Freund* or *ein lieber Freund*, he won't mind.)

ÜBUNG MACHT DEN MEISTER

Fritz Fischer fischt frische Fische. Frische Fische fischt Fischers Fritz.

The trouble we have with the German *r*! An acceptable version can be made in this way. Say *ch* as in *Ach!* (NOT as in *Ich!*)
Then put some voice into it:

Preis   Brot   Grad   grillen

Now try some words starting with *r* :

relativ   Rezept   'raus

It can also come between two vowels:

Beruf   heraus   die Ware

but in other positions, the *r* becomes much more like the English *r*, as in 'farmer' or 'party':

natürlich   Mark   besser

Am Freitag grillt der Händler frisch aus Bremerhaven gebrachte Heringe.
Zum Grillen brauchst du vier große Makrelen pro Person, würde ich sagen.
Der Besitzer des Gerätes wird nicht braun!
Trotz einiger Probleme funktioniert das rote Gerät.

PREPOSITIONS

Though no one will laugh you to scorn if you use the wrong preposition when you're speaking German, the meaning can suffer if you do, as in any language. There is, after all, a difference between falling out of love and into a taxi, and into love and out of a taxi . . . In German, too, you have to watch the case each preposition takes.

Most prepositions always take the same case.
In Chapter One when talking about cases, we met a small group of prepositions that always takes the accusative case. (For example: *Für **mich** persönlich sind die Supermärkte keine Kon-kurrenz.*)

Sometimes prepositions have not only a literal meaning, but also an idiomatic one. (A German gentleman, travelling on the lower berth of a sleeping compartment, was once awakened by the cry "Look out!" from the top bunk, where an Englishman had just dropped a shoe. Knowing only the literal meaning of what he heard, and not the idiomatic one, the German did what he was told, and got a black eye.)

Idiomatic use of some prepositions taking the accusative:
Bis Samstag bin ich zurück – *I'll be back by Saturday*
*Sie hat **für** acht Mark Fisch gekauft – She's bought eight marks' worth of fish.*
Er kommt **gegen** drei Uhr an – *He'll arrive at about three o'clock.*
Um so besser – *All the better.*

A larger group of prepositions (see page 22) always takes the dative case. (For example: *Ich habe einmal angefangen **bei einem** Freund.*)

JETZT SIND SIE DRAN!

Die alten Leute bleiben bei (ihr) eingeführten Salaten.
Wollen die Kunden sich auch mit (Sie) unterhalten?
Wie bist du zu (dies +) Arbeit gekommen?
Es ist ein großes Gehege mit (viele) Tieren.

Idiomatic use of some prepositions taking the dative:
Aus Holz – *made out of wood*
Aus welchem Grund? – *for what reason?*
Ich war **außer** mir vor Freude – *I was beside myself with joy.*
Ich habe kein Geld **bei** mir – *I've got no money on me.*
Mit zwanzig Jahren – *at the age of twenty.*
Meiner Meinung **nach** – *in my opinion.*
Zu Weihnachten fahre ich nach Deutschland – *At Christmas I'm going to Germany.*
Zum Beispiel – *for example.*

Nine very common prepositions may take either accusative or dative. They are

in (in) an (at, to, on) auf (on top of)
vor (in front of) hinter (behind) neben (next to)
über (over, above) unter (under, below) zwischen (between)

Ich gehe ins (in das) Fischgeschäft – *I go into the fishmonger's.*
This is accusative, because the verb implies MOTION TOWARDS.
Ich bin im (in dem) Fischgeschäft – *I'm in the fishmonger's.*
This is dative, because the verb does NOT imply MOTION TOWARDS.

JETZT SIND SIE DRAN!

Beispiel:
Das Fischgeschäft
Warum **geht** man **ins** Fischgeschäft? Man geht **ins** Fischgeschäft, um Fisch zu kaufen.
Was **macht** man im Fischgeschäft? **Im** Fischgeschäft kauft man Fisch.

Und das Solarium? Der Supermarkt? Die Bäckerei? Die Metzgerei? Der Zirkus?

Idiomatic use of some prepositions taking either accusative or dative:

Ich habe eine Bitte **an** Sie – *I have a request (to make) of you.*

An deiner Stelle würde ich das nicht tun – *If I were you I wouldn't do that.*

Thomas verdient Geld **auf** eine etwas unerwartete Weise – *Thomas earns money in a somewhat unexpected way.*

Ich habe es **auf** dem Markt gekauft – *I bought it at the market.*

Wir haben bis spät **in** die Nacht auf – *We're open until late at night.*

Im Gegenteil, ich will nicht nach Hause, ich bleibe hier – *On the contrary, I'm not going home, I'm stopping here.*

Ich fahre **über** Seebrugge nach Deutschland – *I'm going to Germany via Seebrugge.*

Unter uns, das stimmt nicht – *Between you and me, that's not true.*

Vor acht Tagen war ich in Berlin – *A week ago I was in Berlin.*

JETZT SIND SIE DRAN!

Ich leihe mir Geld von (meine) Bekannten.
Aus (dies +) Grunde muß ich mich doch mal bräunen.
Es gibt eine Prüfung über (die) Ortskunde.

Die Leute, die bei (ich) kaufen, kaufen auch in (der) Supermarkt.
Von (der) Gewinn machen wir halbe halbe.
Wir haben geöffnet von morgen bis spät in (die) Nacht.

ZU GUTER LETZT!

It's useful to be able to express your opinions in a foreign language.
Imagine you're at a party and you hear:

Das Solarium hat bis spät
in die Nacht auf!

Der Besitzer des Solariums
macht keinen Gebrauch davon!

Er hat keine Lust, nachts
um zwölf zu bräunen!

Die Wohngemeinschaft hat Probleme!

Der junge Student kann sein Geld
mit Aktienspekulation verdienen!

Die Wohngemeinschaft ist nicht
kaputt gegangen!

What do you think?
Ich finde, daß ...
Ich meine, daß ...
Ich denke, daß ...

That was Berlin at work – Now for Berlin at play ...

TREFFPUNKT BERLIN

INVITING SOMEONE OUT
AND ARRANGING TO MEET
•
SAYING WHERE AND WHEN
THINGS ARE HAPPENING

Berlin being what it is – *das Schaufenster des Westens* – a lot goes
on there, as you might expect. When you've done the sight-seeing
– *die Mauer* and *der Reichstag, die Siegessäule* and *das Europa-
Center, die Kaiser-Wilhelm-Gedächtniskirche* and the *Olympia
Stadion* – you can be sure you'll find something else to do.

Theatre? Forty-three of them are listed, with offerings from Becket, Ibsen and Shakespeare to *'Die Fledermaus'* and Brecht's *'Die Dreigroschenoper'* (in East Berlin, these last two). Also offered are Anouilh at the *Kleines Theater*, Neil Simon at the *Komödie*, and circus. Forty-five cinema programmes allow you to choose from Japanese cinema, cartoon and *'Die Marx Brothers in der Oper'*.

There's lots of music. At the *Lärm und Lust (Oranienstraße 189)* at 20.00, there's Anne Gebauer (*'Gesang/Effekte'*), accompanied by Ulrike Hage, Klavier. As this is *'nur für Frauen'*, however, you may prefer to go and hear Barenboim with the Berlin Philharmonic at Karajan's Circus, or if that doesn't grab you, *'Die Honky Cats'* at *'Joe's Bierhaus'* or even a group called *'Poteen'* at *'Ray's Irish bar'*.

Not only does a lot go on in Berlin, a lot comes off, as well! The *'Festival du luxe'* is *'eine phantastische Revue in dreißig Bildern'*. (*La Vie en Rose, Europa-Center, täglich außer montags ab 21.20 Uhr – Show 23.00*) and its ad shows a young lady with green hair and a few green feathers, and not much else. The *'New – Eden'* is proud to present *'Drei Shows täglich'* with *'Erotique Tanz-Girls'*, and at a place called *'Chez Nous'* you can savour the delights of *'die berühmte Transvestiten-Show aus Berlin'*. And if you haven't got the message, a discreet six-millimetre high rubrique *'Herren als Damen'* lets you into the secret . . .

There are parties, too, organised ones. The *'Senioren-Party'* (*'Zur festen Einrichtung im vielfältigen Berliner Unterhaltungs- Tanz- und Show-Angebot ist die Senioren-Party in der Deutschlandhalle geworden'*), lasts nine days. Talk about stamina! Those for whom this kind of thing is not appropriate are catered for in various ways. The Berlin Hilton organises a *'Sandkuchen-Back-Kontest für die Kleinen'*, and at the *Deutschlandhalle*, the senior citizens having moved on by now to other things, there's a *'Riesen-Ferien-Kinderparty'* with *'Karussells, massenhaft Spielzeug'*. And, should you be concerned at leaving your offspring to enjoy themselves there, whilst you go elsewhere, it's stressed that there's *'geschultes Aufsichtspersonal'* to look after them, whilst you do something completely different. What more could you want?

 1   Im Laufe eines Gesprächs mit einer neuen Bekannten, Astrid, entdeckt Matthias, daß sie nicht nur einen gemeinsamen Freund haben, Volker, sondern auch, daß sie in derselben Straße wohnen.

Astrid	Hallo, Matthias! Sag' mal, du wohnst auch in Neukölln?
Matthias	Ja.
Astrid	Wo denn da?
Matthias	Na ja, da in der Richardstraße.
Astrid	Ach, in der Richardstraße! Ja, da wohne ich ja auch! Also, ich fühle mich nur in der Richardstraße nicht so sehr sonderlich glücklich, das ist so 'ne dunkle Straße, und, ach! finstere Gestalten. Ich würde gerne

	umziehen. Weißt du nicht 'ne Wohnung?
Matthias	Ich such' selber eine! Aber daß ich dich noch nie gesehen hab', das ist ja komisch, wo wir in der gleichen Straße leben. Was machst du denn so?
Astrid	Ach du, was mach' ich schon? Also im Moment arbeite ich, also ich hab' so einen Halbtagsjob. Ich arbeite im Kindergarten vier Stunden am Tag, und das ist eigentlich ziemlich locker. So im Sommer sind wir ziemlich häufig draußen im Park, oder wir gehen schwimmen mit den Kindern. Und, ach, das reicht mir. Mir ist es lieber, so einfach, weißt du, ein bißchen weniger Geld zu haben und einfach ein bißchen mehr Zeit zu haben, die Sonne zu genießen, im Café zu sitzen, und so weiter. . .
Matthias	Hauptsache, man hat immer genug Urlaub dazwischen, was? Du bist ja so braun!
Astrid	Ja, . . . also Urlaub habe ich eigentlich immer sehr viel, da kann ich mich überhaupt nicht beklagen. Das ist toll.
Matthias	Und wann ist der nächste Urlaub dran?
Astrid	Ach weißt du, im August jetzt. Das ist ja nicht mehr lange. Drei Wochen noch, und dann steht der Jahresurlaub vor der Tür.
Matthias	Und wo geht's hin?
Astrid	Ja, das weiß ich leider noch nicht genau. Ich hab' vorgehabt, vielleicht 'ne Fahrradtour zu machen, so in Süddeutschland, oder durch die Schweiz ein bißchen radeln und ein bißchen laufen, wandern . . .
Matthias	Machst du das mit Volker zusammen?
Astrid	Ja, eigentlich wollten wir das zusammen machen. Wir wollten uns ein Tandem ausleihen und dann zusammen mit dem Tandem ein bißchen durch die Schweizer Berge fahren . . . trampeln.
Matthias	Gutes Training für die Beine!
Astrid	Ja, nicht nur für die Beine! Dem Volker wird es ganz gut tun, dann kann er seinen Bauch ein bißchen abstrampeln, weißt du? Aber Matthias, sag' mal, wenn du in der Richardstraße wohnst . . . wir können uns dochmal treffen!
Matthias	Du, das können wir machen!
Astrid	Also ich würde dich mal einladen, vielleicht abends mal einen Saft zu trinken oder ein Eis zu essen. Ich habe eine schöne Küche. Da scheint immer die Sonne, und da können wir abends uns treffen und ein bißchen quatschen.
Matthias	Du, das würde ich sehr gerne machen. Ich komm' einfach mal vorbei. Mußt mir nur mal deine Adresse geben . . .
Astrid	Also, ich wohne Richardstraße neunzehn.
Matthias	Richardstraße neunzehn . . . das ist ja ganz in der Nähe . . . Ja, dann komm' ich einfach mal vorbei, und entweder du bist zu Hause oder nicht.
Astrid	Oder noch besser, ich gebe dir meine Telefonnummer, dann kannst du mich nämlich vorher anrufen . . .

At a party in Berlin you meet someone you'd like to see again. Say in German to him or her:

Tell me, do you live in Neukölln too?

It's strange that I've never seen you before.
Let's meet again.
Perhaps I could invite you over to have a fruit-juice or an ice-cream.
Perhaps you'd like to come round one evening for an ice-cream and a chat.
I'd very much like to do that.
I'll drop by.
I'll give you my address.
I'll give you my telephone number.

im Laufe   in the course of
gemeinsam   common
die Gestalt   figure
*um/ziehen   to move, (house)
locker   relaxed
häufig   frequent
die Hauptsache   main thing
sich beklagen über   to complain about
radeln   to cycle
sich aus/leihen   to borrow
trampeln   (lit) to stamp
ab/strampeln   to work it off
quatschen   to chat

Abel Horst 31 Braunschwwiger – 72	6 84 22 12	Rektor Richard 20 Trift – 25	4 62 23 75
– Ingrid 37 Charlottebrunner – 9	3 62 41 46	Abeling Gustav 28 Swinemünder 102	4 63 17 84
– Joachim 27 Weimarer – 136	3 13 76 97	– Hedwig 21 Lichterfelder Ring – 214	7 11 58 87
– Louise 44 Kurfürstendamm – 46	8 91 87 38	– Irmgard Dr. Med. 20 Deidesheimer – 24	8 21 99 46
Abeld Else 19 Schöneweider – 22	6 84 93 69	– Marianne 17 Birkbusch – 43	7 71 62 32
Abeldt Johannes 47 Eisenacher – 2	7 05 05 57	Abelmann Helene 48 Kanzlerweg – 24	7 85 74 40
Abele Erika 33 Kolonie – 6	4 93 34 93	– Ralf 65 Am Volkspark – 72	8 54 36 71
		– Silvia 42 Blücher – 15	6 93 42 93

 2   Matthias ist tatsächlich vorbeigekommen, und Volker ist auch da. Jetzt besprechen die drei, was sie heute abend unternehmen könnten. Wie wär's zum Beispiel mit einem Jazzkonzert?

Matthias   Also, ich glaub' dazu habe ich keine Lust. Jazz, nee!
Volker   Du interessierst dich für Jazz überhaupt nicht, ne?
Matthias   Nur ganz am Rande, ehrlich gesagt.
Astrid   Aber weißt du, immer nur Klassik, nee! Also das habe ich auch nicht drauf. Ich möchte lieber was Unterhaltsames. Also Jazz, da wäre ich auch nicht abgeneigt.
Volker   Klassik spielst du doch schon zu Hause immer genug!
Matthias   Es muß nicht Klassik sein, aber wie wär's denn hier mit so 'nem saftigen Rockkonzert irgendwo?

Volker	Rock, nee. Oder was wir machen können, wir könnten natürlich auch ins Kino gehen.
Matthias	Das ist 'ne gute Idee.
Astrid	Aber bei dem schönen Wetter ins Kino gehen? Guckt euch mal die Sonne hier an, das ist ja unmöglich: ihr setzt euch in ein dunkles Kino. Das will ich nicht bei dem schönen Wetter. Ich möchte irgendwo an der Luft sein. Vielleicht so ein Freilichtkonzert. Das würde mir vorschweben, genau.
Matthias	Läuft denn heute was in der Waldbühne?
Volker	Müssen wir mal gucken . . . Nee, in der Waldbühne ist heute nichts.
Matthias	Oder im Charlottenburger Park?

Astrid	Hmmm . . . Kann ich hier auch nichts entdecken, wirklich.
Matthias	Wir könnten doch erst in ein Café gehen, und dann in die Spätvorstellung . . . Kino.
Astrid	Ja, das ist wieder so teuer. Matti, lädst du mich ein ins Kino? Ich kann nicht ins Konzert gehen, so viel Geld ausgeben, hinterher noch Kaffee trinken, Bier trinken, und dann noch ins Kino, ja? Du kannst mich einladen, dann komme ich gerne mit.

3   Einverstanden! Die drei wollen ins Kino. Aber nicht alle Vorbereitungen sind getroffen . . .

Matthias	Ja, um wieviel Uhr fängt denn das überhaupt an, heute abend?
Volker	Um 22 Uhr 15. Das schaffen wir gut.
Matthias	Du, dann gehen wir vorher einfach noch . . .
Volker	. . . ins Café . . .
Matthias	. . . in die Kneipe da. Ja?
Volker	Ja.
Astrid	Ja, genau. Wie spät ist es jetzt? Haben wir noch genug Zeit? Ich möchte nämlich gern mich noch 'n bißchen frisch machen und etwas stylen und so. Also so hab' ich keine Lust zu gehen.
Matthias	Klar, 's ist noch genug Zeit. Wir trinken noch was, während wir auf dich warten, und dann ziehen wir los.
Astrid	OK, wunderbar!

You get invitations to a jazz club, a rock concert, to the cinema, to an open-air concert, to an open-air theatre and to a café. Choose one of these responses in German to each:

No, I don't feel like it.
That's a good idea.
I'd prefer something entertaining.
Not in this weather.
No, there's nothing on.
I'll come if you pay.

*vorbei/kommen   to drop in
etw draufhaben (coll) to like
unterhaltsam   entertaining
abgeneigt   disinclined
saftig   juicy
das Freilicht   open-air
vor/schweben   to have in mind
die Waldbühne   an open-air theatre in Berlin
einverstanden   agreed
Vorbereitungen treffen   to make arrangements
sich stylen   to tidy one's hair

INVITING SOMEONE OUT AND ARRANGING TO MEET

Hast du Haben Sie	Lust, Zeit,	heute morgen übermorgen	nachmittag abend	ins Kino zum Jazzklub zum Rockkonzert zum Freilichtkonzert **in den Park** ins Café zur Waldbühne	zu gehen?

Hallo!

Mir wird es gut tun.
Das ist eine gute Idee.
Das können wir machen.
Das würde ich sehr gerne machen.
Da wäre ich nicht abgeneigt.

Nicht bei diesem Wetter.
Das ist zu teuer.
Da ist heute nichts.
Da läuft heute nichts.

Ja!

Nein!

Wann beginnt der Film? die Vorstellung? das Konzert?	Er (der Film) Sie (die Vorstellung) Es (das Konzert)	beginnt fängt	um ... Uhr	an.

Wo treffen wir uns?

Wir treffen uns Treffen wir uns	um ... Uhr	vor dem Kino. im Jazzklub. im Park.	im Café. an der Wald- bühne.

JETZT SIND SIE DRAN!

 Am Telefon

You're ringing up a German friend you haven't seen for some time.

Freund (in)	Hallo? Wie geht's?
Sie	*Say you're fine and add that you haven't seen him/her for some time.*
Freund (in)	Das müssen schon zwei Jahre sein! Schon viel zu lange!
Sie	*Ask if he/she would like to go to an open-air concert this evening.*
Freund (in)	Leider kann ich nicht. Nicht heute abend.
Sie	*Ask if your friend has time tomorrow or the day after.*
Freund (in)	Ja, morgen abend. Das würde ich sehr gerne machen.
Sie	*Say you could go to the cinema that evening.*
Freund (in)	Was läuft?
Sie	*Say it's* Casablanca!
Freund (in)	Toll! Wo treffen wir uns?
Sie	*Say the film starts at 8.30 and suggest meeting at eight at the cinema, adding that then you could go to the café.*

 4 Neulich hat Franziska viele ihrer Freunde zu einer Party eingeladen, um ihren Geburtstag zu feiern. Da braucht man viel Zeit für die ganzen Vorbereitungen, oder?

Franziska	Oh, ich habe einen Tag vorher angefangen zu kochen, und am selben Tag nur die Getränke eigentlich hingestellt. Also, nicht sehr lange.
Matthias	Hast du das alles alleine gemacht? Oder hat dir jemand geholfen?

Franziska	Nein, ich hab's nicht alles alleine gemacht. Also mir haben viele Leute geholfen. Erstmal mein Freund vor allem, der hat viel eingekauft und hat auch beim Kochen geholfen. Meine Eltern . . . meine Mutter hat Kuchen gebacken, und meine Oma hat Kuchen gebacken, und dann haben sie mir auch noch Geld geschenkt, so daß es also auch nicht so teuer war für mich.
Matthias	Was hast du denn alles gekocht?
Franziska	Ich hab' gekocht 'nen großen . . . große Menge Spaghetti, also zweieinhalb Kilo Spaghetti, einen Riesentopf, und ganz viel italienische Fleischsoße. Also Bologneser Soße heißt die. Und Salat hab' ich gemacht. Ja, das war es schon.
Matthias	Was hast du denn alles geschenkt bekommen?
Franziska	Oh, ich habe einen Rucksack geschenkt bekommen. Einen rosa Stadtrucksack. Dann habe ich viel Geld bekommen, so fünfhundert Mark ungefähr, und diese Kette – Koralle – und Wein und Sekt und Likör, oh was noch? Em . . . Bücher, verschiedene Bücher, Comics, was zum Lesen und . . . ja, ich glaub' das war's. Ist ja schon 'ne Menge.

What did Franziska's friends help her to do?
Ich kaufe gern ein.

Franziskas Freund hat ihr beim Einkaufen geholfen.

das Getränk   drink
der Topf   cooking pot
der Riese   giant
die Feier   celebration
schenken   to give (a present)

5   Menschen treffen sich aus den verschiedensten Gründen – um ins
     Kino oder zu einer Party zu gehen – warum also nicht auch zu einem
     Drehorgelfest . . .

Drehorgelspieler	Hier in Berlin ist ein Drehorgelfestival. Das findet etwa seit sieben Jahren statt, und zu diesem Drehorgelfestival treffen sich etwa zwohundert Drehorgelspieler aus aller Welt, unter anderem aus England, aus Amerika, aus Frankreich, Dänemark, Holland, und natürlich aus Deutschland.
Matthias	Leben Sie denn davon, oder machen Sie das nur als Hobby?
Drehorgelspieler	Wir sind hier Hobbyisten. Das sind Sammler, die diese Instrumente sammeln. Das Spektrum dieser Sammelfreunde, dieser Hobbyisten ist sehr groß. Sie treffen hier den Fabrikanten genauso wie den echten Straßenmusiker, der also davon lebt, und Sie treffen den Studenten genauso wie den Musikprofessor.
Matthias	Wie oft spielen Sie denn auf Ihrer Drehorgel zu Hause?
Drehorgelspieler	Ja, zu Hause spiele ich mit dem Instrument überhaupt nich', weil es zu laut is'. Das würde die Nachbarn ärgern und vor allem stören. Aber wir haben heute in Deutschland und Europa eigentlich fast jedes Wochenende irgendein Festival, und da kann man hinfahren und kann dann spielen.
Matthias	Ist es schwierig, Drehorgelspieler zu sein? Müssen Sie denn nur drehen, oder muß man da noch etwas mehr lernen?
Drehorgelspieler	Ja, es is' so, wenn man auf der Straße spielt, dann spielt man ja, um beim Publikum anzukommen. Und dann kann man eben nich' mit einer Miene hinter dem sauertöpfischen Instrument stehen und darauf warten, daß man Geld bekommt. Man muß schon ein ganz klein bißchen Schau drumherum machen – und das is' vielleicht das schwierigste, das Drehen is' nich' so schwierig.

All change!
You don't seem to be too sure about your facts. First you say ,,*Der
Drehorgelspieler spielt jedes Wochenende auf der Straße*'', and then
you change it to ,,*Der Drehorgelspieler spielt jedes Wochenende
irgendwo.*'' In all you change what you say eleven times, and each
time you replace one piece of information in what you said last. So
what do you say?

1 im Sommer
2 im Park
3 die Drehorgelspieler
4 stehen
5 ziemlich häufig

6 sie
7 bleiben
8 abends
9 zu Hause

die Drehorgel   hurdy-gurdy
der Sammler   collector
ärgern   to annoy
stören   to disturb
*an/kommen bei   to be well-received
sauertöpfisch   sullen, peevish

Berlin! Berlin!

Der Berliner hat keine Zeit. Er hat immer etwas vor. Er telefoniert und verabredet sich, kommt abgehetzt zu einer Verabredung und etwas zu spät – und hat sehr viel zu tun. In dieser Stadt wird nicht gearbeitet, hier wird geschuftet. (Auch das Vergnügen ist hier eine Arbeit.) Der Berliner ist nicht fleißig, er ist immer aufgezogen. Er hat leider ganz vergessen, wozu wir eigentlich auf der Welt sind. Er würde auch noch im Himmel – vorausgesetzt, daß Berliner in den Himmel kommen – um vier Uhr „was vorhaben".

Der Berliner ist ein Sklave seines Apparats. Er ist Fahrgast, Theaterbesucher, Gast in den Restaurants und Angestellter. Mensch weniger. Er tut alles, was die Stadt von ihm verlangt – nur leben . . . das leider nicht.

Der Berliner kann sich nicht unterhalten. Manchmal sieht man zwei Leute miteinander sprechen, aber sie unterhalten sich nicht, sondern sie sprechen nur ihre Monologe gegeneinander. Die Berliner können nicht zuhören. Sie warten nur ganz gespannt, bis der andere aufgehört hat zu reden, und dann haken sie ein. Und weil der Berliner nicht zuhört, können ihm Frauen auch im allgemeinen nichts tun.

Es gibt zwei Sorten von Berlinern: die „Ham-Se-kein-Jrößern"-(Haben sie keinen Größern?) Berliner und die „Na-fabelhaft"-Berliner. Die zweite Garnitur ist unangenehmer. Der nörgelnde Berliner ist bekannt. Er vergleicht alles mit zu Hause, ist grundsätzlich nicht begeistert und viel zu nervös, um etwas Fremdes auf sich wirken zu lassen. Der Berliner meckert. Die Monomanie dieses Volksstammes ist größer als bei jedem anderen. Daß Hundebesitzer auf ihren Köter stolz sind und immer angeben: „Meiner läuft aber schneller!", das ist auf der ganzen Welt so.

Aber die „Aura" des Berliners reicht noch viel weiter: sie erstreckt sich auf Zahnbürsten und Unterhosen, auf sein Automobil und auf seinen Füllfederhalter, auf alles, was bei ihm und mit ihm ist . . . Denn was er hat, gibt's zum zweiten Mal nicht auf der Welt. Er sagt's auch:

„Wenn Se mal richtjen Kaffee trinken wolln, müssen Se zu mir kommen!" Überall dabei sein; von allem etwas verstehen; nur nichts auslassen: das sind die drei Farben seiner Stadt.

Die Berliner sind einander fremd. Wenn sie sich nicht irgendwo vorgestellt sind, knurren sie sich auf der Straße und in der Straßenbahn an, denn sie haben miteinander nicht viel Gemeinsames. Sie wollen voneinander nichts wissen, und jeder lebt ganz für sich. Berlin vereint die Nachteile einer amerikanischen Großstadt mit denen einer deutschen Provinzstadt.

(Nach Kurt Tucholsky)

AUF EIN WORT!

When Astrid was looking at what was on in Berlin, in a vain attempt to find somewhere to go with Matthias and Volker, she said: „*Ich kann hier auch nichts entdecken*". I can't find anything here either. *Entdecken* literally means 'to discover'.

Verbs starting with *ent-* often imply 'away'.

You can *ent*kommen or *ent*gehen come or go away ie escape or even *ent*fliehen run away.
You can 'put something some distance away' as in *ent*fernen to remove.

You can 'take away' a variety of things:

entfärben (die Farbe *colour*, thus to *discolour, bleach*)
enteisen (das Eis *ice*, thus to *de-ice*)
entlausen (die Laus *louse*, thus to *de-louse*)

With *entdecken* what you are taking away is *die Decke* the cover. You 'dis-cover' something. The opposite is *bedecken* to put a cover on ie to cover *Ich decke den Tisch* I set the table. There are various kinds of *Decke*:

Die Bett**decke**   die Tisch**decke**   die Woll**decke**
die Schnee**decke**

and you can have a 'little' one put on a pot or pan:

ein Deckel *lid*

And did you realise that deckchairs are 'chairs for the roof'? *Ein Deck* as in 'ship's deck' is in fact what 'roofs in', or 'covers' a ship.

VORSICHT!

Once you've realised that a lot of German words are cognate with English ones (Latin *co natus* – born together), it can be a great help to understanding.

Some look alike and sound alike (more or less):

Hunger   Nest   Butter

Others less so – but they're still recognisable:

Knie   Lampe   Familie

Don't be misled. Some words don't mean what you might think.

die Feier   *celebration*
putzen   *to clean*
die Lust   *inclination*

ÜBUNG MACHT DEN MEISTER

Haus and house may be cognate words which mean the same, but they don't actually sound the same. The *ow* sound you make when you say 'house' will get you by if you use it for *Haus* but it's not quite the same. Imagine you're at the doctor's and he makes you open your mouth as wide as possible to say 'aaaa'. In doing so, you bang your head on the wall. As you say Owwww!!! change it to Ooooo!!! That's a u as in:

laufen   Frau   auf

If *au* takes an *Umlaut* (*das Haus* becomes *die Häuser* in the plural) then the sound you need is rather like the one you make when you say 'noise'. You need it too for words like

Leute   Freund   Fahrzeug

Aus dem Haus läuft eine Maus.
Genau! Heute laufen die Mäuse aus den Häusern!
Draußen in Schönhausen, in der Schönhäuser-Allee.
Im August brauchen meine deutschen Freunde Urlaubshäuser im Ausland. Toi toi toi . . .

THE GENITIVE CASE

The fourth and last (and least frequently used of the cases in German) is the genitive. (See page 22 for norminative, accusative and dative.) Its main use is to indicate possession. When it's used with names it's very like English – though there is no apostrophe.

Ulis Zimmer *Uli's room*   Utes Boot *Ute's boat*

The final *-s* also exists with other nouns, too – but only in singular masculine and neuter ones.

des Drehorgelspielers   des Mädchens

but

der Drehorgelspielerin (feminine)   der Bücher (plural)

If the masculine or neuter noun has only one syllable, then you usually add *-es*:

Am Ende des Tages – *at the end of the day*

The endings *-es* and *-er* are taken by all the keywords.

des Freundes   eines Freundes   meines Freundes
der Freundin   seiner Freundin   deiner Freundin

Viele meiner Freunde *many of my friends*
Die Wohnung meines Freundes *my friends's flat* (ie the flat of my
    friend)

NB: You will also hear Germans using *von* + dative
        die Wohnung *von meinem* Freund

A few prepositions take the genitive, such as:

wegen *because of*;   trotz *in spite of*;   während *during*
Wegen meiner Erkältung kann ich nicht ins Kino gehen.
I can't go to the cinema because of my cold.

A few verbs also take the genitive:

sich schämen *to be ashamed of*
anklagen *to accuse of*

Das Gericht klagte ihn des Diebstahls an.
The court accused him of the theft.

A few idiomatic phrases:

eines Tages *one day*
dritter Klasse *third class*

Ich bin der Meinung, daß . . .
I'm of the opinion that . . .

JETZT SIND SIE DRAN!

Die Party fand in der Wohnung (seine Freundin) statt. Viele (die Drehorgelspieler) spielen jedes Wochenende. Wegen (meine Erkältung) kann ich nicht mit dir ausgehen. Trotz (das schöne Wetter) will ich nicht zum Park. Uli wollte seine Freundin nicht sehen, weil er sich (seine Kleider) schämte.

ADVERBS

In English you can usually form an adverb by adding an ending (-ly) to the adjective:

beautiful – *beautifully*

Sometimes in German too, you can form an adverb in this way:

lang – lan**ge**   glücklich – glücklich**erweise**

Usually, though, the adjective can be used as an adverb as it stands.

DIE SÄNGERIN WAR SEHR SCHÖN...

ABER SIE SANG NICHT SEHR SCHÖN!

The comparison of adverbs is just like that of the predicative adjective (see page 127)

schnell	schneller	am schnell**sten**

There are a few irregular comparisons

gut	besser	am besten
gern	lieber	am liebsten

Adverbs and adverbial phrases can be broadly grouped into those which have to do with time (*zuerst, jeden Tag*), manner or degree (*schön, vielleicht*) and place (*hier, auf dem Kurfürstendamm*).
If you want to use two or more adverbs together, and they come from more than one of these groups, then they normally go in the order:

1 Time 2 Manner 3 Place (TMP)

Der Drehorgelspieler kommt
   jedes Wochenende
      mit dem Flugzeug
         nach Berlin

JETZT SIND SIE DRAN!

In each of these sentences add the word or phrase in brackets.

Astrid wohnt in der Richardstraße. (seit einiger Zeit)
Casablanca läuft heute. (im Gloria-Kino)
Franziska hat ihren Geburtstag mit ihren Freunden gefeiert. (letzte Woche)

If you want to stress an adverb or adverbial phrase, put it in first position – but watch the word order!

Im Moment arbeite ich.
In der Richardstraße? **Da** wohne ich auch!

JETZT SIND SIE DRAN!

Start these sentences with the adverb or adverbial phrase in italics.

Wir gehen *im Sommer* mit den Kinderm schwimmen.
Ich weiß das *leider* noch nicht.
Ich habe *übermorgen* Zeit.
Wir könnten *natürlich* ins Kino gehen.

ZU GUTER LETZT!

It would be a pity to learn how to chat someone up without actually using it . . .

What a super party you're at! And what on earth did you ask that gorgeous creature to get answers like . . .

Toni!
Ja, ich wohne auch hier in Neukölln.
Nein, ich bin aus Hannover.
Weil ich Berlin interessant finde.
Ich studiere an der Uni.
Ja, es ist viel Arbeit, eine Party für so viele Leute vorzubereiten.
Nein, jemand hat mir dabei geholfen.
Ich habe einen Geburtstagskuchen geschenkt bekommen.
Nein, nicht für Jazz.
Casablanca?! Nein, ich habe keine Lust, danke.
Ja, das ist mein Zimmer.
Nicht viel – einen Kleiderschrank und ein Doppelbett . . .
Ja, für mich und meinen Freund! (*Or* meine Freundin, *of course* . . .)

Now you can arrange to meet someone, it's time to go out – and try that renowned *Berliner Luft* . . .

ASKING ABOUT EVENTS

Hermann Goering is said to have reached for his revolver when he heard the word 'culture'. In the pre-Nazi 1920s, when Berlin's culture glittered, the rest of the world responded with admiration. Then Hitler stifled and destroyed it. Now, half a century on, the cultural affairs of the city are in the hands of a member of the senate, and generously funded. The 'culture' of the place, in its many forms, is restored. Nefertiti and Karajan rule OK.

Summer brings 'The Marriage of Figaro', Bach and Pinter. It also brings '*Sommernachtstraum*' in a version by Benjamin Britten. Under the rubric 'Shakespeare goes Disco' we are promised '*einen außergewöhnlichen Sommernachtstraum . . . wo sich sonst Teens und Twens, Punks und Popper im Licht der Laser tummeln . . .* (It's presented in what's claimed to be Germany's largest disco.)

'*Sommernachtstraum*' is also the title given to the programme of events for the summer months in Berlin. It's all there – theatre, music, cinema, exhibitions . . . And when you've had too much 'culture' in the conventional sense, you can turn elsewhere. One of our interviewees, having 'done' the Chinese Exhibition and the Egyptian Museum – '*das war reichlich Kultur!*' she exclaims – arrives at the Charlottenburg Castle and settles for the green grass around it.

And if, besides 'culture', what you want in Berlin is '*etwas Grünes*', then you're lucky again. *Wannsee*, *Grunewald*, the forest of *Tegel*

and *Spandau* breathe like a gigantic lung in the west of the city. Perhaps that's why '*Berliner Luft*' is said to be so invigorating. And amidst the trees, the waters of the *Havel* and the *Tegeler See* offer opportunities for boat-trips and water-sports. It's another kind of 'culture', of course.

1 Das kulturelle Angebot Berlins ist ein besonders starker Anziehungspunkt für die Touristen. Herr Fischer, als Kultursenator für das kulturelle Leben der Stadt zuständig, spricht zunächst über den Wiederaufbau nach dem Krieg.

Herr Fischer Einen Höhepunkt als Kulturmetropole hat Berlin in den zwanziger Jahren erreicht, wo Berlin also eine glanzvolle Kultur hatte, aber auch eine sehr strahlende Unterhaltungsindustrie, mit Kabaretts, Theatern und dergleichen mehr. Nach dem Kriege ist natürlich die Situation sehr schwierig gewesen, weil also die Häuser zerstört waren. Die Theater waren kaputt. Da waren viele Künstler zunächst auf die Eigenhilfe angewiesen. Aber seit den fünfziger Jahren hilft auch der Staat wieder mit finanzieller Unterstützung den Künstlern zu vernünftigen Arbeitsbedingungen. Also man hat sich zunächst um die institutionelle Förderung bemüht, also Bereitstellung der entsprechenden Räumlichkeiten, und erst nach und nach begonnen, auch die individuelle Künstlerförderung in das Programm aufzunehmen.

Matthias Können Sie mir sagen, welche verschiedenen Bereiche in den letzten zehn Jahren gefördert wurden in Berlin?

Herr Fischer Ich würde zunächst mal feststellen, daß also diese Phase der institutionellen Förderung, also der Förderung der großen Einrichtungen, dazu geführt hat, daß sich so in den späten siebziger Jahren unabhängige Ensembles gebildet haben, daß zum Beispiel freie Theatergruppen entstanden sind, daß eine Musikszene entstanden ist, die also völlig unabhängig von den großen Orchestern und Chören angesiedelt war, und das eine Entwicklung gewesen ist, die also der kulturellen Vielfalt in Berlin sehr viel gebracht hat. Der Senat hat darauf reagiert, indem er seit Ende der siebziger Jahre auch diesen Bereich in die Kulturförderung aufgenommen hat. Ich denke, daß wir mit dieser Form der Förderung alternativer Kulturszene, mindestens für Deutschland, vielleicht sogar in Europa, beispielgebend gewesen sind, weil es eine solche Förderung bisher, zumindest in der Bundesrepublik, nicht gegeben hat.

- What was the situation like for artists in the immediate post-war years?
- What, according to Herr Fischer, was the consequence of the State's giving financial support to the large cultural institutions?
- What has the senate been doing since the seventies particularly?

der Anziehungspunkt   point of attraction
zuständig   responsible
die Unterhaltung   entertainment
angewiesen   dependent
vernünftig   reasonable

die Bedingung   condition
die Bereitstellung   provision
entsprechend   appropriate
fördern   to promote, develop
die Einrichtung   institution
unabhängig   independent
entstehen   to originate, come about
*an/siedeln   to settle

ASKING ABOUT EVENTS

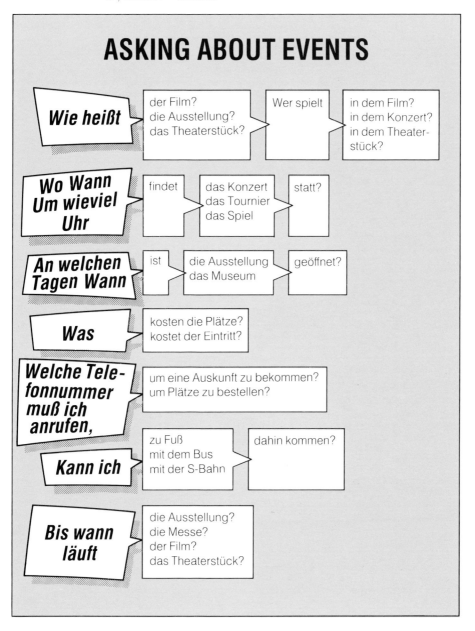

Wie heißt — der Film? / die Ausstellung? / das Theaterstück? — Wer spielt — in dem Film? / in dem Konzert? / in dem Theater- stück?

Wo Wann Um wieviel Uhr — findet — das Konzert / das Tournier / das Spiel — statt?

An welchen Tagen Wann — ist — die Ausstellung / das Museum — geöffnet?

Was — kosten die Plätze? / kostet der Eintritt?

Welche Tele- fonnummer muß ich anrufen, — um eine Auskunft zu bekommen? / um Plätze zu bestellen?

Kann ich — zu Fuß / mit dem Bus / mit der S-Bahn — dahin kommen?

Bis wann läuft — die Ausstellung? / die Messe? / der Film? / das Theaterstück?

JETZT SIND SIE DRAN!

 Und heute abend?

A friend in Berlin is looking at the programme of events.

Freund	Es gibt ein gutes Konzert, während du hier in Berlin bist!
Sie	*Ask where it's taking place.*
Freund	In der Waldbühne. Das ist herrlich – wenn's schön ist!
Sie	*Ask if you can get there by bus.*
Freund	Ja.
Sie	*Ask who's playing in the concert.*
Freund	Die Berliner Philharmoniker, mit Daniel Barenboim. Es ist die Eröffnung des ,,Berliner Sommernachtstraums''! Da solltest du hin, wenn du kannst!
Sie	*Ask what time it takes place.*
Freund	Das weiß ich leider nicht.
Sie	*Ask how much the seats cost.*
Freund	Weiß ich auch nicht. Vielleicht rufst du mal an!
Sie	*Ask what number you must ring to get information.*
Freund	Moment mal . . . 852 20 58.

 2 Ab und zu muß man ,,einfach mal raus'', braucht nicht nur Erholung vom täglichen Streß, sondern auch von der ,,hohen Kultur''. Und als Oase bietet sich da zum Beispiel der Park des Charlottenburger Schlosses an . . .

Matthias	Sind Sie zum ersten Mal hier im Schloß Charlottenburg?
Dame	Ja, das erste Mal auch in Berlin.
Matthias	Und wie gefällt Ihnen das hier denn?
Dame	Ja, wunderbar muß ich sagen. Ich habe gerade noch überlegt, also daß es so was also selten gibt, 'n Stück Frieden, irgendwie so romantisch, sehr erstaunlich, ne?
Matthias	Sind Sie durch Zufall auf diesen Park gestoßen?
Dame	Nein, ich wollte mir eigentlich das Schloß ansehen, habe aber heute schon die chinesische Ausstellung und das ägyptische Museum gemacht, und da war mir das eigentlich . . . 'n bißchen reichlich Kultur! Und da hab' ich gedacht, ich werde einfach mal ein bißchen was Grünes mir noch angucken.

Schätze aus der verbotenen Stadt

You've heard about a Chinese Exhibition, but want to know more. Which of your questions go with which answer?

1 Was für Kunstwerke sieht
man in der Ausstellung?
2 Woher kommen sie?
3 Wo findet die Ausstellung statt?
4 Bis wann ist sie geöffnet?
5 Was kostet der Eintritt?
6 Wie komme ich dahin?

☐ bis zum achtzehnten August,
täglich von zehn bis
einundzwanzig Uhr.
☐ 7 DM
☐ Zum Beispiel Gold, Jade,
Bronzegefässe, Porzellan . . .
☐ Entweder mit dem Bus
(vierundzwanzig oder
neununddreißig) oder mit der S-
Bahn (Anhalter Bahnhof).
☐ Aus dem ehemaligen
Kaiserpalast in Peking.
☐ Im Martin-Gropius-Bau.

die Erholung   relaxation
die Ausstellung   exhibition

 3   Manche möchten allein im Grünen sein, andere brauchen auch in
der Freizeit noch Gesellschaft . . .

Matthias	Sind Sie zum ersten Mal im Berliner Zoo?
Dame	Ja, seit dreißig Jahren ungefähr das erste Mal wieder.
Matthias	Was hat sich denn in der Zeit verändert?
Dame	Alles eigentlich. Es ist sehr viel Neues und, ja, ich kenn's nicht wieder.
Matthias	Welche Tiere finden Sie denn besonders interessant?
Dame	Ja, wir haben zuerst die Affen gesehen, und die find' ich toll, die Schimpansen.
Matthias	Welche Tiere wollen Sie sich denn jetzt angucken?
Dame	Die Koalabären wollen wir uns noch ansehen und, ja, alle Tiere, die es hier so gibt, die Flamingos und Löwen und Elefanten natürlich auch und . . .
Matthias	Ist der Zoo in Ihrer Heimatstadt sehr anders?
Dame	In meiner Heimatstadt gibt's keinen Zoo, aber in Köln – ich bin in . . . aus der Nähe von Köln – und der ist sehr viel kleiner . . .

die Gesellschaft   company

 4   Wer in den Zoo geht, will Tiere sehen. Wer in den Tiergarten geht, will Menschen sehen. Früher war der Tiergarten das Jagdrevier und Wildgehege der Kurfürsten von Brandenburg.

Brigitte	Was macht ihr denn hier?
Dame	Und zwar machen wir ein Kinderfest von den Wirtschaftsjunioren Berlin. Das findet einmal im Jahr statt und immer an einem andern Platz.

Und dieses Jahr haben wir uns halt den Tiergarten ausgesucht, damit
wir die Fläche haben, wo die Kinder sich halt mal austoben können.

Brigitte Hab' ich nicht ganz verstanden. Was für 'n Kinderfest?

Dame Von den Wirtschaftsjunioren Berlin. Das ist eine Organisation junger
Wirtschaftswirte aus der Wirtschaft und junger Unternehmer, die in
der Handelskammer angeschlossen sind, die auch bis zu vierzig Jahren nur alt sind. Und die haben sich halt zusammengetan, und diese
Leute feiern eben mit ihren Kindern ein Kinderfest.

Brigitte Was haben Sie denn alles vor?

Dame Wir haben ein Büfett aufgebaut, damit Jung und Alt eben halt Spaß
dran haben. Dann haben wir verschiedene Spiele für die Kinder organisiert: Eierlaufen, Topfschlagen und sonstige Stafetten, Wettspiele,
wir haben Lose gemacht. Und die Kinder können eben halt so nach
Lust und Laune spielen, wie sie wollen.

Brigitte Und wie lange wird es dauern?

Dame Bis gegen eins. Wir sind um halb zehn angefahren, und das reicht
dann. Dann kann jeder am Nachmittag noch machen, was er möchte.

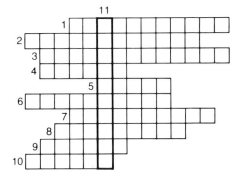

1 Inhaber eines Wirtschaftsunternehmens
2 Einrichten, aufbauen
3 Vereinigung von Unternehmern und
  Geschäftsleuten zur Förderung von
  Handel und Industrie
4 Feste begehen, preisen, die
  Arbeit ruhen lassen
5 Günstiges Schicksal, Erfolg
6 Lustiger Wettlauf
7 Einrichtung und Tätigkeit zur
  Befriedigung der Bedürfnisse des
  Menschen an Gütern
8 Kampf um die ersten Plätze
9 Wünschen und glauben
10 Sich nicht ändern
11 Park in Berlin

das Jagdrevier   hunting ground
das Wildgehege   game reserve
die Wirtschaft   sector of business
der Unternehmer   entrepreneur
die Handelskammer   chamber of commerce
an/schließen   to join
das Eierlaufen   egg and spoon race
das Topfschlagen   popular children's game. The player is blind-
  folded and given a stick with which he must find the pot which
  hides a reward
die Stafette   relay race
das Wettspiel   competition

das Los   lot in a lottery
nach Lust und Laune   as they wish

5 Zur Erholung im Freien fehlt es nicht an Gelegenheiten. Von Berlins
Fläche sind nur 40% (Prozent) bebaut. Rund 10% sind Park- und
Grünanlagen, weitere 22% Wald- und Wasserflächen, und mehr als
7% Grünland, Heide- und sogar Ackerland.

Matthias	Was haben Sie denn heute schon geerntet?
Herr Auer	. . . Broccoli, mehrere Stangen, und sind jetzt gerade dabei, uns noch Salat zu holen vom Feld.
Matthias	Was ist denn besonders gut an diesem Gemüse?
Herr Auer	Frisch is' es halt! Weil ich's selbst geerntet habe, weiß ich, daß es also nich' seit Tagen oder seit Wochen irgendwie im Wagen unterwegs war hierher, sondern daß es hier eben frisch abgeerntet wird. Is' ja nich' viel billiger als draußen, aber es ist halt frisch. Immer wieder kann ich's nur wiederholen.
Matthias	Schmeckt es auch anders?
Herr Auer	Ha ha! Das is' 'ne gute Frage. Kann ich nicht beurteilen, also aus dem Stegreif, das ist schwer zu sagen. Es schmeckt halt besser, erstmal schon weil man's selbst erntet. Der Spaß, die Freude dran. Ja! Ob das Erdbeeren sind oder Kartoffeln, spielt keine Rolle. Irgendwie macht's Spaß. Aber man muß dazu die Einstellung haben. Die hat nich' jeder . . . Vielen ist das wahrscheinlich zu mühsam, hierherzugehen und hier zu ernten.
Matthias	Haben Sie einen weiten Weg?
Herr Auer	Nein! Wir kommen hier aus Spandau!
Matthias	Is' es sehr anstrengend?
Herr Auer	Eh nein! Was denn? Das Ernten hier? Ach was! Das kommt auf's Wetter an. Heut' ist es schön. Der Wind is' . . . die Sonne – es ist nich' nur heiß, aber wenn's schwül is', oder wir haben auch schon bei Regen geerntet. Das ist natürlich etwas unangenehmer, aber sonst . . . das macht Spaß! Es ist ja herrlich hier draußen.

Wie war das Wetter?

Der Bauer hat die Kartoffeln bei Regen geerntet.

Und die Erdbeeren?

Und die Karotten?

Und den Blumenkohl?

Hilfe!

You're telling someone what Herr Auer said to you, but your mind keeps going blank. Which words have you forgotten?

Weil er die Broccoli selbst geerntet ..., weiß er, daß es also ... seit Tagen oder seit Wochen irgendwie im Wagen unterwegs ... hierher, sondern ... es hier eben frisch ... wurde. Es ist nicht viel billiger ... draußen, ... es ist eben frisch.

ernten   to pick, harvest
die Stange   piece
beurteilen   to judge
aus dem Stegreif   on the spur of the moment
die Einstellung   attitude
schwül   close, sultry

 6   Der Schlachtensee ist nur eines der vielen Erholungsgebiete, wohin der Berliner flüchten kann, um das Treiben der Stadt für ein paar Stunden hinter sich zu lassen.

Matthias	Was kann man hier denn alles machen?
Frau	Hier kann man rudern, um den See rumlaufen, joggen, radfahren, spazierengehen, schwimmen – schwimmen natürlich insbesondere ...
Matthias	Ist das Wasser nicht sehr schmutzig hier?
Frau	Ich glaube nicht. Es sieht soweit ganz sauber aus, und es gehen auch keine Abwässer weiter hier rein.
Matthias	Sind Sie denn selber schon mal geschwommen hier?
Frau	Ja, bin ich schon, ja vor vier Wochen zirka, vor acht Wochen.
Matthias	Und wie ist das Wasser? Kalt oder warm?
Frau	Kommt darauf an. Gemessen hab' ich's nicht!
Matthias	Und die Luft?
Frau	Die Luft ist doch schön hier. Ist doch gut heute ...

das Abwasser   sewage

 7   Auf Berlins Gewässern kann man Dampferfahrten machen, die bis zu zwei Stunden dauern, und dabei sieht man nur wenig von dem Getue einer Großstadt. Und wenn man Lust hat, sich ein bißchen anzustrengen, so kann man sich etwas Kleineres mieten.

Matthias	Sie vermieten hier Boote?
Frau Himmelreich	Wir vermieten hier die Boote, ja, am Schlachtensee.
Matthias	Wie viele Boote haben Sie denn?
Frau Himmelreich	Na, so ungefähr vierzig Boote.
Matthias	Und heute sind alle vermietet?
Frau Himmelreich	Nee, alle sind noch nicht vermietet. Heute ist ja langer Sonnabend, und da sind wahrscheinlich 'ne Menge in der Stadt. Also es ist heute ganz ruhiger Betrieb. Ganz großer Geheimtip ist sowieso der Schlachtensee hier.

Matthias	Wann wird es denn hier mal sehr voll?
Frau Himmelreich	Na, Wochenende ist Hauptgeschäft. Da wird's sowieso meistens voll. Wenn die Sonne scheint.
Matthias	Kann man von den Booten aus auch baden?
Frau Himmelreich	Nein, das darf man nicht. Wir haben auch unsere Vorschriften. Und wenn jemand baden will, soll er ans Ufer fahren und vom Ufer aus, nicht vom Boot.
Matthias	Ist das gefährlich?
Frau Himmelreich	Ja, das ist gefährlich. Das kann umschlagen, kann jemanden auf den Kopf treffen, und soll eben nicht sein.
Matthias	Und kann man Hunde mitnehmen?
Frau Himmelreich	Nein, darf man auch nicht mitnehmen, weil wir gerne saubere Boote haben, und die Leute meistens gut angezogen kommen. Und da haben wir nicht gern die Hunde drin, weil die durch's Wasser gehen und durch den Sand. Und wenn die sich schütteln, sieht das aus wie ein Schweinestall. Das haben wir eben nicht gern. Dann gibt's immer den Streit, wer's sauber macht . . .
Matthias	Sind es denn hauptsächlich junge Leute, die hier rudern?
Frau Himmelreich	Nein, nein! Wir haben ganz gemischtes . . . Wir haben Stammkunden, die kommen, ältere Mittelalter, sogar sehr alte. Bis über Achtzig-jährige haben wir hier als Stammkunden, die regelmäßig kommen.

What are the words?

Whilst you're listening to Frau Himmelreich, she uses several words that you don't understand. She explains what they mean by saying:

1 Was man beachten muß, weil der Staat es so will.
2 Eine Sache für eine bestimmte Zeit einer anderen Person geben und dafür Geld verlangen.
3 Eine Person, die immer im selben Geschäft kauft, oder immer in dieselbe Kneipe geht, oder immer beim selben Vermieter ein Boot mietet.
4 Immer wieder.
5 Die Zeit oder Saison, wo ein Geschäftsmann am meisten verdienen kann.

der Dampfer   steamer
langer Sonnabend   the first Saturday in each month, when shops remain open in the afternoon
der Geheimtip   useful tip known only by insiders
die Vorschrift   regulation
schütteln   to shake
der Streit   quarrel

ETWAS ZUM ZUHÖREN!

Edna kommt aus Hannover, studiert aber in Berlin. Warum Berlin?

AUF EIN WORT!

There's something about the verb 'to be' that's calculated to make students of languages blench. Imagine foreigners learning English. 'I am?' 'You am?' 'No, you are!' 'I see. He are?' 'Well no, it's he is!' 'OK . . . We is?' 'Actually, it's we are . . .' And that's the verb to be, for heaven's sake. In Russian, it's so perverse they usually leave it out and use a dash instead.

German hasn't progressed so far.

Ich bin; du bist; er, sie, es ist; wir sind; ihr seid; Sie sind; sie sind

Ich bin täglich an der frischen Luft.

When you want to say 'there is' or 'there are', use *es gibt*.

Ich will alle Tiere sehen, die **es** hier **gibt**.
In meiner Heimatstadt **gibt es** keinen Zoo.

Another verb meaning 'to be' is *sich befinden*.

Mein Hotel **befindet sich** (is to be found) etwas außerhalb der Stadt.

VORSICHT!

All about about.

When 'about' means 'approximately', use *ungefähr*.
Wie viele Boote haben Sie denn? Na, so **ungefähr** vierzig Boote.
Well, about forty boats.
Sind Sie zum ersten Mal im Berliner Zoo? Ja, seit dreißig Jahren **ungefähr** zum ersten Mal wieder.
Yes, for the first time for about thirty years.

But

Um 1959 **herum** war ich schon mal hier.
I was here round about 1959.

Gegen sechs Uhr gehe ich zum Hotel zurück.
At about (towards) six o'clock I'm going back to the hotel.

Woven spricht er?
What's he talking about?

Woran denkst du?
What are you thinking about?

Another way of saying 'about' is *etwa*.
Wir verbringen **etwa** vier Tage hier in Berlin.
We're spending about four days here in Berlin.

Etwa also implies a sense of 'perhaps'.

Wenn du **etwa** nach Berlin fährst, komm mal vorbei.
If you ever come to Berlin, then drop in.

Don't confuse *etwa* with *etwas* which means either 'something'
etwas Neues or 'some (not a lot).
Bist du etwa krank? You're not ill are you?

ÜBUNG MACHT DEN MEISTER

You know what *eine internationale Organisation* is, but can you pronounce it correctly? There's a temptation, when meeting the words
'*eine blinde Dame im Zoo*', to say them as if they were English. *Blind*
doesn't rhyme with 'mind', *Zoo* not with 'who' and *Dame* not with
'fame'.

Das Kind ist blind.
Ein Boot im Zoo.
Kamen die Damen?

Some words have been '*eingedeutscht*' (made into German).

finanziell   Konzert   Fotografie

Not only is the spelling different from English, so is the pronunciation.

Berlin ist eine Kulturmetropole.
Die finanzielle Situation der Republik.
Eine Grillparty für den Senator.

Nevertheless, knowing that all rules have exceptions, polyglots may
wish to demonstrate their cosmopolitan bent when they pronounce
upon the 'Jazz' that they heard. They don't listen to Yatz, but '*jazz*'
(English pronunciation – or better still American, of course.)

ANY QUESTIONS?

As we saw in Chapter 5, the word-order in questions is normally very easy – the verb comes in second place:

Wie **gefällt** es Ihnen hier?
How do you like it here?

The first place is taken by a question word (or phrase).

Welche Tiere finden Sie besonders interessant?
Which animals do you find particularly interesting?

Wie lange wird es dauern?
How long will it last?

Alternatively, the verb can come first, and there is no question word:

Schmeckt es auch anders?
Does it also taste different?

Ist es sehr anstrengend?
Is it very tiring?

Kann man Hunde mitnehmen?
Can you take dogs?

Sometimes, however, you may want to precede a question with phrases such as:

Ich weiß nicht . . . *I don't know . . .*
Ich kann nicht beurteilen . . . *I can't judge . . .*
Es ist schwer zu sagen . . . *It's difficult to say . . .*
Ja, ich kann Ihnen sagen . . . *Yes, I can tell you . . .*

If you do this, then the verb in the question must go to the end, just as it would after *weil, wenn* or *bevor*.

Ich weiß nicht, wie lange es dauern **wird**.
I don't know how long it will last.

Ich kann nicht beurteilen, wie es ihm **gefällt**.
I can't judge how he likes it.

Es ist schwer zu sagen, was mir am besten **gefällt**.
It's difficult to say what I like best.

If the original question didn't have a question word or phrase in it, such as *was* or *wie lange*, then you have to put in *ob*:

Kann man Hunde mitnehmen?
Ich weiß nicht, **ob** man Hunde mitnehmen **kann**.

Ist es anstrengend?
Es ist schwer zu sagen, **ob** es anstrengend **ist**.

JETZT SIND SIE DRAN!

Someone is asking you questions, but you're not really sure about your answers.

Ist sie durch Zufall auf den Park gestoßen?
Will sie den ganzen Tag da verbringen?
Was hält sie von der chinesischen Ausstellung?
Warum pflanzt der Herr sein eigenes Gemüse an?
Ist die Ernte sehr anstrengend?
Welche Kulturbereiche wurden in Berlin in den letzten zehn Jahren gefördert?
Ist das Wasser im Schlachtensee nicht zu schmutzig zum Schwimmen?

So what do you answer?

Ich weiß nicht, ...
Es ist schwer zu sagen, ...
Ich kann nicht beurteilen, ...

ZU GUTER LETZT!

Having had enough 'culture' for one day, you have a look at the ,,*Berliner Gästeführer*'' ...

These are just three of the adverts to entice you.

If you don't have a copy of the *Gästeführer*, though, you may have to ring up the *Informationsbüro* about these Berlin attractions. And they tell you:

„Am Nollendorfplatz."

„Ungefähr drei Stunden."

„2 16 74 46."

„Eine Cabaret–Revue–show."

„Hundert Meter."

„Nein, von März bis 20. Juli dienstags und mittwochs, und vom 27. Juli bis 28. September mittwochs."

„Herren als Damen."

„Von der Schloßbrücke, Berlin–Charlottenburg."

„Um 20.30 Uhr und 23.00 Uhr."

„Jeden Tag außer dienstags."

„Ja, gewiß, dann kostet's 8DM."

So what did you ask?

Next the Wall . . .

SAYING WHAT YOU THINK
•
SAYING WHAT YOU CAN, MUST AND WANT TO DO

Norbert G. is camping out. His tiny tent is pitched on a patch of waste ground near Checkpoint Charlie. The wall looms up some hundred metres away, a forbidding background to his endeavour. On a fence he has hung enlarged photographs of his baby and his fiancée, conveniently in view of tourists, passers-by, and the world's press, radio and television reporters. Norbert's legend reads: ,,*Ich bleibe solange im Hungerstreik, bis meine Braut und mein einjähriger Sohn ausreisen dürfen.*'' And in case your German isn't up to it, underneath you may read: 'I am on a hunger-strike until my fiancée and my one-year-old son are permitted to join me here. Norbert G.'

By his own confession a political dissident, Norbert claims to have been 'bought free'. Packages of talent – say, a university professor, an engineer, a couple of skilled workmen, a dissident or two, plus the odd straightforward criminal – are from time to time offered for sale by East Germany and the West German Government buys them, according to a price-list.

Norbert was put in one of these packages, and his fiancée and his baby weren't. The three of them are some of the many casualties brought about by the notorious Berlin Wall, which swathes twenty-five kilometres north to south through the middle of the city. It bulges slightly so that the Brandenburg Gate, the old gateway to the capital,

may take its place in eastern Berlin. (The figures on the top were turned round, so that they offered their faces to the east, and their backsides to the west. When east German border guards later started taking photographs of people approaching the crossing-points, one West-Berliner returned the compliment, dropping his pants to do it.)

Built in 1961, the wall has now become one of the sights, a must for tourists. You may share a viewing platform with Berliners who peer over to the other side with feelings other than fascination. While you gaze, a young man stands silent, and checking his watch carefully, draws a white handkerchief, and waves. A few hundred yards away – on the Other Side – an old lady appears at the window of a fourth floor flat, and waves back. 'That's my mother', the lad explains, 'I do this every day. That way each of us knows the other one is OK'. You move on, and study the graffiti further along the wall. ,,*Diese Mauer muß weg!*'' someone has splashed. You stop to consider the wooden crosses which mark where people died trying to escape. Meanwhile the boy puts his hanky away and like the rest of Berlin carries on his life in the way that here passes for normal.

 1   Für viele Deutsche bleibt die Berliner Mauer das Symbol eines ungeliebten totalitären Regimes. Inzwischen ist sie auch zu einer ,,Sehenswürdigkeit'' geworden, die Touristen aus aller Welt anzieht.

Brigitte   Sie arbeiten hier in einem Touristenladen . . . Souvenirladen an der Mauer. Was kaufen denn die Leute hier gern?

<table>
<tr><td>Verkäuferin</td><td>Ja, vor allen Dingen werden Postkarten gekauft und Filme, weil wir das ganze Wochenende auf haben, also sehr gerne Filme. Und bezogen auf die Nationalität kaufen die Amerikaner sehr gern T-Shirts, diese Checkpoint-Charlie-T-Shirts, alles was bezogen auf Checkpoint-Charlie ist, da ist Checkpoint-Charlie-Krüge, -Tassen, -Teller und -Bierpinsel, also diese Bierkrüge . . .</td></tr>
<tr><td>Brigitte</td><td>Ist das für Sie irgendwie ein komischer Arbeitsplatz hier direkt neben der Mauer?</td></tr>
<tr><td>Verkäuferin</td><td>Na ja, ich selber bin keine waschechte Berlinerin, und ich bin dazugezogen nach Berlin, und ich hab' mich eigentlich dran gewöhnt. Man sieht die Mauer nicht . . . Wir verkaufen hier, und eigentlich ist es auch ein ganz guter Platz zu verkaufen, weil der eine historische Bedeutung hat. Das war hier mal ein sehr bekannter Platz, der Potsdamer Platz. Und da sind auch viele, die ja Berlin von früher kannten, alte Leute. Die kommen dann hier an und sind unheimlich entrüstet</td></tr>
</table>

da drüber, also wie das sich verändert hat. Die sehen das auf alten Postkarten, wie es früher ausgesehen hat. Das sind wirklich oft alte Leute oder ältere Männer, die hier reinkommen mit Tränen in den Augen und sind so entrüstet, also was aus Berlin geworden ist. Wenn sie dann noch die alten Postkarten sehen und Poster, das ist wirklich schon . . . geht ganz schön unter die Haut . . .

You're describing your visit to the souvenir shop at the Wall to a German friend. Make sure you pick the right words.

- Amerikanische Touristen sind oft geneigt/gezwungen Checkpoint-Charlie-T-Shirts zu kaufen.
- Am Potsdamer Platz wird viel verkauft trotz/wegen seiner historischen Bedeutung.
- Ältere Leute, die die Stadt früher kannten, sind oft empört/begeistert, wenn sie die Mauer sehen.

bezogen auf   connected with, to do with
der Bierpinsel   stein
waschecht   thoroughly genuine (lit washable)
sich gewöhnen an   to get used to
unheimlich   awfully (lit sinister)
entrüstet   made angry, indignant
das geht unter die Haut   it affects you deeply

2   Und hier sind die Meinungen von ein paar Mauer-Besuchern:

Brigitte   Wir stehen hier am Potsdamer Platz an der Mauer, und Sie kommen
gerade von so einem Podest hier runter. Warum sind Sie hierher-
gekommen heute?

Mann   Mich fasziniert der Eindruck dieser Wüste und die Vorstellung, daß
das eben vor vierzig, fünfzig Jahren hier der verkehrsreichste Platz
Berlins gewesen ist, und auch der Blick, den man darüber hat, wo
eben die Reichskanzlei stand. Und man sieht ja eben noch vom
Führerbunker so Reste. Und die Vorstellung, daß hier auch einst das
schrecklichste Machtzentrum praktisch Europas war, daß davon
eben auch nicht mehr viel übriggeblieben ist. Deswegen reizt mich
diese Ecke hier sehr.

● ● ●

Brigitte   Sie kommen hier gerade vom Podest runter und haben über die
Mauer gesehen. Sind Sie das erste Mal hier?

Mann   Nee, ich bin schon öfter hier gewesen. Also, ich bin im Grunde
genommen nur hier, weil das so eine Touristenattraktion ist und ich

mich hier der Gruppe angeschlossen habe. So spezielle Einzelheiten
interessieren mich hier eigentlich nicht. Aber es ist natürlich schon

interessant, so diese Erhebung vom Führerbunker zu sehen, und auch diese Bilder von dem ehemaligen Leben hier sind schon ganz interessant. Und eben so dieses Nostalgiegefühl, das fasziniert mich eigentlich am meisten. Aber so diese Horrorvorstellung, daß da jetzt die DDR ist und das der Todesstreifen, das empfinde ich eigentlich nicht so besonders, muß ich ganz ehrlich sagen.

• • •

Dame	Also Berlin ist für mich überhaupt *die* Stadt. Sie hat Leben Tag und Nacht.
Brigitte	Und die Mauer?
Dame	Man gewöhnt sich dran. Das heißt „gewöhnen" ist ein schlechter Ausdruck dafür. Mein Domizil ist hier seit 1936, ich lebe aber auch in Abständen, in längeren Abständen, in Hamburg. Ich komm' immer gern nach Berlin zurück. Und da ich durch die Zone fahren muß, ist die Mauer für mich auch nichts Neues mehr . . . Außerdem ist es ja auch ein Generationsproblem: wir werden es nicht mehr erleben, daß das sich einmal für uns ändert.

• • •

Brigitte	Haben Sie sich die Graffitis hier an der Mauer mal angeguckt? Die ganzen . . .
Dame	Im Vorbeifahren. Also nicht gelesen, im Vorbeifahren. Ich hab's selber schon mal angeguckt, wir sind hier so mal entlanggelaufen vor ein paar Jahren oder vor zwei Jahren.
Brigitte	Können Sie sich an irgendeinen Spruch erinnern?
Dame	Direkt eigentlich nicht. Eben sehr viel mit Freiheit und gegen die Mauer eben . . . aber so direkt an einen Spruch kann ich mich nicht erinnern.
Brigitte	Und finden Sie das gut, daß die Mauer so bemalt ist?
Dame	Ja, finde ich eigentlich ganz gut, muß ich sagen, weil man dann doch merkt, daß die Menschen sehr viel Anteilnahme nehmen da dran und es auch so äußern. Schade, daß man's nicht von drüben sieht . . .

der Eindruck impression
vermitteln to communicate (something)
das Podest viewing platform
die Wüste desert
verkehrsreich busy with traffic
die Kanzlei chancellery
reizen to excite
sich an/schließen to join
die Erhebung mound
der Todesstreifen death strip
der Ausdruck expression
der Abstand interval
der Spruch saying, quote
die Anteilnahme sympathy

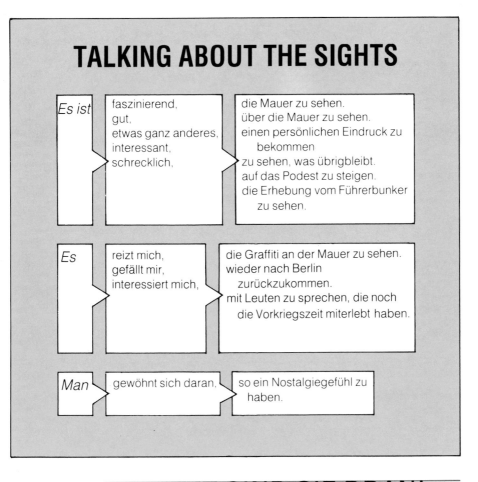

TALKING ABOUT THE SIGHTS

| Es ist | faszinierend,
gut,
etwas ganz anderes,
interessant,
schrecklich, | die Mauer zu sehen.
über die Mauer zu sehen.
einen persönlichen Eindruck zu
    bekommen
zu sehen, was übrigbleibt.
auf das Podest zu steigen.
die Erhebung vom Führerbunker
    zu sehen. |

| Es | reizt mich,
gefällt mir,
interessiert mich, | die Graffiti an der Mauer zu sehen.
wieder nach Berlin
    zurückzukommen.
mit Leuten zu sprechen, die noch
    die Vorkriegszeit miterlebt haben. |

| Man | gewöhnt sich daran, | so ein Nostalgiegefühl zu
    haben. |

JETZT SIND SIE DRAN!

 An der Mauer

On one of the viewing platforms at the Berlin Wall, you meet an old gentleman.

Sie   *Ask him what he thinks of the wall.*

Herr   Eine Schweinerei ist das, eine Schweinerei! (obscenity)

Sie   *Ask him if he's here for the first time.*

Herr   Nein, ich bin Berliner, ein waschechter! Ich komme jeden Tag hierher an die Mauer. Und Sie – sind Sie das erste Mal hier in Berlin?

Sie   *Say yes, you find it very interesting to see the Berlin wall.*

Herr   Sie haben sie wohl öfters im Fernsehen gesehen und auf Fotos?

Sie   *Say yes, but it's something quite different to get a personal impression.*

Herr   Sie haben recht!

Sie	*Say it's fascinating to climb on to the viewing platform and look over the wall.*
Herr	Da drüben habe ich gewohnt, früher. Da an der Ecke, wo das Café steht. Sehen Sie, da drüben!
Sie	*Ask if one gets used to seeing the wall.*
Herr	An so eine Schweinerei? Niemals!

 3　Nur wenige Meter von der Mauer selbst entfernt ist ein einzigartiges Museum – direkt am Checkpoint-Charlie. Da wird die ganze Geschichte der Mauer dokumentiert, insbesondere die vielen Fluchtversuche.

Matthias	Können Sie uns beschreiben, was es in Ihrem Museum alles zu sehen gibt? Neben der Dokumentation gibt es auch noch andere Dinge?
Herr Schumm	Ja, wir haben hier mehrere Objekte auch ausgestellt. Dabei handelt es sich zum einen um den Heißluftballon, mit dem zwei Familien 1979 aus der DDR geflohen sind. 1983 floh eine Familie aus der Tschechoslowakei ebenfalls mit einem Heißluftballon. Auch dieser ist bei uns ausgestellt. Dann haben wir ein sogenanntes „Mini-U-Boot", das in den sechziger Jahren von einem DDR-Physiker entwickelt wurde. Übrigens dieses Gerät wurde später von der israelischen Armee zu Marine . . . zu Armeezwecken eingesetzt.
Matthias	In Ihrem Museum steht ein Hängegleiter. Könnten Sie uns zu diesem Fluchtversuch, diesem geglückten Fluchtversuch, etwas sagen?
Herr Schumm	Ja, mit diesem motorisierten Hängegleiter kam im August 1984 eine Person von der Tschechoslowakei nach Österreich. Und der war und ist auch heute noch ein flugzeugbegeisterter Mensch. Er hat sich dieses Gerät drüben selbst zusammengebaut. Er hat dieses Gerät zur Flucht benutzt. Er ist mit dem Hängegleiter sogar bis nach Wien, bis nach Flughafen Schwechat geflogen. Die Personen waren also dort sehr erstaunt, als sie plötzlich auf der Landebahn dieses Gerät mitten in der Nacht stehen sahen. Er . . . die betreffende Person, die . . . der diese Flucht geglückt ist, ist dann nach drei Wochen auch in die Vereinigten Staaten übergesiedelt, weil er glaubt, daß er dort halt doch günstigere Möglichkeiten hat, sich in seinem Bereich, mit seinen Interessen, eben der Flugzeugtechnik zu beschäftigen.

Often when you're stuck for a word, you can get round it by using other words, to describe what you're trying to say. Whilst you're trying to tell a German friend what Herr Schumm said, you say:

„*Jemand, der für Flugzeuge und dergleichen schwärmt. Er fliegt gern . . .*"

„*Es fliegt in der Luft. Man füllt es mit Gas, nein, nicht mit Gas . . .*"

„*Auf einmal . . . man erwartet es nicht . . .*"

„*Man verläßt die Stadt, wo man wohnt, und geht anderswohin, um da zu leben . . .*"

• Which words were you thinking of?

einzigartig   unique
aus/stellen   to exhibit
entwickeln   to develop
der Zweck   purpose
ein/setzen   to use
der Hängegleiter   hang-glider
glücken   to be successful
flugzeugbegeistert   keen on aeroplanes
das Gerät   machine, apparatus
die betreffende Person   person concerned
die Vereinigten Staaten (von Amerika)   United States (of America)

*über/siedeln   to move, emigrate
der Bereich   field (of activity)

 4   Die Bundesregierung fördert Klassenfahrten nach Berlin. Hier am Checkpoint-Charlie hat Matthias zum Beispiel Herrn Lüdecke mit seinen Schülern getroffen . . .

Matthias   Sie sind zum ersten Mal an der Mauer heute?
Herr Lüdecke   Ja, das ist unser erster Besuch an der Mauer heute und auch hier in diesem Museum.
Matthias   Was sind denn Ihre Eindrücke?
Herr Lüdecke   Ich muß sagen – für mich selber – ich bin sehr geschockt, das jetzt zum ersten Mal zu sehen. Und für unsere deutschen Schüler muß ich sagen, daß sie das sich bisher nicht vorstellen konnten, was die Mauer in Wirklichkeit bedeutet; daß es heute noch, eben wie im Mittelalter eine Mauer gibt, über die man nicht gehen kann. Für unsere Schüler erinnert das sehr an das Mittelalter und an sich nicht an das zwanzigste Jahrhundert.
Matthias   Haben Sie auch vor, die andere Seite zu besuchen?
Herr Lüdecke   Ja, es sind immer zwei Seiten zu sehen, und deswegen werden wir auch einen ganzen Tag auf die andere Seite gehen – Ost-Berlin – und werden uns dort das Leben anschauen. Es ist natürlich klar, daß Ost-Berlin ein Schaufenster ist für die DDR, und daß es nicht normale Verhältnisse dort sind, wie es sonst in der DDR zu sehen ist. Aber für unsere Schüler ist es eben ein erster Eindruck. Wir wollen nicht den Schülern ein perfektes Bild vermitteln, sondern was wir machen, ist, einen Einstieg zu schaffen, nach Berlin zu gehen und auch in die DDR zu gehen, und daß die Schüler eben später einen Anreiz haben, es noch einmal zu machen, selbständig, ohne die Schule.
Matthias   Was muß man alles machen, um nach Ost-Berlin zu kommen?
Herr Lüdecke   Was unsere Schüler eben sehr stark betrifft, ist der Zwangsumtausch und daß man ein Visum bezahlen muß. Unsere Schüler waren alle schon in Österreich, in Italien, in der Schweiz und haben bisher an sich fast nie die Grenze bemerkt, weil sie einfach drübergefahren sind, oder ein kurzer Blick reingeworfen wurde in den Paß. Und hier nun wird man sorgsam kontrolliert, zum Teil befragt. Es werden auch . . . es wird in die Taschen geschaut, sie müssen Geld umtauschen,

sie müssen für ein Visum bezahlen – das sind Dinge, die für unsere Schüler neu sind. Und was mir immer wieder auffällt: daß sie immer wieder davon reden, wie es in Deutschland ist, and damit meinen sie nur West-Deutschland. Sie haben irgendwie das Gefühl, als ob sie in einem total fremden Land sind. Und für uns Lehrer ist es immer ein Problem, ihnen klar zu machen, daß sie von Deutschland nach Deutschland reisen . . .

Have you ever met someone who claims to know German but in fact, every time he opens his mouth, puts his foot in it? Here's one, giving his instant translations of Herr Lüdecke's words:

,,Die Mauer erinnert unsere Schüler an das Mittelalter.''

'*The Wall reminds our pupils of the middle-aged.*'

,,Es ist natürlich klar, daß es nicht normale Verhältnisse in Ost-Berlin sind.''

'*It's clear, of course, that all normal relations have left East Berlin.*'

,,Wir wollen den Schülern einen Einstieg schaffen.''

'*We want to let the pupils climb in.*'

,,In Ost-Berlin wird alles sorgsam kontrolliert.''

'*In East Berlin everything is carefully controlled.*'

What's wrong with his translations?

der Einstieg   the 'way in'
der Eindruck   impression
sich vor/stellen   to imagine
die Wirklichkeit   reality
das Mittelalter   Middle Ages
das Verhältnis   situation, condition
selbständig   independently
der Umtausch   exchange (of money)
der Zwang   compulsion
kontrollieren   to check
auf/fallen   to be conspicuous, noticeable

5   Eine Schande? Ein Symbol? Lebendige Geschichte? Eine Schweinerei? Ein Dorn im Auge? Was bedeutet die Mauer eigentlich für Berlin und die Berliner? Angelika, selbst gebürtige Berlinerin, gibt eine vielleicht etwas überraschende Antwort auf diese Frage.

Angelika   Also, das . . . für mich als Kind war das selbstverständlich: West und Ost. Das war nicht so ein Unterschied. Ich weiß, wir sind zum Einkaufen oder zum Arzt oder zu den Verwandten immer problemlos nach Ost-Berlin gefahren. Und eines Tages war das nicht mehr möglich. Und diese ganze Aufregung wegen der Mauer, und irgendwelche

Tanten, die nicht mehr zu Besuch kommen konnten, und Leute, die wir nicht mehr sehen konnten – das war also so ein großer Einschnitt, würde ich sagen, ne, oder eine große Veränderung.

Matthias Viele Berliner sagen, das ist ganz normal, das hat's jetzt schon seit zwanzig Jahren gegeben, und wir haben uns daran gewöhnt. Geht dir das auch so?

Angelika Hmm, ja. — Also ich empfinde die Mauer eigentlich kaum mehr. Das heißt, manchmal gehe ich mit meinen Kindern an der Mauer spazieren, weil da relativ gute Luft ist und viel Grün. Und ich guck' mir an, ob da irgendwelche neuen . . . Zeichnungen drauf sind, ne? Und es geht mir eher . . . ich empfinde die Mauer eher, wenn ich in Ost-Berlin bei meinen Freunden bin, dann empfinde ich sie als ärgerlich. Dann empfinde ich also als ärgerlich, weil ich . . . um zwölf Uhr da weg muß – von diesen Freunden, und weil ich dann über irgendsolche blöde Grenze muß.

Matthias Du hast also Freunde und Verwandte in Ost-Berlin?

Angelika Mm!

Matthias Und die besuchst du recht häufig?

Angelika In letzter Zeit nicht so viel, aber, ja doch, relativ häufig.

Matthias Sprecht ihr auch über die Situation der geteilten Stadt? Ist das ein ständiges Thema, wenn ihr euch trefft?

Angelika Überhaupt nicht! Ich besuche vor allen Dingen so die jungen Leute. Die alten weniger, eigentlich. Und die wollen natürlich so viel wissen, was im Westen gerade los ist und so. Aber wir unterhalten uns, da die ja Fernsehen gucken und das Radio hören . . . die sind oft besser informiert als ich, was grade für Filme laufen, was die für Kritiken gekriegt haben, und welche Gruppe jetzt nach Berlin kommt und wo die spielen. Und ich muß sagen, ich bin oft weniger informiert, was in Ost-Berlin los ist, als die, was in West-Berlin los ist. Aber . . . da wir auch, sagen wir mal, den gleichen Dialekt sprechen oder . . . auch den . . . viele ähnliche Erfahrungen gemacht haben, dann . . . spielt das überhaupt keine Rolle, daß da diese Mauer existiert, würde ich sagen . . .

Hilfe! What did Angelika really say?

1 Er . . . What did Angelika say about when she was a child?

A SHE SAID SHE FOUND IT SOMETHING NATURAL

B NO! SHE SAID SHE FOUND NO DIFFERENCE BETWEEN EAST AND WEST BERLIN!

C NO! SHE SAID SHE FOUND IT DIFFICULT TO GO TO THE DENTIST!

2 Er . . . What did she say about noticing the Wall?

A SHE SAID SHE NOTICED IT MOST WHEN SHE GOES FOR A WALK!

B NO! SHE SAID SHE NOTICED IT MOST BECAUSE IT OFFERS A CHANCE OF FRESH AIR AND GREENERY

C NO! SHE SAID SHE NOTICED IT MOST WHEN SHE WAS IN WEST BERLIN

3 Er . . . What was that about her friends in East Berlin?

A SHE SAID THEY KNOW VERY LITTLE ABOUT WHAT GOES ON IN WEST BERLIN

B NO! SHE SAID SHE KNOWS JUST AS MUCH ABOUT WHAT GOES ON IN EAST BERLIN AS THEY DO!

C NO! SHE SAID THEY KNOW MORE ABOUT WHAT GOES ON IN WEST BERLIN THAN SHE DOES!

die Schande — disgrace
ein Dorn im Auge — an eyesore
die Aufregung — excitement
der Einschnitt — turning-point
die Zeichnung — drawing
ärgerlich — annoying
blöd — stupid
die Erfahrung — experience

Eine Mauer quer durch Berlin

Berlin, 13. August 1961. Die DDR mauert Westberlin ein. Oder mauert sie sich selbst ein? Mauert sie ihre Bürger ein? Millionen DDR-Einwohner sind vor dem 13. August hier in den Westen geflüchtet, vor allem gut qualifizierte Fachleute. Und die DDR hat immerhin nur siebzehn Millionen Einwohner. Die Geburtenrate ist dürftig. Bertolt Brecht sagte: ,,Die Regierung ist unzufrieden mit dem Volk. Vielleicht sollte sie sich ein anderes Volk wählen.''

Der Mauerbau führt in der westlichen Presse zu einem Aufschrei. Billige Propaganda? Jedenfalls tun die westlichen Alliierten nichts als protestieren. Manche sagen: die Regierungen in London und vor allem in Paris sind im Grunde gegen eine deutsche Wiedervereinigung. Zweimal in diesem Jahrhundert haben sie mit Deutschland schlechte Erfahrungen gemacht, sehr schlechte. Warum sollen sie sich also für ein wiedervereinigtes Deutschland einsetzen? Das hätte dann immerhin achtzig Millionen Einwohner. Ein solches Deutschland wäre zu groß und zu stark.

Manche glauben, daß die Mauer absolut undurchlässig ist. Ist sie aber nicht. Von West nach Ost ist der Weg frei, wenn man sein Visum bezahlt und pro Tag 25 DM „zwangsumtauscht". An der Glienicker Brücke tauschen Ost und West von Zeit zu Zeit Spione aus. Und Leute aus Übersee, die ihre Länder aus politischen oder wirtschaftlichen Gründen verlassen, können mit der DDR-Fluggesellschaft ganz einfach nach Ost – Berlin fliegen und von dort nach Westberlin überwechseln. Die Bundesrepublik hat ja immer noch die Grundphilosophie, daß die DDR kein Ausland ist und daß es nur *ein* Deutschland gibt. Und innerhalb *eines* Landes kann es demnach keine Grenzkontrolle geben. Die einzigen, für die die Mauer wirklich undurchlässig ist, sind DDR-Bürger, sofern sie keine Rentner sind. Rentner bringen der DDR kein Geld, sondern sie kosten Geld. Deshalb. Aber die „arbeitenden Klassen" müssen drin im „Arbeiter- und Bauernparadies" bleiben. Vielleicht hat sich die DDR doch selbst eingemauert, auch wenn sie in ihrer Propaganda sagt, daß die Mauer ein „antifaschistischer Schutzwall" ist.

Für eine solche künstliche Teilung ist die Stadt nicht gebaut und nicht geplant worden. Die alten U-Bahn- und S-Bahn-Linien halten sich natürlich nicht an die Grenze. Und so kann es Ihnen passieren, daß Sie von einem Punkt in Westberlin zu einem anderen fahren, und die Bahn plötzlich Ostberliner Gebiet durchquert. Die Bahnhöfe hier sind geschlossen und verrammelt. Seit einem Vierteljahrhundert ist auf diesen Geisterbahnhöfen niemand ein- oder ausgestiegen.

AUF EIN WORT!

The rich variety of German words for 'here' and 'there' is fascinating (or a nuisance, depending on how you look at it). The usual word for 'here' is *hier*.

Ich wohne schon lange **hier**.

*I have lived **here** a long time.*

'There' can be either *dort* or *da* (it doesn't matter which).

Wir werden nach Ost-Berlin gehen und werden uns **dort** das Leben anschauen.

*We'll go to East Berlin and take a look at life **there**.*

In both cases, 'here' and 'there' are places where you are, and not going to or coming from.

Brigitte asked a tourist: ,,*Warum sind Sie* **hierher** *gekommen heute*?''

'*Why have you come* **here** *today*?''

Hierher implies 'motion towards the speaker', ie 'towards me'. (There's a good old English word 'hither'.)

The opposite of *hierher* is *dorthin* (or *dahin*) – 'away from me', 'thither'.

Ihr geht nach Ost-Berlin? Wann geht ihr **dahin**? (**dorthin**.)

Hin and *her* can be joined on to other words. At the viewing platform, for example:

Sie kommen gerade von dem Podest *her*unter.

You've just come **down** *from the viewing-platform.*

Ich gehe hinauf.   Ich bin oben.   Ich komme herunter

ÜBUNG MACHT DEN MEISTER

It sounds silly to say, 'I comb with a came.'
So try not to say: ,,*Ich kamm mit einem Kam.*"

Remember – if a vowel is followed by a double consonant, then it's short. Compare the following:

malen – alle
wen – wenn
ihm – immer
Oma – kommt
gut – Jutta

Schade, was die Affen mit dem Schaffner im Hafen schaffen.
Kann Hanna alles auf die Landebahn malen?
Wen trefft ihr denn, wenn Oma kommt?
Übrigens – sind die gefüllten Öfen offen?
Hast du denn gelesen, was man essen kann?

VORSICHT!

There are various kinds of men – and people.

Ein Mann is someone of the male sex.

Norbert is **ein junger Mann**.
Norbert is a young **man**.

Don't confuse *Mann* with *man* (one, you, they).

Ein Mensch can be either *ein Mann* or *eine Frau* – it's a human being.

Der Mensch hat zwei Augen, zwei Ohren und zwei Beine . . .
Man has two eyes, two ears and two legs.

If you're concerned with man as an entity, ie someone who exists, use *die Person*.

Schon 184 **Personen** sind an der Mauer getötet worden.
184 people have been killed at the wall already.

Die Leute refers to a group of people in a specific context.

Alte **Leute**, die kommen dann hier an . . .
Old people who arrive here . . .

Volk are folk. They sing *Volkslieder* (folksongs) and drive around in *Volkswagen* (people's cars). This is very *volkstümlich* (popular, ie what the populace does) though not necessarily *beliebt* (popular, beloved).

THE IMPERATIVE

A riddle: what has telling people what to do got to do with an old half-crown coin?

Answer: on a half-crown coin dated before 1948, you find the monarch's head surrounded by the words FID.DEF. (*fidei defensor* – defender of the faith) IND.IMP. (*Indiae imperator* – emperor of India.) Emperors being what they are, or were, ie people who tell others what to do, you'll see the connection between them and the form of the verb we use to give commands – the Imperative.

How do you form it? Well, first you've got to ask yourself which of the three words for 'you' you would use to the person you're giving the order to. (If you don't remember, look up FRANK on page 35.)

If it's *SIE* (the polite form), it's easy.

Sie gehen nach Ost-Berlin.
You're going to East Berlin.

Gehen Sie nach Ost-Berlin!
Go to East Berlin!

All you do is turn round ('invert') the verb and the subject.

JETZT SIND SIE DRAN!

Tell someone to do the following:

Sie verkaufen mir ein Checkpoint-Charlie-T-Shirt.
Sie steigen auf das Podest.
Sie sagen mir Ihre Meinung über die Mauer.

If you'd use the word *ihr* for 'you' (to a group of familiar friends, for example) you do this:

Ihr geht an die Mauer.
You go to the Wall.

Geht an die Mauer!
Go to the Wall!

What you do here is simple: leave out the *ihr*.

JETZT SIND SIE DRAN!

Tell them to do the following:

Zeigt ihr mir euren Hängegleiter?

Ihr erklärt, was ihr meint.
Ihr reist nach Ost-Deutschland.

Finally, if you'd use *du* for 'you' (the 'familiar' form):

Du beschreibst mir alles.
You're describing everything to me.

Beschreib mir alles!
Describe everything to me!

What you do is 1) leave out *du* and   2) drop the *-st*.

JETZT SIND SIE DRAN!

Tell someone to do the following:

Du kommst mit nach Ost-Berlin?
Du fliegst mit deinem Hängegleiter über die Mauer?
Du steigst auf das Podest.

There's a small group of verbs whose stem vowel in the second and third persons singular changes to *i* or *ie*.

iß! *eat*! • gib! *give*! • hilf! *help*! • lies! *read*! • nimm! *take*! • sieh! *look*! • sprich! *speak*! • triff! *meet*! • vergiß! *forget*! • wirf! *throw*!

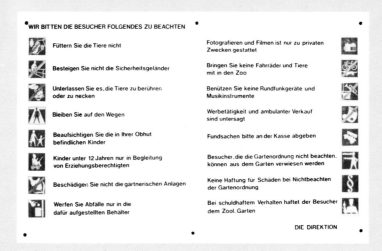

If you go to the zoo, you'll find another way of giving commands.

Die Tiere bitte **nicht füttern**! *Please **don't feed** the animals.*

This is the kind of imperative used impersonally, ie when the command applies to everybody, not just to someone you're speaking to.

Ausfahrt **freihalten**. *Keep the exit clear*.

Bei Versagen Knopf **drücken**. *If the machine doesn't work, push the button*.

Bitte Motor **abstellen**. *Please stop your engine*.

MODAL VERBS

Another way of letting people know what they must or must not do (or what they may or may not do) is simply to say so:

Sie **müssen** Geld umtauschen.
You have to change money.

This is very like English, the difference being that the infinitive of the verb goes to the end:

Man **muß** für das Visum **bezahlen**.
You have to pay for the visa.

This sounds a bit strange at first, but you soon get used to it. It might help to compare it with the English 'You have a bill to pay'.
Müssen is one of a group of six modal verbs, or 'verbs of mood'. Another one, which also suggests 'having to' is *sollen*:

Du **sollst** nicht stehlen.
Thou shalt not steal.

Du **sollst** um zwölf Uhr zurückkommen.
You're to come back at twelve.

You'll often find *sollen* in the form *ich sollte* – I ought to.

Während ich in West-Berlin bin, **sollte** ich mir auch Ost-Berlin angucken.
Whilst I'm in West Berlin I ought to take a look at East Berlin as well.

If something is not forbidden, ie allowed, then you use *dürfen*:

Darfst du nach Ost-Berlin zurückgehen?
Can you (= are you allowed to) go back to East Berlin?

Try not to confuse *dürfen* with *können*, to be able to:

Können Sie sich an irgendeinen Spruch erinnern?
Can you remember some slogan or other?

There's no question of being allowed to here, but of being able to.

If you want to do something, use *wollen*:

Wir **wollen** nicht den Schülern ein perfektes Bild vermitteln.
*We don't **want** to give the children a perfect picture.*

The last of the modal verbs *mögen* (to like) is used in two different ways:

To like something or somebody:

Ich **mag** Wein.
*I **like** wine.*
Ich **mag** dich.
*I **like** you.*

or to like doing something:

Wir **möchten** die Berliner Mauer **sehen**.
*We **would like to** see the Berlin Wall.*

Ich möchte is the imperfect subjunctive mood. A joke: a teacher was teaching the subjunctive mood to a class and quoted the sentence 'Were the cows in the field, they would eat grass' Noticing a child not paying attention, he demanded, 'What mood, Forsythe?' Back came the answer, 'The cows, sir!')

A pecularity with modal verbs is that if you want to use one together with a verb of motion (eg *gehen*, *fahren* . . .) then you can actually leave out the verb of motion, without losing any of the meaning:

Ich **muß** dann über irgendsolche blöde Grenze.
*Then I **have to** (**go**, **come**, **travel**) over some stupid frontier.*

Können (to be able to, to 'can') *ich kann*; *du kannst*; *er, sie, es kann*; *wir können*; *ihr könnt*; *Sie können, sie können*.
Müssen (to have to, to 'must') *ich muß*; *du mußt*; *er, sic, es muß*; *wir müssen*; *ihr müßt*; *sie mussen*; *sie müssen*.
Dürfen (to be allowed to, to 'may') *ich darf*; *du darfst*; *er. sie, es darf*; *wir dürfen*; *ihr dürft*; *Sie dürfen*; *sie dürfen*.
Sollen (to 'should') *ich soll*; *du sollst*; *er, sie, es soll*; *wir sollen*; *ihr sollt*, *Sie sollen*; *sie sollen*.
Wollen (to want to, be willing to, to 'will') *ich will*; *du willst*; *er, sie, es will*; *wir wollen*; *ihr wollt*; *Sie wollen*; *sie wollen*.
Mögen (to like) *ich mag*; *du magst*; *er, sie, es mag*; *wir mögen*; *ihr mögt*; *Sie mögen*; *sie mögen*.

but

ich möchte; *du möchtest*; *er, sie, es möchte*; *wir möchten*; *ihr möchtet*; *Sie möchten*; *sie möchten*.

ZU GUTER LETZT!

A friend's asking you about your visit to the Wall. What do you say?

Was willst du machen?

auf
das
ich
Podest
steigen
will

Warum?

die
ich
Mauer
möchte
sehen
über

Was kannst du sehen?

Brandenburger
das
ich
kann
sehen
Tor

Wie lange bleibt der junge Mann da?

ausreisen
bis
Braut
dürfen
einjähriger
sein
seine
Sohn
und

Wohin willst
du jetzt?

ich
jetzt
nach
Ost-Berlin
will

Was muß man
machen?

bezahlen
ein
Geld
man
muß
und
Visum
wechseln

Warum gehst
du in den
Laden?

einige
ich
kaufen
sollte
Souvenirs

Now you've heard what people in West Berlin think of the Wall, let's
meet a family from the other side . . .

TALKING ABOUT YOUR REACTIONS

What do you do if you find yourself on the 'wrong' side of the Wall? People have tried to tunnel underneath it, and to fly over it. On 13 August 1961, a child was actually lifted across the barbed wire by an East German border guard (the Wall itself not having been completed). His good deed was observed by a superior officer, and he vanished. In September of the same year, a seventy-seven-year-old woman, Grandma Schultze, stood for more than ten minutes outside a third-floor window, plucking up courage to jump. Her house was right where the wall was going to be. The frontier guards had arrived to block up her windows. She jumped, and lived. The West Berlin fire brigade caught her.

People have escaped concealed in a cable drum. Someone got away in a suitcase (three of them, actually, joined together). Others have tried to blow up the Wall. One student blew himself up making his bomb. Another young man, having noticed that his sports car, with hood down, was slightly lower than the boom at Checkpoint Charlie, zoomed to the West with his wife by his side, and his mother-in-law in the boot, with heads – and foot – down. Next day metal rods were hung from the boom.

You can, nowadays, do it the official way, and apply to the authorities for permission to leave. You have to give up your work, and your home, and probably your friends too, for they may not wish to be associated with someone like you. What is it about life in the East that makes people want to leave, anyway?

And what happens if you cross to the West and then find the grass isn't greener?

1 Schon bevor die Mauer gebaut wurde, durften West-Berliner nicht mehr in die DDR. Nach dem Mauerbau wurde es ihnen nicht einmal erlaubt, Ost-Berlin zu besuchen, auch wenn sie Verwandte oder Freunde dort hatten. Aber seit dem Viermächteabkommen vom Jahre 1972 dürfen sie wieder nach Ost-Berlin und wieder in die DDR. Welche Formalitäten müssen erfüllt werden? Herr Krämer erklärt.

Herr Krämer   Das sieht dann für uns so aus: es gibt in West-Berlin fünf „Büros für Besuchs- und Reiseangelegenheiten" – heißen diese Dinger. Dort muß man hin, muß den Personalausweis mitnehmen, oder um's ganz genau zu sagen, nicht den Personalausweis, sondern unseren spe- ziellen Berliner sogenannten „Behelfsmäßigen Personalausweis" – also da auch wieder die Sonderstellung von Berlin – gehen dort hin, beantragen einen sogenannten „Mehrfachberechtigungsschein". Und ich kann's ja durchspielen: angenommen ich geh' Montag hin, dann wird Dienstag dieses Ding bearbeitet, und ich kann es mir am Mittwoch abholen. Und der Witz an diesem „Mehrfachberechti- gungsschein" ist nun der, daß er auf der Rückseite acht kleine Felder besitzt. Und wenn mir dann irgendwann einfällt: oh ja, heute hättest du Lust, nach, weiß ich, nach Dresden zu fahren oder Leipzig oder Korin, dann könnte ich morgens in eins von diesen Büros gehen, mir sofort dann die Genehmigung geben lassen, also einen Stempel abholen, kann sofort an die Grenze fahren und sofort dann eben nach Dresden. Das heißt, wenn ich diesen kleinen Schein erstmal besitze, kann ich ad hoc sofort in die DDR fahren.
Brigitte   Und man darf dann in der DDR überall hinfahren?
Herr Krämer   Ja, ich kann in die gesamte DDR fahren, kann mich dort frei bewe- gen, kann Leute besuchen, kann Museen besuchen, kann trödeln, kann Urlaub machen, wie auch immer ich möchte.
Brigitte   Aber nach vierundzwanzig Stunden muß man wieder zurück sein?
Herr Krämer   Nee! So ist das nicht ganz richtig. Ich muß als West-Berliner spätes- tens zurück sein nachts um zwei Uhr des darauffolgenden Tages. Ich kann frühestens einreisen um null Uhr. Das heißt, ich habe maximal sechsundzwanzig Stunden. Das ist die Regelung dieses „Mehrfachberechtigungsscheines", also die Regelung des Eintage-

besuchs. Es gibt dann natürlich die Möglichkeit, daß, na, irgendje-
mand, Freunde von mir, mich einladen und sagen: ,,Hier, weißt du
was? Laß uns doch mal ein Wochenende an die Ostsee fahren!''
Dann laden die mich ein bei der Polizei der DDR. Und das dauert
für einen West-Berliner, na, vielleicht anderthalb, zwei Wochen, dann
habe ich mein Visum. Dann kann ich rüberfahren, kann eben auch
länger rüberfahren, kann Urlaub machen.

Mr Smartt (Alec) has been listening to what West-Berliners have to
do if they want to go to East Berlin or East Germany – but he hasn't
quite got it right:

*Berliners have a special provisional identity-
card, and when they've shown it five times
at a travel agency, they can get permission
to cross. They can only get it on Mondays
though. Then, all they have to do is buy a
special stamp to stick on it. The trouble is,
they have to come back to West Berlin by
midnight. It's also valid for spending a
weekend on the Baltic.*

Can you put him right?

die DDR   Deutsche Demokratische Republik
die Macht   power
das Abkommen   agreement
der Personalausweis   identity document
behelfsmäßig   provisional
die Sonderstellung   special position
beantragen   to apply for
der Schein   document, certificate
mehrfach   multiple
die Berechtigung   permit
das Feld   box (lit field)
die Genehmigung   authorisation
der Stempel   rubber stamp
trödeln   to stroll around

HOW TO MAKE ENQUIRIES ABOUT GOING TO EAST BERLIN OR EAST GERMANY

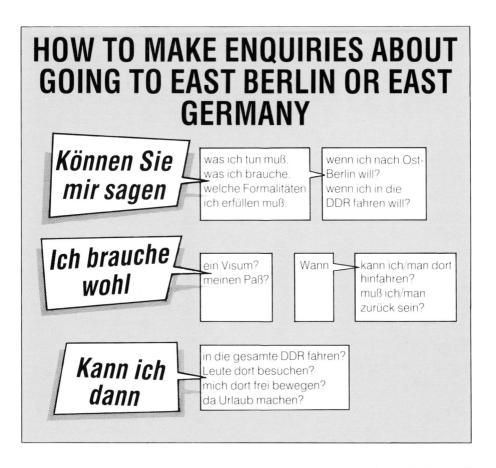

Können Sie mir sagen

was ich tun muß.
was ich brauche.
welche Formalitäten ich erfüllen muß.

wenn ich nach Ost-Berlin will?
wenn ich in die DDR fahren will?

Ich brauche wohl

ein Visum?
meinen Paß?

Wann

kann ich/man dort hinfahren?
muß ich/man zurück sein?

Kann ich dann

in die gesamte DDR fahren?
Leute dort besuchen?
mich dort frei bewegen?
da Urlaub machen?

JETZT SIND SIE DRAN!

 Im Fremdenverkehrsamt

You are enquiring about going to Berlin for the day.

Fräulein	Guten Morgen! Kann ich Ihnen helfen?
Sie	*Say you're a tourist here in Berlin and you'd like to take a look at East Berlin.*
Fräulein	Ja, und was möchten Sie wissen?
Sie	*Ask if she can tell you what formalities you have to go through.*
Fräulein	Woher kommen Sie?
Sie	*Say you're from Great Britain and that you suppose you need your passport.*
Fräulein	Sicher!
Sie	*Ask if you need a visa too.*
Fräulein	Leider ja. Ohne Visum dürfen Sie nicht nach Ost-Berlin. Aber das können Sie gleich am Kontrollpunkt besorgen. Dort findet auch der

Zwangsumtausch statt.

Sie	*Ask if you have to change money, and how much.*
Fräulein	Ja ja, natürlich. Aber lassen Sie mal alles, was nach Propaganda aussieht, in Ihrem Hotel hier in West-Berlin, ja?
Sie	*Ask how long you can stay in East Berlin.*
Fräulein	Sie müssen spätestens um Mitternacht zurück sein.

2 Herr und Frau Eggers sind mit ihren beiden Töchtern nach West-Berlin umgesiedelt. Dabei mußten sie alles – nicht nur Haus und Arbeit, sondern auch die Freunde – aufgeben.

Frau Eggers	Ja, das sind ganz viele Dinge, die unterschiedlich sind zwischen Ost- und West-Deutschland: angefangen mit der Reisefreiheit, mit der Literaturfreiheit, eigentlich mit der Freizügigkeit in jeder Beziehung. Und unser Leben hat sich also auf allen Gebieten verändert.
Brigitte	War das nun sehr kompliziert, hier nach West-Berlin umzusiedeln?
Frau Eggers	Ja, das ist schon nicht ganz einfach. Man muß also einen Ausreisean- trag stellen, und damit bricht man also alle Brücken hinter sich ab. Man darf in seinem Beruf nicht mehr arbeiten, meistens. Und auch der Freundeskreis, also ein Teil der Freunde zieht sich zurück von einem, weil sie Angst haben, Schwierigkeiten zu bekommen.
Brigitte	Dann sind Sie hier nach West-Berlin gekommen. Was mußten Sie dann hier machen?
Frau Eggers	Ja, wir sind zuerst ins Notaufnahmelager ,,Marienfelde" gegangen, und dort muß man also einen Laufzettel abarbeiten. Man muß also verschiedene Stellen dort anlaufen, zum Beispiel in Berlin sind es auch die Alliierten und der, ja, Bundesnachrichtendienst oder Sicher- heitsdienst, wird man auch befragt. Und man muß also diverse Stel- len . . . Arbeitsamt, Wohnungsamt und so weiter anlaufen, bis man den Personalausweis bekommt.

Here are some more questions you could have put to Frau Eggers. Complete her answers.

- „Kann man in der DDR überall hinfahren, wo man will?"
  „Nein, man hat keine . . ."

- „Sie mußten wohl um die Genehmigung bitten, Ost-Berlin verlassen zu dürfen?"
  „Ja, so etwas nennt sich . . ."

- „Haben Sie in West-Berlin sofort eine Wohnung gefunden?"
  „Nein, zuerst haben wir einige Zeit in einem . . . verbracht."

- „Ich verstehe nicht ganz, was das ist."
  „Das ist ein Dokument, mit dem man zu den verschiedenen Behörden gehen muß. Das ist ein . . ."

die Freizügigkeit   freedom to live and travel where one wants
die Beziehung   respect
der Antrag   application
das Notaufnahmelager   emergency reception centre
der Laufzettel   circular letter of enquiry
der Bundesnachrichtendienst   Federal Intelligence Service
der Sicherheitsdienst   Security Service
das Arbeitsamt   job centre
das Wohnungsamt   housing office

 3 Frau Eggers' Kinder gehen jetzt in West-Berlin zur Schule. Wie sieht der Tag für sie aus?

Frau Eggers Ein Großteil des Tages ist Schule. Aber schon die Schule ist ein großer Unterschied, ne? Unsere große Tochter ist ja im Osten schon zur Schule gegangen und geht jetzt hier zur Schule. Und allein daß

man sich schon die Schule aussuchen kann, auf die das Kind geht, das ist für uns neü, und das ist drüben ganz unmöglich. Und dann, was und wie es gelehrt wird, ist unterschiedlich. Na ja, und da . . . im Osten sind sie . . . ja, sind im Prinzip alle Kinder gezwungen, in die Pionierorganisation der FDJ einzutreten. Ansonsten hat man nicht viele Chancen, überhaupt die Schule oder eine höhere Schule zu besuchen oder zum Studium zu kommen, wenn man das will. Ja, und das, diese Zwänge, die dadurch entstehen, sind natürlich ganz schön hart für die Kinder. Das . . . also jeden Montag ist Fahnen-appell, und da müssen sie also strammstehen und hier Gruß mit der Hand auf dem Kopf . . . ,,Seid bereit, immer bereit!'' und also es ist alles . . . Und in Uniform sind die Kinder dann, also in dieser Pionieruniform. Und, ja, viele Schulungen. Einmal in der Woche ist Pioniernachmittag, der zunächst bei den Kleinen natürlich spielerisch ist, aber dann wird daraus eben auch allmählich eine Politschulung. Und gerade diese ganze Politik oder diese Erziehung dazu durch dringt alles in der Schule. Ja, mit Gewehren, also! Freidenserziehung oder . . . ist es in dem Sinne nicht, sondern sie müssen eben schon von klein an auch üben zu schießen, und gehen also im Kindergartenalter schon zur Armee und zu den Soldaten und gucken sich die lieben Soldaten an. Da bei uns, wir haben sehr nahe an der Grenze gewohnt, sind sie an die Grenze gegangen und haben gesagt: ,,Ja, ja, da drüben wohnen die Bösen, und die wollen euch was tun, und nur die Grenzsoldaten passen auf, daß wir in Ruhe leben können.'' Und das macht einem natürlich das Leben schwer.

All mixed up?
Even though you know exactly what you want to say, it's easy to get your words mixed up – especially in a foreign language! You want to tell someone what Frau Eggers said about children in East Germany. What are you trying to say?

man ● Schule ● kann ● in ● DDR ● aussuchen ● der ● sich ● die ● nicht

müssen • Prinzip • DDR • im • eintreten • in • in • alle • die • der • Kinder • Pionierorganisation

Kinder • auf • die • in • der • klein • der • von • lernen • schießen • müssen • DDR

zwingen   to compel
die Pionierorganisation   Young Pioneers (official children's organisation in East Germany)
die FDJ Freie Deutsche Jugend   official youth organisation in East Germany

*ein/treten   to join
der Zwang   compulsion
*entstehen   to come about
der Fahnenappell   saluting the flag
stammstehen   to stand to attention
die Schulung   training
allmählich   gradual
durch/dringen   to permeate
das Gewehr   rifle, weapon

4 Findet Fraul Eggers gar nichts Positives am DDR-Erziehungssystem?

Frau Eggers Es ist so, daß im Prinzip für jedes Kind, das geboren wird, ein Krippenplatz da ist, daß man also sein Kind in die Kinderkrippe bringen kann. Das heißt aber . . . ja wird so als Gleichberechtigung der Frau dargestellt. Aber im Prinzip wird das Kind eben von Geburt an unter staatliche Obhut genommen, staatlich erzogen, in Gemeinschaft erzogen und weg von der Mutter, daß die Mutter, die Frau eigentlich nur freigesetzt wird für die Arbeit. Und im Prinzip ist die Frau dort doch angewiesen mitzuarbeiten, weil das Geld halt nicht reicht, wenn nur einer arbeitet. Also sehr kinderfeindlich würde ich das Ganze nennen, obwohl sie sich selber das Mäntelchen der Kinderfreundlichkeit umhängen.

Brigitte Könnte man nicht vielleicht sagen, daß diese Einbettung der Frau ins Berufsleben doch zu einer stärkeren Emanzipation der Frau geführt hat in der DDR?

Frau Eggers Äußerlich sicher. Aber daß das auf Kosten der Kinder geht, das wird man erst später sehen, daß also die Kinder entfremdet werden und eben in gar keiner häuslichen Gemeinschaft aufwachsen. Die Aggressivität in dieser Generation, die jetzt fast ausschließlich in Krippen aufgewachsen sind, ist so stark gestiegen, die Kriminalität ist gestiegen. Das ist, glaube ich, auch darauf zurückzuführen, daß die Kinder eben sofort in Gruppen und wenig individuell erzogen werden. Und man kann gar nicht auf die einzelnen Schwächen oder Möglichkeiten eines Kindes hinarbeiten. Das ist nicht möglich in einer solchen Gemeinschaft.

Kinderfreundlich oder kinderfeindlich?

An admirer of the East German system of state nursery education says to you:

- „Für jedes Kind stellt der Staat einen Krippenplatz bereit, damit das Kind für die Mutter keine Belastung ist."
- „Jede Mutter hat bei uns die Chance, zu arbeiten und in ihrem Beruf vorwärts zu kommen."
- „An dem System mit den Kinderkrippen zeigt sich auch, wie kinderfreundlich die DDR ist."
- „Sowieso ist die Erziehung in der Gruppe besser: die Kinder werden nicht so egoistisch."

You want to counter his arguments. What do you say?

Aber ich habe gehört, daß . . .   Ich glaube, daß . . .
Stimmt es nicht, daß . . .

unter/bringen   to accommodate
die Krippe   nursery
die Obhut   care, protection
die Gemeinschaft   community
angewiesen   dependent
die Einbettung   integration
entfremden   to alienate

5 Und dann erzählt Herr Eggers davon, was Jugendliche in der DDR
mit ihrer Freizeit anfangen.

Herr Eggers Es gibt ein relativ großes Angebot an Bibliotheken, die aber jetzt im
Maße eingeschränkt sind, daß es also jetzt nur eine bestimmte Zahl
von Büchern gibt oder nur bestimmte Autoren verlegt werden. Also,
das ist auch schon eingeschränkt. Es wird versucht, jetzt von staatlicher Seite aus zu lenken, daß man also den Kindern Möglichkeiten
schafft, um sie unter gewissen Einfluß zu bekommen.

Brigitte Lesen die Kinder denn viel, oder die Jugendlichen? Hier liest zum
Beispiel fast niemand mehr. Hier gucken sie fern oder Video.

Herr Eggers Ich würde schon sagen, daß relativ viel gelesen wird. Ich kann mir
jetzt kein Urteil drüber erlauben, ob hier mehr oder weniger gelesen
wird, das weiß ich nicht. Aber ein Mittel, was ich eben noch vergessen habe zu erwähnen, seitens der DDR ist, daß ein riesiges Sport-
angebot für die Kinder da ist, daß man also versucht, auch aus ganz
anderen Gründen, aber einmal die Kinder zu beschäftigen mit Sport,

aber natürlich auch eine riesige Selektion damit betreiben kann, um
in der Welt gut dazustehen. Und von klein auf – und das beginnt
wirklich im Kindergarten, daß also da die Talentsuche beginnt, daß
also Kinder rausgesucht werden, die eine Sportart möglichst gut
machen können. Und die werden dann wirklich optimal gefördert und
haben dann spezielle Schulen späterhin auch und haben wirklich
zum Teil acht Stunden Training am Tag und damit natürlich auch
wenig Kindheit. Aber man kann natürlich sagen: ,,Die DDR steht
als Staat mit dem Sport riesig da." Was das für Opfer der einzelnen
Personen fordert, sei dahingestellt.

Was meinen Sie, bitte?

Bestimmte Autoren werden verlegt means:

a certain authors are put on one side.
b certain authors are embarrassed.
c certain authors are published.

Man schafft den Kindern Möglichkeiten, um sie unter gewissen Einfluß zu bekommen means:

They create opportunities for the children in order to:

a get them under the influence for sure.
b have a certain influence on them.
c let them certainly become influential.

Die werden dann wirklich optimal gefördert means:

a they then become real optimists.
b they are really brought on in the best way.
c they will then really make optimal progress.

Was das für Opfer der einzelnen Personen fordert means:

a what offers are made to individual persons.
b what sacrifices this demands of individuals.
c what individuals make sacrifices for.

ein/schränken   to restrict
verlegen   to publish
lenken   to direct, steer
der Einfluß   influence
erwähnen   to mention
fördern   to promote, encourage, help
fordern   to demand
gut da/stehen   to command respect
riesig   enormous
die Opfer   sacrifice
das sei dahingestellt   the question may remain open

 6 Frau Eggers hat viel von den Nachteilen des Lebens in der DDR
gesprochen. Vermißt sie denn nichts?

Brigitte   Das hört sich alles ziemlich negativ an, was Sie da erzählen. Sie sind
ja auch hierher gekommen, und deshalb finden Sie bestimmt vieles
auch negativ und hier positiv. Aber gibt's vielleicht auch etwas
Positives, etwas woran Sie gern zurückdenken und was Sie hier
vielleicht vermissen?

Frau Eggers   Ja, der einzige große Verlust, den wir eigentlich gehabt haben, ist
der Verlust der Freunde, die man ja dort gelassen hat, und im Prinzip
auch der Heimat, auch wenn wir nur vierzehn Kilometer weiter-
gezogen sind. Also die Landschaft und die Kultur ist im Prinzip die
gleiche. Aber der Kontakt zu den Freunden ist nur durch Telefon

möglich. Oder sehen kann man sich nur, da wir nicht einreisen dürfen, nur in der Tschechoslowakei oder eben in einem sozialistischen
Ausland, das wir bereisen dürfen. Und es gibt Freunde, die mußten
erklären, mit uns oder auch mit anderen Leuten aus dem Westen
keinen Kontakt zu haben. Und zu denen ist es absolut unmöglich,
Kontakt zu haben. Wir dürfen sie nicht anrufen. Wir dürfen nicht
schreiben. Sie dürfen nicht schreiben und anrufen. Und wir dürfen
uns auch nicht miteinander treffen.

Brigitte   Ich habe oft gehört, daß die Reisefreiheit für die Leute besonders
wichtig ist, und daß jetzt angenommen, die Leute aus der DDR könnten verreisen überall, wo sie hinwollen – würden dann vielleicht mehr
Leute in der DDR bleiben, die jetzt hier in den Westen wollen?

Frau Eggers   Das glaube ich sicher. Obwohl das ist eine große Entscheidung, weg-
zugehen. Das ist eine Einbahnstraße. Man kann nicht wieder zurückgehen und man gibt ja auch einiges auf. Ich glaube, wenn die
Freizügigkeit größer wäre, würden sehr viele dort bleiben.

Brigitte   Jetzt haben Sie gerade gesagt: ,,Man kann nicht zurückgehen.'' Wie
ist es überhaupt, kann man zum Beispiel, wenn man jetzt hier merkt:
das ist doch nicht so toll, kann man dann wieder einen Einreiseantrag
stellen?

Frau Eggers   Stellen kann man ihn, und Leute mit Kindern werden auch bevorzugt
behandelt. Aber es ist sehr schwierig, wieder einzureisen. Denn wenn
man dort überhaupt erst mal wieder aufgenommen wird, muß man
im Osten für vier bis sechs Monate in ein Lager gehen und wird dort
gecheckt, was ja . . . man muß alles, über alle Beziehungen, die man
im Westen hatte, Auskunft geben. Man muß jeden mit Name und
Adresse angeben, den man kennengelernt hat. Man muß also jeden
anscheißen, auf deutsch gesagt. Und dann ist es sowieso noch fraglich, ob man dann aufgenommen wird. Ich glaube, zwei Drittel werden dann wieder zurückgeschickt, die will die DDR nicht
wiederhaben. Und wenn man dann sowohl hier als auch da geschei-
tert ist, dann ist man also ziemlich übel dran, glaube ich.

You're interviewing Frau Eggers and she gives you the following
answers:

- ,,Ja, vor allem unsere Freunde.''
- ,,Normalerweise nur telefonisch.''
- ,,Ja, wenn man überall hinreisen dürfte, wo man möchte.''
- ,,Es ist möglich, aber auch sehr schwierig.''
- ,,Nur ein Drittel.''

What questions did you ask her?

der Nachteil   disadvantage
der Verlust   loss
die Entscheidung   decision
bevorzugen   to give preference
die Beziehung   connection

Berlin (Ost)

Sie nehmen am besten die S-Bahn vom Bahnhof Zoo, steigen am Bahnhof Friedrichstraße aus, und sind da: in Ost-Berlin. Ein anderer Planet? Eher die andere Seite einer steingewordenen Schizophrenie. Beide Teile der Stadt leben in Rivalität, jeder will Schaufenster für das eigene System sein. Das drückt sich im Osten insbesondere in monumentaler Architektur aus. Gehen Sie ,,Unter den Linden" entlang, und Sie stoßen auf den ,,Palast der Republik", einen Marmorklotz, der im Ostberliner Volksmund nur ,,Palazzo Prozzi" heißt, von ,,protzen" – ,,angeben".

Sie gehen weiter und werden von einigen Leuten angesprochen, die Ostmark gegen Westmark zum ,,Sonderkurs" tauschen wollen. Schließlich kommen Sie zum Alexanderplatz. Eine gigantische Leere in Stein und Beton. In der Mitte das Kaufhaus ,,Centrum" und der riesige Fernsehturm. Vor einigen Jahren versammelten sich hier tausende von Jugendlichen spontan zu einem improvisierten Rockkonzert. Die Volkspolizei griff ein, und es soll mehrere Tote gegeben haben.

Wenn in West-Berlin Jugendliche, die keine Aussicht auf einen Job haben und für sich keine Zukunft sehen, ,,No future" an die Wände schreiben, dann wäre das Pendant in Ost-Berlin ,,No fun". Es gibt natürlich die offiziellen Kulturstätten wie Bertolt Brechts ,,Berliner Ensemble" oder das ,,Deutsche Theater" oder die ,,Deutsche Staatsoper". Aber es gibt eigentlich kein richtiges öffentliches Leben.

Man zieht sich zwangsläufig in seine eigenen vier Wände oder, noch weiter, ins eigene Ich zurück. Auf dem Alexanderplatz trifft man Ost-Punks, von denen man viele als ,,Privat-Anarchisten" bezeichnen könnte. Punk ist also nicht einfach ein West-Import, sondern Ausdruck der eigenen Frustration und insofern ,,hausgemacht".

Viele hören regelmäßig die John-Peel-Show von der BBC oder schalten das West-Fernsehen ein, obwohl das auch nur ein Ersatz-Vergnügen ist. Ost-Berlin – ein anderer Planet sicher nicht. Aber anders schon.

AUF EIN WORT!

The part of the verb that ends in -ing in English is the present participle.

I enjoyed **going** to Berlin.
Looking over the wall, I realised what it meant to the people of Berlin.

It exists in German, too, and it's easy to form. Just add -d to the infinitive.

erschrecken – *to frighten*
erschreckend – *frightening*

Compared with English, though, you don't use it very often, and then usually as an adjective:

ein erschreck**endes** Verbrechen
a shocking crime

In most cases where we would use a present participle in English, German gets the meaning over differently. Here are some ways of doing it:

1 By using *und*:

Wir wohnten ganz nahe an der Grenze **und** sahen oft die Grenz-soldaten.
Living quite near the frontier, we often saw the frontier police.

2 By using the infinitive itself:

Es macht einem das Leben schwer, nicht reisen **zu dürfen**.
Not being able to travel makes life difficult.
Es ist verboten, ostdeutsches Geld nach West-Berlin **zurückzu-bringen**.
Bringing East German currency back to West Berlin is forbidden.

3 By using a relative pronoun:

Jeder, **der** die Grenze **überquert**, muß einen Berechtigungsschein haben.
Everyone *crossing* the frontier must have a permit.

4 By using an appropriate conjunction:

Wenn ich am Montag zum Büro für Besuch und Reiseangelegen-heiten **gehe**, bekomme ich meinen Mehrfachberechtigungsschein am Mittwoch.
By going to the office for Travel Affairs on Monday, I get my multiple authorisation permit on Wednesday.

Da ich Lust **hatte**, nach Dresden zu fahren . . .
Having a desire to go to Dresden . . .

Nachdem ich meinen Stempel **abgeholt hatte**, konnte ich sofort an die Grenze fahren.
Having had my card stamped, I could go right away to the frontier.

Sobald wir nach West-Berlin **umgesiedelt waren**, konnten wir für unsere Tochter eine Schule aussuchen.
Having moved to West Berlin, we were able to select a school for our daughter.

VORSICHT!

A *Mehrfachberechtigungsschein* is a *Schein* (certificate) giving you an authorisation (*Berechtigung – das Recht* is a 'right') or rather several (*mehrfach*) – or a permit to cross the frontier several times. *Mehr-fach* resembles mani-fold. One-fold would be *ein-fach* – simple, ie not complicated. (It also means simpleminded.)

War das nicht sehr **kompliziert**, hier nach West-Berlin umzusiedeln? Ja, das ist schon nicht ganz **einfach**.

*Wasn't it very **complicated** to move to West Berlin? Yes, it wasn't entirely **easy**.*

The opposite of *einfach* is either *kompliziert* (complicated) or *schwierig* (difficult).

Das ist ein **schwieriges** Problem.
*That's a **difficult** problem.*

Another word for *einfach* in the sense of not difficult is *leicht* (easy).

Das kann ich dir **leicht** erklären.
*I can **easily** explain that to you.*

Leicht also means light in weight. The opposite is *schwer* (heavy) which also has the meaning of burdensome.

Das macht einem natürlich das Leben **schwer**.
*That naturally makes life **difficult** for people.*

Hart implies hard to the touch, and by extension, cruel.

Diese Zwänge sind natürlich ganz **hart** für die Kinder.
*Naturally these constraints are **hard** for the children.*

ÜBUNG MACHT DEN MEISTER

If you claim to work in the East Indiar Office you probably don't have a glottal stop. If you're the kind of person who refers to a multiplicity of minuscule glass containers as 'a lo' o' li'l bo'ls', then 'glo'll plosives' will cause you no difficulty. What are they? They're the tiny pauses you hear before words that start with a vowel. They're essential in German.

Wir beantragen never sounds like *wir berantragen*.

Some people think the glottal stop makes German sound aggressive.

Da habe ich auch gearbeitet.
Da habe – glottal stop – *ich* – glottal stop – *auch* – glottal stop – *ge* – glottal stop – *arbeitet*

What do you think?

Remember that one German word is often made up of two or more. *Abarbeiten* is *ab + arbeiten*. *Arbeiten* starts with a vowel. Therefore *ab* – glottal stop – *arbeiten*.

Ein Wochenende an der Ostsee.
Eine Schule aussuchen? Hier im Osten?
Was auch immer ich möchte, ist unter staatlicher Obhut. Sechs Monate in einem Lager? Ich erlaube mir kein Urteil. Von staatlicher Seite aus, glaube ich auch.

RELATIVE PRONOUNS

Saying which one:

You'll remember that you use *welch+* to ask 'which one?'

welcher (Mann)?	welche (Frau)?	welches (Kind)?	welche (Leute)?
which (man)?	which (woman)?	which (child)?	which (people)?

and the answer might well be:

dieser (Mann)	diese (Frau)	dieses (Kind)	diese (Leute)

You might, though, want to include more information in your answer.

Welche Kinder werden ausgesucht?
Kinder, die eine Sportart möglichst gut machen können, werden ausgesucht.
Which children are picked out?
***Children who** are the best at a particular sport are picked out.*

die is the 'relative pronoun', and is used when you want to say 'who', 'which' or 'that'. It relates to something or someone mentioned earlier in the sentence:

Kinder, **die** . . .
*Children **who** . . .*

Its forms are:

	Masculine	Feminine	Neuter	Plural
Nominative	der	die	das	die
Accusative	den	die	das	die
Genitive	dessen	deren	dessen	deren
Dative	dem	der	dem	denen

Apart from *dessen* and *deren*, it's the same as the definite article.

Einmal in der Woche ist **Pioniernachmittag, der** zunächst bei den Kleinen spielerisch ist.
*Once a week is '**Pioneer afternoon**', **which** at first, for the little ones, is play.*

In *Kinder, die eine Sportart machen können* . . . the relative pronoun is *die*, because *Kinder* is plural.

In *einmal in der Woche ist Pioniernachmittag, der* . . . the relative pronoun is *der*, because *Nachmittag* is masculine and singular.

The case though may be different.

Der einzige Verlust, den wir gehabt haben, ist der Verlust unserer Freunde.
*The only **loss that** we've suffered, is the loss of our friends.*

The relative pronoun is masculine and singular, because *Verlust* is masculine and singular, but it's accusative, because it's the direct* object of *wir haben . . . gehabt.*

In English, we often leave out the relative pronoun.

The nursery-place (which) our child had . . .

You can't do this in German. You must use a relative pronoun.

Der Krippenplatz, den unser Kind hatte . . .

When you use the relative pronoun, any preposition must go before it.

Man kann **die Schule** aussuchen, **auf die** das Kind geht.
*You can select **the school to which** the child goes.*
(Or . . . *the school which the child goes to*, or *the school that the child goes to*, or *the school the child goes to* . . .)

It's also the preposition which governs the case of the relative pronoun.

Ein Treffen in den sozialistischen **Ländern, in die** wir einreisen dürfen.
*Meeting in socialist **countries, into which** we are allowed to go.*
Die Freunde, mit denen wir Kontakt haben . . .
*The friends **with whom** we're in contact.*

If the relative pronoun means whose, then it's automatically genitive case.

Die Dame, deren Freunde in Ost-Berlin bleiben . . .
*The lady **whose friends** remain in East Berlin . . .*

This is so, even if there's a preposition in front of the relative pronoun.

Die Dame, mit deren Freunden wir in Berlin gesprochen haben . . .
*The lady **with whose friends** we talked (or the lady **whose friends** we talked with . . .)*

Mit still takes the dative case here, as always – it's *Freunden*, clearly the dative plural.

After a relative pronoun the verb goes to the end of the clause.

Die Zwänge, **die** dadurch **entstehen** . . .
*The constraints **which come about** because of this . . .*

JETZT SIND SIE DRAN!

In each sentence the relative pronoun is missing:
Für jedes Kind, . . . geboren wird, ist ein Krippenplatz da. Die Aggressivität dieser Jugendlichen, . . . fast ausschließlich in Krippen aufgewachsen sind, nimmt zu.
Es gibt ein relativ gutes Angebot an Bibliotheken, . . . aber jetzt eingeschränkt sind.
Man muß jeden mit Name und Adresse angeben, . . . man kennengelernt hat.

ZU GUTER LETZT!

Our five Berlin friends are all looking for something.

Use all the syllables on the Wall to build up the words that describe what they all need.

Now you've heard from both sides of the Wall, what does the future hold for Berlin?

„ICH HAB' NOCH EINEN KOFFER IN BERLIN ..."

SAYING WHAT YOU HAD DONE
●
SAYING WHAT YOU WOULD DO AND
●
WHAT YOU WOULD HAVE DONE, IF ...

„Ich hab' noch einen Koffer in Berlin!" So runs a popular song – implying that you're so fond of the place that you keep a suitcase full of belongings there. A lot of people do, fond or not.

Berlin is a weird kind of metropolis – more a cosmopolis – a home for all kinds of strangers. For a start, there are those who've come from West Germany – amongst them, those young men who prefer not to do National Service, for in Berlin there is none, and who've had to cross East Germany to reach what used to be their own capital city. And then there are the British, Americans and Japanese who come to see the sights, and perhaps more.

There are also those foreigners who wear uniform. More than forty years after the Second World War finished, American, French and British troops still stand guard in West Berlin. And so, oddly enough, do Russians. The same logic that split Berlin down the middle ensured that the Russian War Memorial, of all things, was left in West Berlin. So Russian soldiers high-step there, daily guarding the dead bodies of their comrades.

And then there are the Turks. There are more of them living in Berlin than almost any town in Turkey. In the days of the *Wirtschaftswunder*, the 'economic miracle' that hoisted Germany to the top of the economic league, *Gastarbeiter* from poorer countries – Turkey, Yugoslavia, Italy – flocked in to do those jobs that Germans were unable, or unwilling, to do. Now that unemployment has started to bite, some find themselves less welcome. But their homes are now here. Their children speak German and go to German schools. Home is Kreuzberg, not Constantinople.

So tourists, having gawped their fill at Russian soldiers marching in West Berlin – which is known to be in the middle of East Germany, may enjoy a meal in one of the many foreign restaurants. What do they eat? Well, it might be pork from pigs raised in East Germany, fed on kitchen waste sent from West Berlin. Is it any surprise that after a couple of glasses of *Berliner Weiße* (which, incidentally, can be either *eine Berliner Weiße – rot*, or *eine Berliner Weiße – grün*) you may find yourself asking, 'Is this city an example of international peaceful co-existence and mutual tolerance – or is it some kind of sophisticated madhouse?'

1 Mit so vielen Grenzen und Barrieren, politischen, kulturellen und sprachlichen Barrieren – wie funktioniert das im täglichen Leben? Angelikas Sohn besucht eine Schule, wo es mehr türkische Kinder gibt also deutsche.

Matthias Du hast einen dreizehnjährigen Sohn, und ihr wohnt hier in einer Gegend, wo es sehr viele Ausländer gibt. Was gibt's hier für Probleme, die jeden Tag auftauchen?

Angelika Ja, ich glaube, es ist hauptsächlich die . . . es sind hauptsächlich die Probleme in der Schule. Mein Sohn geht in eine Schule, in der 65 Prozent türkische Kinder sind – im ganzen 75 Prozent ausländische Kinder – und es ist eine sehr große Schule. Diese Grundschulen in Kreuzberg sind immer sehr groß. Und als die türkischen Kinder in diese Schule kamen, waren erst die deutschen Kinder die stärkeren und haben die türkischen Kinder immer verhauen und gehänselt, und jetzt ist es umgekehrt: die türkischen Kinder sind in der Mehrheit und rächen sich an den deutschen Kindern auf diese Weise. Und mein Sohn ist eben erst vor einem Jahr in diese Schule gekommen und konnte also das überhaupt erst gar nicht bewältigen, das Problem. Und jetzt hat er einen guten Trick herausgefunden: weil sein Vater Tscheche ist, stellt er sich in die Mitte und sagt: ,,Ich bin nicht Türke, ich bin nicht Deutscher, ich bin Tscheche.'' Und so bleibt er also ungeschoren. Aber das Klima an all diesen Schulen in diesem Viertel ist sehr aggressiv.

Matthias Das heißt, daß ihr keine engen persönlichen Beziehungen zu Ausländern habt hier, oder wie sieht das aus?

Angelika Doch, zu Ausländern haben wir Kontakt. Es ist aber . . . Ich habe versucht, Kontakte zu türkischen Familien besonders zu finden, also gerade über die Schule. Ich habe Kindern angeboten, ihnen Nachhilfeunterricht zu geben, weil die in der Schule sehr schlecht waren. War auch umsonst. Und bin aber in diese, diesen Familien nicht . . . also ich meine, ich wurde eingeladen. Die Eltern haben sich mit mir unterhalten und haben dann zum Schluß immer erklärt: ,,Mein Kind braucht das nicht, wir gehen sowieso in die Türkei zurück'', und für so was bestand kein Interesse. Also ich finde das sehr schwer, eben Kontakte zu türkischen Familien zu finden.

Matthias Und findest du, daß es wichtig ist, immer wieder zu probieren?

Angelika Ja, würde ich sehr gern. Ich meine, ich habe mir auch überlegt, ob ich Türkisch hier lernen soll. Ne? Wenn ich hier auf den Markt gehe, auf den Gemüsemarkt, und ich verstehe nur noch die Hälfte, oder in der U-Bahn verstehe ich auch gar nichts mehr, ne, dann . . . ist es eigentlich ziemlich naheliegend, daß ich also diese Sprache jedenfalls ein bißchen verstehe.

Matthias Hat dein Sohn denn auch türkische Freunde?

Angelika Er hat einen türkischen Freund, ja, einen sehr sanften Jungen. Aber . . . was zum Beispiel interessant ist an dieser Schule: die deutschen Kinder, die also mit sechs Jahren in diese Schule gekommen sind und auch schon mit türkischen Kindern auf dem Spielplatz vorher gespielt haben, die können also Türkisch. Die deutschen Kinder, ne? Die haben das einfach aufgeschnappt, wie sie klein waren, und . . .

also auf jeden Fall können sie die türkischen Kinder verstehen.

You're telling a German friend about Angelika's problems. Which of these sentences would you use?

Deutsche Kinder sind in der Minderheit.

Früher haben die deutschen Kinder die türkischen verprügelt.

Jetzt unterstützen die deutschen Kinder die türkischen.

Angelika möchte gern Kontakt mit den Türken haben, weil sie weiß, daß sie eines Tages in die Türkei zurückkehren möchten.

Angelika möchte auch Türkisch lernen, weil viele der Händler, mit denen sie zu tun hat, Türkisch sprechen.

Angelika will auch mal in die Türkei fahren.

Auch deutsche Kinder finden es schwierig, mit den kleinen Türken in Kontakt zu kommen.

*auf/tauchen   to crop up
verhauen   to beat up
hänseln   to tease
sich rächen   to take revenge
bewältigen   to deal with, to overcome
ungeschoren   unmolested, in peace
die Beziehung   contact, relation
die Nachhilfeunterricht   private coaching

 2   Wenn nur ... Wenn es in Berlin weniger Türken geben würde ...
Wenn Deutschland den Krieg nicht verloren hätte ... Wenn die Mauer nicht wäre ... Wenn ich mehr Geld hätte ... Wir spielen alle gerne mit solchen Vermutungen. Brigitte spricht jetzt mit Roswitha, Krankenschwester von Beruf, die mit dreiundzwanzig Jahren das Studium abgebrochen hat, um zu heiraten.

Brigitte   Was hättest du denn anders gemacht, wenn du nicht so früh Kinder gekriegt hättest?
Roswitha   Ich hätte garantiert versucht zu arbeiten. Ich habe schon, wie das erste Kind noch nicht unterwegs war, mir überlegt, was ich arbeiten könnte, hatte auch schon was versucht und dann aber das sofort wieder aufgegeben, als das Kind unterwegs war. Und dann kam ich allerdings überhaupt nicht mehr auf die Idee, daß ich noch hätte arbeiten können, denn dann war genug zu tun mit den Kindern. Ich hätte aber sicher auch noch mehr Menschen kennenlernen wollen und rumreisen und andere Studien ausprobieren ...
Brigitte   Und was machst du jetzt?
Roswitha   Jetzt mache ich Atemtherapie – ein freier Beruf, wo ich selbst eine Praxis habe, wo ich mir meine Zeit einteilen kann, wo ich auch genug verdiene ...

Brigitte	Du hast ja vor etlichen Jahren nicht nur diesen neuen Beruf gelernt, sondern du bist auch umgezogen von Düsseldorf nach Berlin. Was hätte sich denn jetzt in Düsseldorf anders abgespielt? Du hättest die Ausbildung vielleicht in Düsseldorf gemacht. Was wäre da anders gewesen?
Roswitha	Ich hätte bestimmt die „High Society" erreicht und entsprechend mehr Geld verdient, als es hier in Berlin geht, und hätte es bestimmt schon zu einem wunderbaren Haus in Büderich gebracht, vielleicht auch in medizinischen Kreisen etwas mehr erreichen können, als es hier jetzt in Berlin der Fall ist.
Brigitte	Du hast da doch so ein ganz anderes Projekt in Italien, für das du ziemlich viel Geld brauchst. Jetzt interessiert mich: wenn du viel Geld hättest, was würdest du dann machen?
Roswitha	Ich hätte endlich nicht mehr das Problem, mir Gedanken darüber zu machen: wird das Haus nun gebaut, und wie schnell, und ob überhaupt! Ich würde sofort einer Firma einen Auftrag geben, daß sie mit dem Projekt anfangen könnten. Auch die Erlaubnis, die eigentlich erst noch gegeben werden muß, so wie das Projekt aussehen sollte, daß es auch so gebaut werden kann, das alles würde schneller gehen. Und ich könnte vielleicht nächstes Jahr dann schon nach Italien ziehen, die Sprache besser lernen, also einen Kursus belegen und in Perugia schon etwas studieren. Ich könnte also meinen inneren Entschluß schneller wahrmachen.
Brigitte	Würdest du denn dann ganz nach Italien ziehen?
Roswitha	Eigentlich möchte ich gerne ganz nach Italien ziehen. Aber ob es mir gelingt, das weiß ich noch nicht.
Brigitte	Und aus welchen Gründen würdest du denn gern nach Italien . . .?
Roswitha	Ich hätte einfach Lust, eine andere Kultur kennenzulernen. Ich möchte auch die Kultur verlassen, in der ich jetzt lebe. Es reizt mich die Gegend, speziell, in der mein Grundstück liegt. Es sollte außerdem der Absprung sein, um später nach Ägypten zu ziehen.

If . . .

You're talking to an English friend about Roswitha. How do you answer your friend's questions?

- What would she have done if she hadn't had children so soon?
- How would things have been different if she hadn't left Düsseldorf for Berlin?
- Where would Roswitha go if she had the money?
- What would she do there?

die Vermutung   supposition
die Atemtherapie   breathing therapy
der Auftrag   commission, job
der Absprung   (here) springboard

HOW TO TALK ABOUT WHAT HAPPENS IF . . .

(Or what would happen, or what would have happened if . . .)

Wenn

ich (die) Zeit habe, es nicht regnet, es schön ist,	besuche ich	heute morgen dann	die Gedächtniskirche den Zoo die Ausstellung den Tiergarten Charlottenburg den Reichstag	
	werde ich		die Mauer	besuchen

Wenn

ich das Geld (die) Zeit die Gelegenheit	hätte,	würde ich könnte ich	nach	Ost-Berlin Potsdam	fahren
			in zur	die DDR Waldbühne	
es möglich	wäre,		ins	Theater	gehen
das Wetter schön					
			einige	Souvenirs	kaufen
ich nicht nach England zurück (fahren)	müßte,				

Wenn

ich genug Geld (die) Zeit die Gelegenheit	gehabt hätte, hätte ich	gestern gerne auch	Ost-Berlin den Grunewald das Olympia-stadion	besucht
ich nicht krank das Wetter schön	gewesen wäre, wäre ich		nach Ost-Berlin zum Grunewald	gefahren
ich nicht nach England hätte fahren müssen.	wäre ich länger		in Berlin hier	geblieben

JETZT SIND SIE DRAN!

Pläne für heute

It's the last of your three days in Berlin. You're discussing your plans for today.

Freund	Was machst du denn heute an deinem letzten Tag in Berlin?
Sie	*Say that if it's fine, you're going to the zoo today.*
Freund	Wolltest du nicht den Reichstag sehen?
Sie	*Say that if you've got time you're going to visit the Reichstag as well.*
Freund	Schade, daß du so wenig Zeit hast hier in Berlin!
Sie	*Say that if it were possible, you'd go to East Berlin as well.*
Freund	Möglich wäre es schon, aber an einem Tag kannst du natürlich nicht alles machen! Du müßtest wenigstens einen ganzen Tag in Ost-Berlin verbringen.
Sie	*Say that if you'd had the time, you would have liked to go to the Grünewald as well.*
Freund	Du wärst sicherlich gerne noch länger in Berlin geblieben!
Sie	*Say yes, if you hadn't had to go back to Britain.*

3 Noch vor einigen Jahren war es schwieriger, von West-Berlin nach Ost-Berlin zu reisen als nach Italien. Inzwischen ist es etwas leichter geworden, vorausgesetzt, daß man den richtigen Grenzübergang benutzt!

Brigitte	Du wohnst hier in der Nähe von einem Grenzübergang von West-Berlin nach Ost-Berlin. Was für ein Übergang ist das?
Herr Krämer	Da ist die Oberbaumbrücke. Die Oberbaumbrücke ist ein Grenzübergang für DDR-Bürger. Das sind alle. Durch alle Grenzübergänge können immer DDR-Bürger. Und das ist ein Grenzübergang für West-Berliner nach Ost-Berlin oder in die DDR. Dann gibt es Grenzübergänge für West-Deutsche nach Ost-Berlin und dann gibt es Grenzübergänge für die übrigen Ausländer, wie das dann heißt. Das heißt, die DDR teilt die Welt also ein, im Grunde genommen, in vier Bevölkerungsgruppen. Da gibt es die DDR-Bürger, dann gibt es die West-Berliner, die West-Deutschen – und die übrigen Ausländer. Und jede von diesen Gruppen hat ihren eigenen Grenzübergang.

- Why do you have to be careful when choosing your checkpoint into East Berlin?

die Bevölkerung   population

 4 Wird es in Berlin immer Grenzübergänge und Kontrollpunkte geben?

Ist die Stadt auf immer geteilt? Eine Frage an Herrn Schumm vom Checkpoint Charlie:

Matthias Wie sehen Sie denn persönlich die politische Zukunft Berlins?

Herr Schumm Ich nehme an, daß sich in den nächsten Jahren am derzeitigen Status, an der derzeitigen Situation, kaum etwas verändern wird. Es wird seitens der DDR-Bürger weiterhin den Wunsch nach Ausreise geben. Und solange die DDR auf dieser Mauer, auf diesen geschlossenen Grenzen beharrt, wird es auch weiterhin Fluchtversuche geben. Schön wäre es, wenn die DDR wirklich einmal bereit sein sollte, die Mauer ein wenig zu öffnen, daß DDR-Bürger Besuche in West-Deutschland, im westlichen Ausland machen können. Und solch ein Weg würde sicherlich viel Druck vom Ausreisebestreben der DDR-Bürger nehmen. Und wir sprechen auch immer wieder mit ehemaligen DDR-Bürgern, die Ausreiseanträge gestellt haben, die hierübergekommen sind und die zum überwiegenden Teil sagen: „Wenn wir die Möglichkeit zum Reisen gehabt hätten, wären wir sicherlich drüben geblieben." Und hier sehe ich eigentlich für die deutsch-deutsche Frage eine große Chance. Nur sind dies Punkte, die vom Westen unterstützt werden können, jedoch nicht beeinflußt werden können.

Matthias Halten Sie es denn für möglich, daß eines Tages die Mauer völlig verschwindet?

Herr Schumm Natürlich halten wir das für möglich. Und im Grunde genommen versuchen wir unsere Aufgabe auch so zu sehen, mit unserer Arbeit zur Überwindung der Mauer beizutragen. Erst einmal zur Überwindung, später vielleicht zum Abbau. Und . . . ein Verschwinden der Mauer würde ich allerdings nur sehen in einer Annäherung beider Systeme. Das zeigt sich derzeit sicherlich nicht. Deshalb sollten wir eben in der gegenwärtigen Situation daran denken, die Mauer zu überwinden, durch Besuche, durch Kontakte, und indem wir halt immer wieder davon sprechen, DDR-Bürgern den Wunsch nach Reisen ins westliche Ausland zu ermöglichen.

On the plane from Berlin, you talk to a German travelling companion about the future of Berlin – but your words are muddled. What is it you want to say?

- Was wird geschehen, wenn die DDR ihren Einwohnern weiter verbietet, in den Westen zu reisen?

  werden fliehen viele dann weiterhin zu versuchen.

- Und wenn die Einwohner der DDR im Westen reisen dürften?

  würden dann zurückkommen sie.

- Und wenn Ost und West mehr Kontakte hätten?

  würde Mauer verschwinden die vielleicht

- Wie sehen Sie denn persönlich die politische Zukunft Berlins, wenn die Mauer nicht verschwindet?

  Grenzübergänge auf wird dann immer diese es geben.

die Zukunft   future
beharren auf   to insist on
der Druck   pressure
das Streben   striving
beeinflussen   to influence
die Überwindung   victory, conquest
bei/tragen   to contribute to
die Annäherung   rapprochement

ETWAS ZUM ZUHÖREN!

West-Berlin ist ein seltsames Gebilde. Da gibt es viele wunderliche Reglungen. Woher kommt das alles? Hören sie, was Herr Krämer, dazu zu sagen hat.

'Ende gut, alles Gut'

It's strange how a proverb can contrive to state a truth which is profound, yet incomplete. '*Morgenstund hat Gold im Mund*! we're told, as at 6 a.m. we contemplate, bleary-eyed, the icy fog through a chink in the bedroom curtains. '*Aller Anfang ist schwer*' is meant to console you by stressing that you must expect the start of any new project – for example learning German – to be difficult. What it doesn't mention is that not only is the beginning not easy, but that as you go on it may actually get harder. Realising this truth, you may be inclined to muse '*Erst wägen, dann wagen . . .*' (Look before you leap). It's at this stage someone will try to urge you on with '*Frisch gewagtist halb gewonnen!*' (A good start is half the battle). Mark Twain knew better. Concluding that it was actually impossible to read a German book unless you stood on your head, he gave it up as a bad job.

'There are ten parts of speech, and they are all troublesome. An average sentence in a German newspaper is a sublime and impressive curiosity; it occupies a quarter of a column: it contains all the ten parts of speech – not in regular order, but mixed; it is built mainly of compound words constructed by the writer on the spot, and not to be found in any dictionary – six or seven words compacted into one without joint or seam – that is without hyphens; it treats fourteen or fifteen different subjects, each enclosed in a parenthesis of its own, with here and there extra parentheses which re-enclose three or four of the minor parentheses, making pens within pens; finally, all the parentheses and re-parentheses are massed together between a couple of king-parentheses, one of which is placed in the first line of the majestic sentence and the other in the middle of the last line of it – after which comes the VERB, and you find out for the first time what the man has been talking about, and after the verb – merely by way of ornament, as far as I can make out – the writer shovels in '*haben sind gewesen gehabt haben geworden sein*', or words to that effect, and the monument is finished. I suppose that this closing hurrah is in the nature of the flourish to a man's signature – not necessary, but pretty. German books are easy enough to read when you hold them before the looking-glass or stand on your head – so as to reverse the construction – but I think that to learn to read and understand a German newspaper is a thing which must always remain an impossibility to a foreigner.'

IT STILL DOESN'T MAKE THE VERB COME ANY EARLIER.

AUF EIN WORT!

Have you noticed how Germans pepper their speech with little particles?

Du hast **ja doch** so ein ganz anderes Projekt in Italien.

Not only do they make your German sound terribly authentic, but they're also useful. Some of them give a little space for thought:

Was würdest du **denn** machen?
*What would you do **then**?*

Na, dann hätte ich nicht mehr das Problem.
***Well,** then I wouldn't have the problem anymore.*

Und so bleibt er **also** ungeschoren.
*And **so** he remains . . . unmolested.*

Eigentlich möchte ich ganz gerne nach Italien ziehen.
***Actually,** I'd rather like to go to Italy.*

Others do add a useful shade of meaning:

Nicht wahr? (literally 'not true?') is often curtailed to *nicht?* or even *ne?*

Ich habe mir oft überlegt, ob ich Türkisch lernen soll, **ne?**
*I've often wondered whether I should learn Turkish, **you know.***

Depending on the context, *nicht wahr* can mean 'Haven't you?' 'Isn't it?' Don't we?', much like the French *n'est-ce pas*? It seems to imply 'you do understand, don't you?'

Denn usually means 'for':

Ich will Türkisch lernen, **denn** ich will mit türkischen Familien Kontakt haben.
*I want to learn Turkish, **for** I want to come into contact with Turkish families.*

But it can also mean 'then':

Hat dein Sohn **denn** türkische Freunde?
*Has your son got Turkish friends **then**?*

Don't confuse this with *dann* meaning 'then' in time:

Dann kam ich nicht mehr auf die Idee, **denn dann** war genug zu tun mit den Kindern.
***Then** I didn't think about it anymore, **for then** I had enough to do with the children.*

Ja (literally 'yes') is used for emphasis:

Das ist **ja** furchtbar!
*But that's **terrible**!*

Doch is used in various ways:

1 meaning 'on the contrary, yes . . .'

Das heißt, daß ihr keine engen Beziehungen zu Ausländern habt hier?

Doch!

That means you have no close personal contact with foreigners here?
On the contrary, yes, we have ...

2 For emphasis

Komm **doch**!
Do come!

Da hast du **doch** so ein ganz anderes Projekt in Italien.
After all, you do have quite a different project in Italy.

Halt is usually used for emphasis:

... und indem wir **halt** immer wieder davon sprechen ...
... and by just simply talking about it all the time ...

Schon usually means already, as soon as that:

Ich könnte vielleicht nächstes Jahr dann **schon** nach Italien ziehen.
Perhaps then I could move to Italy as soon as next year.
('Already next year.')

Schon also implies definitely:

Ich werde **schon** nach Italien gehen.
I'll definitely go to Italy.

Mal, too, has various meanings:

1 Sag **mal** ...
 Hey! Tell me ...
2 Wenn du **mal** nach Berlin kommst? ...
 If ever you come to Berlin ...
3 Immer **mal** wieder ...
 Every so often ...

VORSICHT!

You're having a drink in a *Kneipe* with a group of English-speaking friends, who are all wanting to try out the 'false friends' they've learned in the **Vorsicht!** sections of this book.

'Kneipe'?
Was meint das?

Eine große Nummer
von Touristen kommt
jedes Jahr zum
Schwarzwald.

Wieviel Rente
bezahlen Sie für Ihre
Ferienwohnung?

Gibst du mir
ein Kissen?

Ich spreche Deutsch, aber
ich brauche mehr Praxis.

Morgen vermiete ich
ein Auto!

Schade, daß man am Kurfürstendamm so viele Streich-
mädchen sieht.

Dann gehe ich mit dem Bus
zum Zoo.

In zwei Uhren
sind wir in Berlin.

Kannst du mein
Bier auf den Tisch
putzen?

Das schmeckt kostbar!

Hundert Mark, so viel Geld
habe ich nicht. Es ist zu
köstlich.

Tell your friends where they're going wrong – and why!

ÜBUNG MACHT DEN MEISTER

Here comes Smartt (Alec) again! He knows German now – but he
does insist on pronouncing some words wrongly . . .

,,Noolish habe ich eine Riese um die Feld gemacht. Ich ziege dir
miene Fotos . . . Seih mal! Das ist eine Damme, die ich auf dem Schief
kennengelernt habe. Iegentlich wollte ich ein Glaß Wien mit ihr trinken. Sie war schön im Bett . . . Dann für ich nak Bölin. Heir ist der
Riechstag . . . Und das sind die Zolldatten an der Mauer . . .''

What should he have said?

THE PLUPERFECT

You use this tense to say what you had done.

To form the Perfect tense, you use the Present tense of *haben* or *sein*, plus the past participle. (See page 104):

Früher **haben** die deutschen Kinder die türkischen **gehänselt**.
Earlier the German children made fun of the Turkish ones.

Mein Sohn **ist** vor einem Jahr in diese Schule **gekommen**.
My son came to this school a year ago.

To form the Pluperfect, you use the Imperfect tense of *haben* or *sein* with the past participle.:

Früher **hatten** die deutschen Kinder die türkischen **gehänselt**.
Earlier the German children had made fun of the Turkish ones.
Mein Sohn **war** vor einem Jahr in diese Schule **gekommen**.
My son had come to this school a year ago.

JETZT SIND SIE DRAN!

T. E. Dious and Bo Ring strike again. Back in England, you're telling friends about the priceless pair, and how they would insist on recounting to everyone what they had been doing.

Gestern haben wir die
Mauer gesehen!

Dann sind wir zum
Reichstag gegangen!

Da haben wir im
Restaurant gegessen!

Am Nachmittag haben wir uns
im Zoo die Tiere angeguckt!

In fact, you'd done it all already. What do you say?
Ich hatte die Mauer schon letzte Woche gesehen!

THE CONDITIONAL

You use this tense to say what you would do, if . . .

If you say 'I would go to Germany if I had the money', you are setting a condition for going to Germany:
Würdest du denn dann ganz nach Italien **ziehen**?

*So **would you move** to Italy for good then?*

Ich würde . . . ziehen
du würdest . . . ziehen
er, sie, es würde . . . ziehen
wir würden . . . ziehen
ihr würdet . . . ziehen
Sie würden . . . ziehen
sie würden . . . ziehen

Some verbs have a short form of the Conditional. Instead of saying *ich würde . . . haben*, you can say *ich hätte*:

Dann **hätte ich** viel Geld.
*Then **I would have** a lot of money*

Don't confuse this with:

Dann **hatte ich** viel Geld.
*Then **I had** a lot of money.*

Those two little dots on *hätte* make all the difference!

Other short forms:

ich wäre (ich würde . . . sein) *I would be*
ich könnte (ich würde . . . können) *I could, would be able to*
ich müßte (ich würde . . . müssen) *I would have to*

Es wäre schön, wenn die DDR bereit sein sollte, die Mauer ein wenig zu öffnen.
__It would be__ nice if East Germany were ready to open up the Wall a bit.

Ich könnte vielleicht nächstes Jahr dann schon nach Italien **ziehen**.
*Perhaps then **I could move** to Italy as early as next year.*

Was **müßtest du** dann machen?
*What **would you** have to do then?*

In the Conditional, *sollen, dürfen* and *mögen* are used only in the short forms.,

Ich sollte *I ought, I should*
Ich dürfte *I might, I would be allowed*
Ich möchte *I would like to*

Ich sollte versuchen, Kontakte zu türkischen Familien zu finden.
__I ought to__ try to make contact with Turkish families.

*Wenn ich ein Visum hätte, dann **dürfte ich** auch nach Ost-Berlin fahren.*
*If I had a visa, **I would be allowed** to travel to East Berlin.*

Ich möchte Berlin verlassen.
__I would like__ to leave Berlin.

JETZT SIND SIE DRAN!

You ask Angelika ,,*Was würden Sie tun, wenn Sie mehr Zeit hätten?*''
What does she reply?

Dann ● ich ● lernen ● Türkisch ● würde

Nachhilfeunterricht ● ich ● dann ● türkischen ● würde ● Kindern ● geben.

zu ● Familien ● würde ● dann ● zu ● versuchen ● ich ● türkischen ● Kontakte ● finden.

THE CONDITIONAL PERFECT

You use this tense to say what would have happened, if . . .:

CONDITIONAL
Ich würde . . . kaufen
I would buy . . .
Ich würde gehen . . .
I would go . . .

CONDITIONAL PERFECT
Ich würde . . . gekauft haben
I would have bought . . .
Ich würde . . . gegangen sein . . .
I would have gone . . .

Again, there is a short form:

Remember   *ich würde . . . haben = ich hätte?*
               ich würde . . . sein= ich wäre?

Well, instead of saying *ich würde . . . gekauft haben*, you can say:

Ich hätte . . . gekauft

And instead of *ich würde . . . gegangen sein*, you can say:

Ich wäre . . . gegangen

Ich **hätte** bestimmt die ,,High Society'' **erreicht** und mehr Geld verdient.
I would definitely have reached 'High Society' and earned more money.
Wenn wir die Möglichkeiten zum Reisen **gehabt hätten**, **wären wir** sicherlich drüben **geblieben**.
If we had had the opportunity to travel, we would certainly have stayed over there.
As far as modal verbs are concerned, it's easier to learn the few forms you may need, then actually to work them out:

Ich **hätte** noch arbeiten **können**.
I would still have been able to work.

Ich **hätte** noch mehr Menschen kennenlernen **wollen**.
I would have wanted to get to know still more people.

Er **hätte** in der DDR bleiben **müssen**.
He would have had to stay in East Germany.

JETZT SIND SIE DRAN!

This time you ask Roswitha „*Und wenn du in Düsseldorf geblieben wärest, was hätte sich dann anders abgespielt?*" What does she reply?

Ausbildung ● in ● hätte ● ich ● vielleicht ● die gemacht ● Düsseldorf

Ich ● in ● Kreisen ● können ● erreichen hätte ● etwas ● medizinischen ● auch

hätte ● zu ● gebracht ● es ● Büderich ● einem ● ich ● Haus ● in ● bestimmt

ZU GUTER LETZT!

You've got to the end of *DEUTSCH EXPRESS*!, and you want to try out your German. Someone asks you: „*Was würdest du machen, wenn du Geld hättest?*" What do you reply?

Freiburg/fahren

Berlin/fliegen

Stadtrundfahrt/machen

Mauer/besuchen

Tiere im Zoo/sich angucken

viele Reiseandenken/kaufen

Unfortunately, though, you don't have the money. Another friend asks you: ,,*Was hättest du gemacht, wenn du Geld gehabt hättest*?'' What do you say this time?

KEY TO EXERCISES

CHAPTER 1

Page 11 By tram. 10 minutes. The Gasthaus Kreuz in Kappel. By tram and bus. The Kühler Krug.

Page 12 1 In the town centre. 2 In what price category? 3 In the suburb of Günterstal. 4 By tram. 5 For safety's sake. 6 In the Kreuz Inn. 7 In the inner city.

Jetzt sind Sie dran!

Page 14 Guten Morgen!
Ich suche ein Gasthaus.
In der Stadtmitte.
Für eine Familie mit zwei Kindern.
Vierzig bis fünfzig Mark pro Person.
Wie komme ich dorthin?
Gibt es dort einen Parkplatz?
Das wäre mir schon recht.

Page 15 Sie schaut sich die Anzeigen zum Spaß an.
Sie wohnt in Freiburg.
Da hat sie Karten mit Zimmerangeboten gesehen.
Sie teilt das Bad mit dem Sohn der Vermieter.
Im Haus wohnen auch die Vermieter.
Es gefällt ihr, da zu wohnen weil die Familie sehr freundlich ist.

Page 17 1 hat der Steuerberater seine Praxis-räume.
2 wohnt Frau Müller.
3 hat man eine schöne Aussicht.
4 haben die Goethe-Studenten ihre Zimmer.
5 hat einen Balkon.

Page 19 Im Erdgeschoß hat es ein Wohnzimmer und eine Küche und ein Eßzimmer. Es gibt im ersten Stock vier Schlafzimmer und ein Badezimmer mit WC. Im Dachgeschoß gibt es drei Schlafzimmer und ein Badezimmer mit WC. Das Haus hat auch Fernsehen.

Jetzt sind Sie dran!

Page 24 Ich bin . . . auf dem Balkon, im Haus, neben der Garage, hinter dem Hotel, unter dem Baum, zwischen den Bäumen.

Page 24 Frau Müller sitzt gern auf ihrem Balkon. Die Stadt befindet sich mitten in einem Wald. Hinter diesem Hotel ist ein großer Park. An jedem Baum sind Äpfel oder Birnen. In unserem Haus haben wir keine Dusche. In welcher Garage ist mein Auto, bitte? Zwischen ihren Häusern ist ein Garten.

Jetzt sind Sie dran!

Page 25   Uli geht am Hotel Kaiserhof vorbei. Vor dem Hotel auf dem Bürgersteig steht ein großer Koffer. Während Uli den Koffer betrachtet, kommt aus dem Hotel ein wunderschönes Mädchen mit einem zweiten Koffer in der Hand. „Mein Gott!" denkt Uli. So ein Mädchen habe ich bis jetzt nur in meinen Träumen gesehen! Ich werde sie fragen, ob ich ihr helfen kann. Mit schlagendem Herzen geht er auf das Traumbild zu. „Kann ich Ihnen helfen?" fragt er höflich, auf die beiden Koffer deutend. „Ach ja", kichert die junge Dame. „Können Sie mir bitte sagen, wie weit es von hier zum Bahnhof ist?" „Von diesem Hotel bis zum Bahnhof? Zehn Minuten zu Fuß", antwortet Uli, betroffen von der Schönheit dieses fabelhaften Geschöpfes. Er hat eine Idee. „Folgen Sie mir!" erklärt er. „Ich gehe sowieso in der Richtung." „Es wäre mir lieber, mit dem Taxi zu fahren", erwidert das Mädchen, süß lächelnd. „Oder wenigstens mit dem Bus oder mit der Straßenbahn . . ." „Was?" denkt Uli. „Kann es sein, daß sie mich loswerden will? Daß ich ihr nicht gefalle? Unmöglich." Er sieht dem Mädchen tief in den Augen. „Mit dem Taxi?" lacht er. „Das ist nicht der Mühe wert." „Und was soll ich mit meinen Koffern machen?" fragt das Mädchen. „Die geben Sie ruhig mir", erklärt Uli. „Mit dir", denkt er vor sich hin, „gehe ich morgen abend tanzen." „Und die anderen?" Das Mädchen zeigt auf drei andere riesengroße Koffer, die auf dem Bürgersteig vor dem Hotel stehen. „Diese Koffer auch? Die gehören alle Ihnen?" fragt Uli, ganz verblüfft. „Ja", seufzt die junge Dame. „Meinen Sie, ich sollte lieber meinen Mann bitten, mir zu helfen?" „Ihren Mann?" Uli starrt das Mädchen seiner Träume an. „Na ja", erklärt die junge Dame. „Er sitzt da oben in unserem Hotelzimmer im fünfzehnten Stock. Mit unseren sechs Kindern . . ."

Jetzt sind Sie dran!

Page 27   Ich fotografiere den Schwarzwald. Sie braucht ihr eigenes Bad. Er sucht sein Hotel. Ich hole meine Badehose. Es gibt keinen Balkon. Wir sehen unsere Frauen. Sie wollen ihren Kaffee und Kuchen. Ich habe einen Schnupfen.

Page 28   In welcher Preisklasse suchten Sie das Zimmer?
Wir haben ein Hotel im Ortsteil Günterstal gefunden.
Das Zimmer sollte in der Stadtmitte sein, da sie kein Auto haben.
In diesem Raum halte ich mich am liebsten auf, denn ich kann alles an meinem Tisch erledigen.
Vor ihrem Haus fahren die Autos vorbei.

Zu guter letzt!

Page 29   Lieber Klaus!
Jetzt sind wir schon seit acht Tagen hier im Schwarzwald, wo wir eine kleine Ferienvilla in der Nähe von Freiburg gefunden haben. Sie ist etwas außerhalb der Stadt, aber es gibt eine gute Verkehrsverbindung. Mit der Straßenbahn sind es zehn Minuten. Das Haus hat eine

sonnige Lage. Leider hat es nur zwei Schlafzimmer, die oben im ersten Stock sind. Die andere Schlafgelegenheit ist unten im Erdgeschoß, und zwar im Wohnzimmer. Aber das macht nichts. Eigentlich gefällt uns alles hier. Nächste Woche sind wir in Berlin, und wir würden dann gern bei Dir vorbeikommen. Wäre Dir das recht?
Es grüßt Dich

CHAPTER 2

Page 32 The 18.28. Because the 19.33 won't get her to Freiburg in time for the theatre. By train to Bad Krozingen, and then by taxi from there to Staufen. The bus runs only on Wednesday and Sunday.

Jetzt sind Sie dran!
Page 33 Wann fährt heute nachmittag ein Zug nach Bad Krozingen?
Von welchem Gleis?
Habe ich dann Anschluß nach Staufen?
Einfach. Zweiter Klasse, bitte.

Page 36 The *Mitfahrladen* rings you up with news of your lift, you go in and pay, and they give you details.

Page 38 Ich bin Lehrer. Ich bin Fotografin. Ich bin Maler. Ich bin Bäckerin.

Page 40 Um zwei Uhr macht sie Hausaufgaben. Um zirka sechs Uhr ißt sie Abendbrot. Um halb sieben steht sie auf und geht ins Bad. Um zirka halb acht verläßt sie das Haus. Um zirka halb elf geht sie ins Bett.

Page 42 Um sechs Uhr beginnt Frau Hahns Arbeitstag. Für das Goethe-Institut arbeitet sie oft mehr als acht Stunden am Tag. Zuerst macht sie das Frühstück für heute zurecht. Zum Frühstück kommen viele Studenten leider zu spät. Nach dem Frühstück spült sie das Geschirr, und dann macht sie die Frühstückstische für den nächsten Tag zurecht. In der Mittagspause ißt sie mit ihrem Mann zusammen. Am Nachmittag muß sie die Klassenzimmer sauber machen. Im Alten-Klub hilft sie alten Leuten, die sich alleine fühlen. Auch zu Hause hat sie am Abend noch Arbeit zu tun.

Jetzt sind Sie dran!
Page 47 Heute wollen Rita und Arthur nach Freiburg fahren. Deshalb gehen sie zum Bahnhof. Am Schalter fragen sie, ob die Züge nach Freiburg fahren. Um 11 Uhr 37 fährt ein Zug, zum Beispiel. Diesen Zug könnte man nehmen. Jetzt ist es 11 Uhr 35, die beiden müssen also schnell machen.

Jetzt sind Sie dran!

Page 48 Sie sind Lehrerin, aber Sie haben gleichzeitig eine Familie.
Der Lehrerberuf ist ein idealer Beruf für eine Hausfrau, denn man
kann ohne schlechtes Gewissen beides vereinbaren.
Ich komme so um 6 Uhr ins Goethe-Institut und mache den Studenten
das Frühstück.
Ich gucke Fernsehen zum Beispiel oder ich lese mal ein Buch.

Jetzt sind Sie dran!

Page 48 Jetzt fahren wir nach Freiburg, aber in Bad Krozingen sind wir zur
Kur.
In Freiburg wollen wir uns mal einiges Schöne ansehen, denn kulturell
sind wir sehr interessiert.
Heute morgen bin ich um Viertel nach fünf aufgestanden, und um
sechs Uhr habe ich hier angefangen zu arbeiten.
Dann mache ich das Frühstück fertig, aber um Viertel vor sieben kom-
men die Studenten zum Kaffee.
Zur Entspannung spielt Ariane nachmittags oft Gitarre, oder vielleicht
geht sie zu Freunden.

Zu guter letzt!

Page 49 (*only suggestions*).
Am Morgen stehe ich auf. Zuerst wasche ich mich und dann frühstücke ich. Normalerweise muß ich arbeiten gehen. Um ein Uhr esse
ich zu Mittag. Danach muß ich wiederum arbeiten, aber um fünf Uhr
ist mein Arbeitstag zu Ende. Später esse ich zu Abend, und am
Wochenende arbeite ich nicht. Zur Entspannung treibe ich Sport,
oder vielleicht ruhe ich mich aus.

CHAPTER 3

Page 51 They hang up pictures. There are beds for the children to sleep in.
They have dolls. They can play at breaktime.

Page 52 Die Kinder essen und spielen zusammen.
Beate hat eine Ausbildung als Sonderschullehrerin.
Sie macht ihren Beruf gerne, denn sie hat eine eigene Gruppe und
arbeitet in eigener Verantwortung. Sie ist gerne mit den Kindern
zusammen.

Page 52 Wenn man etwas schwierig findet, kann man es trotzdem vielleicht
tun.
Wenn man eine Ausbildung gemacht hat, hat man etwas gelernt.
Wenn man in eigener Verantwortung arbeitet, beschließt man ge-

wöhnlich selbst, was man zu tun hat.
Wenn man sich wohlfühlt, ist man zufrieden.
Wenn man abschalten will, braucht man auch andere Interessen.

Page 53

	Today 10 am	Today pm	Tonight general	General further outlook
In town Freiburg	10	14	cloud	more
Mountains Feldberg	–2		breaking up –5	cloud, dry, rising temps.
Mountains Schauinsland		2		
General		cloudy, dry		

Jetzt sind Sie dran!

Page 57 (*Not the only possibilities*).

1 Sie gehen hier Richtung Süden die Wettelbrunner Straße 'runter, gehen dann die erste Straße rechts–das ist die Grunerner Straße. Nach ein paar hundert Metern kreuzen sie die Eisenbahn, und dort biegen sie links ab–ich weiß nicht mehr, wie die Straße heißt–jeden–falls verläuft sie entlang der Eisenbahnlinie–und dann sehen sie schon rechter Hand ein großes Gebäude mit einem Parkplatz davor–das ist das Faust–Gynasium.
(Also erste Straße rechts, nach der Eisenbahn links.)

2 Sie gehen hier die Straße rauf und nehmen dann die zweite Straße rechts. Das ist die Schloßgasse. Und von da können sie es gar nicht mehr verfehlen. Gehen sie einfach immer de Nase nach.

3 Fahren Sie hier die Albert-Hugand-Straße 'runter, An der ersten Kreu-zung biegen Sie links ab in die Richard-Müller-Straße, und wenn es nicht mehr weiter geht, fahren Sie nach rechts. Sie überqueren zwei Kreuzungen, und dann ist auf der linken Seite ein Parkplatz.
(Also, erste Kreuzung links, dann rechts, und dann ist es auf der linken eite.)

Richtig oder falsch?

Page 60 True. False. True. False. False. False.

CHAPTER 4

Page 75	When Herr Fuchs refers to forty to fifty 'hauptberufliche Landwirte' he's not talking about a percentage, but to the actual number of people who pursue farming as their main occupation. (In addition, many others are part-time farmers.) Herr Fuchs doesn't say there are factories at all, either in the town or the immediate area. The town has deliberately resisted any move towards the installation of industry. Many people do come to take the waters – but a good number also come simply to spend their holidays in Bad Krozingen.
Page 75	You have to undergo a medical examination before taking the waters.
Page 76	The baths are open every day except Sunday at 7 am. A ten-ticket card is valid for one year and can be used by more than one person. For the price of one ticket, you are entitled to be in the bath for ninety minutes including dressing and undressing time, and including the exercises.
Page 80	Es gefällt dem Arzt . . . nicht weit entfernt von lockenden Ausflugszielen zu wohnen und mit der Mehrzahl der Einwohner in Kontakt zu kommen. Es gefällt dem Arzt nicht . . . ganz auf dem Land zu leben und sich in der Medizin zu spezialisieren.
Page 81	In einer Kleinstadt wie Staufen kennt jeder jeden. Manche Leute mögen das nicht, aber Dr Battke ist gerade deswegen nach Staufen gezogen. Die Anonymität der Großstadt reizt ihn nicht. Er möchte möglichst viele seiner Mitbürger persönlich kennenlernen. Mit seinen Patienten hat er einen engen Kontakt. Dr Battke weiß, daß körperliche Beschwerden oft mit seelischen Problemen zusammenhängen. Aber ein Arzt darf sich mit den Sorgen seiner Patienten auch nicht zu sehr beschäftigen, weil er sonst daran womöglich selbst seelisch kaputtgeht.

Jetzt sind Sie dran!

Page 87	Viele Leute kommen mit einer Verschreibung durch den Arzt. Es gibt auch Zehner-Karten. Ich gehe einfach zum Hallenbad. Jeden Tag liest er die Plakate. Dann nehme ich vielleicht eine Monatskarte. Da fahren wir mal nach Freiburg. Er findet das Freizeitangebot ausgezeichnet. Wenn ein Arzt auf dem Land wohnt, weiß er mehr über seine Patienten. Dann gehen Sie mit der Verschreibung zur Apotheke. Ich komme hierher, weil es meiner Gesundheit gut tut.

Jetzt sind Sie dran!

Page 87	Der Arzt verschreibt Aspirin. Ich unterschreibe gerade einen Brief.

Im Winter sieht es draußen etwas anders aus.
Wir nehmen an allen Veranstaltungen teil.
Dann hält man es seelisch nicht aus.
Morgen besucht er das autogene Training.
Der Arzt glaubt, daß Medizin den ganzen Menschen umfaßt.
Man erreicht sehr schnell das Mittelmeer.
Ich empfinde die Wassertemperatur als sehr angenehm.
Ich weiß nicht, ob ich das aushalte.

Zu guter letzt!

Page 88 *You'll have your own opinions, but you could say . . .*
Ich halte es für gut, jeden Tag ins Thermalbad zu gehen.
Es reizt mich, am Abend am Freizeitangebot teilzunehmen.
Es macht mir Spaß, ab und zu Spaziergänge zu machen.
Es gefällt mir nicht, krank zu sein.
Ich gehe nicht gern zum Arzt.
Ich finde es unangenehm, Pillen nehmen zu müssen.

CHAPTER 5

Jetzt sind Sie dran!

Page 92 Herr Ober!
Für meine Freundin einen Rotwein, bitte.
Ich möchte eine Tasse Kaffee mit Sahne aber ohne Zucker.
Für meine Freundin ein Eis mit Schokolade.
Das sieht aber gut aus . . . Zahlen, bitte.

Page 93 Warum ist es verhältnismäßig ruhig? Weil es noch frühe Morgen-
stunde ist.
Was wird man bald sehen? Wie die Stadt sich von Fußgängern anfüllt.
Seit wann hat die Stadt ihre Fußgängerzone? Seit sechs Monaten.
Wie finden die Einwohner diese neue Einrichtung? Die meisten sind
begeistert.
Was für Fahrzeuge sah man früher in der Stadtmitte? Allerlei!
Welche Leute kommen besonders gern nach Staufen? Die Leute aus
der Umgebung.
Wo finden die Leute Parkplätze? Da ist einer dreißig Meter entfernt!

Page 99 Meine Arbeit gefällt mir, weil ich erfolgreich bin und weil sie mir Spaß
macht.
Meine Arbeit gefällt mir nicht, weil ich täglich acht Stunden arbeiten
muß und weil ich in der Höhe arbeiten muß.
Meine Arbeit gefällt mir nicht, weil ich nicht weiterkomme und weil
ich lieber zu Hause wäre.
Meine Arbeit gefällt mir, weil man dabei Fingerspitzengefühl braucht
und weil sie mir Spaß macht.

Meine Arbeit gefällt mir, weil man den Kopf einsetzen muß und weil ich dabei reisen muß.

Page 100 The bottles are being sterilised. It's the only one produced in Germany. It has a good fragrance and a good freshness.

Jetzt sind Sie dran!
Page 104 Wann hat Frau Huml eine Dame bedient? Wer hat am gestrigen Tag eine Dame bedient? Wen hat Frau Huml am gestrigen Tage bedient? Was hat Frau Huml am gestrigen Tag gemacht?
Wer hatte eine unmögliche Figur? Was für eine Figur hatte die Dame? Was hatte die Dame?
Wer wollte eine Hose kaufen? Was wollte sie kaufen? Was wollte sie machen?
Wer hat sie zwei Stunden an einem Stück bedient? Was haben Sie gemacht? Wie lange haben Sie sie an einem Stück bedient?

Page 105 gesagt, gewohnt, gefüllt, gekauft, geschmeckt, gearbeitet, geöffnet

Jetzt sind Sie dran!
Page 105 bestellt aufgehört hergestellt
gearbeitet bekommen
hinausgegangen erkannt angefangen

Jetzt sind Sie dran!
Page 106 Die Leute aus der Umgebung haben das alle gesagt.
Wir haben heute die Winzergenossenschaft besucht.
Der Teufel hat dem Faust das Genick abgebrochen.
Ich habe diese Sitte sehr hübsch gefunden.
Frau Huml ist auf der Messe in München gewesen.
Die Dame hat etliche Teile bei uns gekauft.
Es hat mir eine innere Befriedigung gegeben.
Rita hat Herrn Robaschik erkannt.
Sabine hat aufgehört zu arbeiten.

Zu guter letzt!
Page 106 Gestern habe ich ein altes Weingut besucht.
Am Dienstag habe ich mir die alten Häuser angesehen.
Letzte Woche bin ich an den Kaiserstuhl gefahren.
Gestern abend habe ich die Maultaschensuppe versucht.
Schon öfters habe ich den Wein probiert.
Als ich letztes Jahr hier war, habe ich das Hotel zum Löwen besichtigt.
Im Sommer bin ich auf den Gotthardhof gelaufen.
Heute früh habe ich einen Schwarzwälder Vesperteller gegessen.
Letztes Jahr schon habe ich Deutsch gelernt!

CHAPTER 6

Page 110   Freiburg's geographical position gives the town an ideal climate, with the earliest spring in Germany. The presence of 25,000 students makes Freiburg seem so young.

Page 111   Four slices of rolled beef, half a pound (250 g) of sliced cold meat, 150 g of boiled ham, and half a pound of Swiss cheese.

Page 111   By ordering it the day before.

Jetzt sind Sie dran!
Page 112   Darf ich mich zuerst ein bißchen umschauen?
Können Sie mir bitte die Tasche im Schaufenster zeigen?
Ich hätte gern eine Tasche für ein fünfzehnjähriges Mädchen.
Ich bin derselben Meinung. Die nehme ich.

Page 114   1 sehr bunt und pittoresk.
2 Atmosphäre ganz besonders.
3 wenn man frei hat.
4 buntes Treiben und Leben.
5 es ganz toll.

Page 115   Was für Wurst? Was für Fleisch?
Was für Blumen? Was für Käse?

Page 117   Was für Naturprodukte verkaufen Sie?
Haben Sie Feigen? Verkaufen Sie Datteln einzeln?
Ich suche Unterwäsche aus unbehandelter Wolle.

Page 119   Eine Puppe aus Holz. Eine Jacke aus Leder. Unterwäsche aus Wolle.
Eine Kuckucksuhr aus Plastik. Eine Tasche aus Stoff. Ein Clown aus Porzellan.

Page 119   Wie komme ich bitte zum Marktplatz?
Ich finde die Atmosphäre ganz besonders.
ıch hätte gern hundert Gramm gekochten Schinken, eine Scheibe Schweizer Käse und ein Stück Schwarzwälder Kirschtorte.
Ich habe hundert Gramm gekochten Schinken, eine Scheibe Schweizer Käse und ein Stück Schwarzwälder Kirschtorte gekauft.

Jetzt sind Sie dran!
Page 123   Diese
Diese
In diesem

Jetzt sind Sie dran!
Page 123   Die da *or* dieses
Das da *or* dieses
Das da *or* dieses

Jetzt sind Sie dran!

Wir haben ganz frischen Schweizer Käse!
Ein halbes Pfund für zwei Mark dreißig.
Heute empfehlen wir gekochten Schinken, das halbe Pfund für vier Mark fünfzehn.
Der Urlaub für die ganze Familie!
Neue Kurse an der Pädagogischen Hochschule!
Gloria-Kino! Heute mit neuem Programm!
Wir haben ein spezielles Angebot für Sie!
Der besondere Sportwagen mit seinem neuen Design!

Jetzt sind Sie dran!

Die Schwarzwälder Kirschtorte hier ist größer als in Staufen. Nein! Sie ist noch billiger. Nein, ich kenne nur mehr Cafés als Sie. Und Freiburg ist nicht die größte Stadt in der Welt. Nein, mein jüngster Bruder wohnt in Staufen. Ich komme oft hierher.

Zu guter letzt!

Fünfhundert Gramm Schweizer Käse, bitte.
Vier Stück Schinken, bitte.
Was macht das? (Was kostet das?)
Was für Blumen haben Sie?
Eine kleine (Puppe).
Im Schaufenster habe ich eine Kuckucksuhr gesehen.
Ist er (der Käse) frisch?
Ja, bitte.

CHAPTER 7

She's always liked German, she likes writing, current affairs and meeting people. To have better prospects. On the results of her final exam.

Was sagen sie?

Ich fühle mich nervös.
Ich bin ziemlich aufgeregt.
Ich habe Angst.
Ich nehme das so ganz locker.

Jetzt sind Sie dran!

Hallo!
Heute nachmittag fahre ich nach Freiburg.

Nein, danke.
Nächsten Dienstag habe ich vor, nach Berlin zu fahren.
Ja, schade, nicht wahr? Tschüß!

Page 137 Am Sonntag dem siebzehnten werde ich in London sein.
Am Montag dem achtzehnten werde ich in Basel sein.
Am Dienstag dem neunzehnten werde ich in Freiburg sein.
Am Mittwoch dem zwanzigsten werde ich in Staufen sein.
Am Donnerstag dem einundzwanzigsten werde ich in Bad Krozingen sein.
Am Freitag dem zweiundzwanzigsten werde ich in Freiburg sein.
Am Samstag dem dreiundzwanzigsten werde ich zu Hause sein.

Page 138 Zuerst will ich mein Deutsch verbessern. Dann werde ich meine Examina machen. Später möchte ich was mit Journalismus machen.

Page 140 Die Schule von Herrn Natzer befindet sich in einem Lastwagen. Er hat acht Schüler. Bevor er zum Zirkus kam, war er ein normaler Lehrer. Mit dem Zirkus zieht er von einem Ort zum anderen. Er ist jetzt seit drei Jahren bei dem Zirkus. Jeden Nachmittag hat er die kleineren Kinder. Herr Natzer liebt dieses Leben.

Jetzt sind Sie dran!
Page 145 Ich möchte nach Freiburg fahren. Da möchte ich einkaufen gehen. Dann möchte ich ins Restaurant gehen.

Jetzt sind Sie dran!
Page 146 Ich werde Freiburg am Samstag verlassen. Ich werde mit dem Flugzeug nach England fahren. Am Montag werde ich arbeiten.

Jetzt sind Sie dran!
Page 146 *Sehr geehrte Herren*!
Meine Frau und ich kommen im Juli in Deutschland an. Wir haben vor, ein Jahr in Freiburg zu wohnen. Meine Frau ist Deutsche und möchte etwas mit Journalismus machen. Sie möchte eine Lehre machen. Ich will mein Deutsch verbessern und will mit den Menschen Kontakt haben. Ich danke Ihnen im voraus für Ihre Hilfe.

Zu guter letzt!
Page 147 Am Dienstag, dem einundzwanzigsten Juli, komme ich bei Ihnen (euch) an. Heute abend trinke ich ein Glas Wein. Ich möchte um acht Uhr frühstücken. Nein, ich möchte im Restaurant zu Mittag essen. Ich will zuerst Bad Krozingen besuchen und dann nach Frei-

burg gehen. In Bad Krozingen will ich die Kur machen. Ich werde zum Schwarzwald fahren. Um nach England zurückzufahren, werde ich zwei Stunden brauchen. Ich habe vor, meinen nächsten Urlaub in Deutschland zu verbringen. In der Zwischenzeit habe ich vor, Deutsch zu lernen.

CHAPTER 8

Page 152   The wood for the cross is cut; she rubs it down and puts the pieces together; she models the head and the hands, and lastly the body.

Jetzt sind Sie dran!

Page 154   Ja, natürlich. Er war ziemlich groß, dünn und nicht sehr alt. Bitte?
Er hatte lange, schwarze Haare.
Er hatte kleine Ohren und eine große, rote Nase.
Ich erinnere mich an seinen Hut.
Er trug einen schwarzen Hut.
Nein, er hatte einen blauen Anzug und einen gelben Schlips.

Page 155   Der Zirkus gefällt mir gar nicht. Ich erinnere mich an einen Elefanten mit einem Dirndlrock.
Und jedenfalls habe ich Angst vor den Tieren.
Meiner Ansicht nach ist das alles nur etwas für Kinder.

Page 157   He went to a theatre school in Switzerland, studying with Dimitri the clown, and afterwards worked at the Basel Civic Theatre. To be able to demonstrate joy and pleasure even when he's sad. His wife (with an elephant puppet) and a goose.

Page 158   etwas Trauriges, etwas Schwieriges, etwas Gutes.

Page 158   etwas besonders Komisches, etwas einfach Einmaliges, etwas irrsinnig Schönes.

Jetzt sind Sie dran!

Page 161   Ich interessiere mich für Autos.
Ich erinnere mich an meine Kindheit.
Es handelt sich um meine Belohnung.
Ich bestehe auf einer Entschuldigung.
Ich denke an meine Ferien.
Ich freue mich über deinen Besuch.

Jetzt sind Sie dran!

Page 162   Worauf freuen Sie sich? (Worauf freust du dich?)

An wen denken Sie? (An wen denkst du?)
Wofür interessieren Sie sich? (Wofür interessierst du dich?)
Vor wem haben Sie Angst? (Vor wem hast du Angst?)

Jetzt sind Sie dran!

Page 164   Zuerst wird ein Entwurf auf ein einem Blatt Papier gemacht. Für das Spielkreuz werden Holzteile zurechtgesägt. Sie werden mit der Hand abgeschliffen. Aus einer Modelliermasse werden Kopf und Hände geformt. Dann werden alle Teile zusammengesetzt. Schließlich werden die Kostüme gemacht, und die Marionette wird angezogen.

Zu guter letzt!

Page 165   Willibald ist . . . nicht alt. Er ist nicht sehr groß und ziemlich dick. Er hat grüne Augen. Er trägt eine blaue Jacke, eine graue Hose, ein rotes Hemd und einen gelben Schlips. Er hat weiße Socken und einen schwarzen Hut. Adelheid ist . . . nicht sehr klein. Sie ist ziemlich jung und sehr dünn Sie hat blonde Haare und blaue Augen. Sie trägt eine grüne Bluse, einen roten Rock, gelbe Socken und blaue Schuhe.

CHAPTER 9

Page 168   The special trips. You get in touch with the company running the trip, perhaps by telephone.

Jetzt sind Sie dran!

Page 170   Ich hätte gern einen Stadtplan.
Gibt es von hier aus Stadtrundfahrten?
Ja. Stimmt es, daß man für eine Stadtrundfahrt in West-Berlin nicht im voraus zu buchen braucht?
Ich habe gehört, daß man eine Tour machen kann, wo man mit dem Bus und dem Schiff fährt.
Muß ich so eine Tour vorher buchen?

Page 170   I know nothing about peepshows. The tone isn't what it used to be.

Page 173   Wenn sie auf ihrem Balkon stand, sah Frau Martin früher keine Autos. Man baute das Forum vor sieben oder acht Jahren. Die großen Geschäfte waren früher im Osten, bevor sie nach Steglitz kamen. Als sie jung war, fuhr Frau Martin zum Potsdamer Platz, um sich zu amüsieren.

Ergänzen Sie!

Page 174   Jetzt hat sie nur den Supermarkt. Jetzt kauft sie im Supermarkt ein. Die gibt es nicht mehr. Jetzt geht sie nur am Anfang oder in der Mitte der Woche einkaufen.

Page 175 Frau Martin erinnert sich an ihre Kindheit. Sie erinnert sich an ihre Jungmädchenzeit. Sie erinnert sich an die Hitlerzeit. Sie erinnert sich an ihre alten Freunde.

Frau Martin erinnert sich daran, wie die Jugend in der Hitlerzeit organisiert war. Sie erinnert sich daran, daß ihre Familie finanziell keine Sorgen hatte. Sie erinnert sich daran, daß der Ausgang des Krieges für die Beteiligten schrecklich verlaufen ist.

Sie erinnert sich daran, ein intaktes Elternhaus gehabt zu haben. Sie erinnert sich daran, viel Sport getrieben zu haben. Sie erinnert sich daran, passionierte Reiterin gewesen zu sein.

Jetzt sind Sie dran!

Page 179 Frau Kostrewa wohnte in Mariendorf. Sie erinnerte sich gut an ihre Kindheit und pflegte noch guten Kontakt mit ihren Freunden aus der Vorkriegszeit. Sie hatte sogar noch Freunde in Ost-Berlin. Sie interessierte sich für Sport und spielte noch Tennis. Da sie zur Kriegsgeneration gehörte, stimmte es sie etwas melancholisch, an 'die Mauer' zu gehen.

Page 180 Am Dienstag standen wir früh auf. Der Tag begann mit einem Ausflug auf das Land. Wir nahmen die U-Bahn bis zur Endstation, und dann fuhren wir mit dem Autobus nach Lübars. Da sahen wir uns die alte Dorfkirche an. Später brachte uns der Autobus in die Stadt zurück, wo wir zu Mittag aßen. Am Nachmittag konnten alle, die wollten, eine Dampferfahrt nach Wannsee machen. Am Abend kamen wir um sechs Uhr zurück, dann gab es die Gelegenheit, Berlin by Night zu sehen . . .

Jetzt sind Sie dran!

Page 180 Das Informationsbüro selbst bot keine Stadtrundfahrten an, aber es gab mehrere Firmen, die das machten. Da gab es zum Beispiel eine, die an der Ecke Meineckestraße abfuhr, und da hatten wir die Auswahl zwischen der Zwei-Stunden West-Berlin-Tour oder Drei-Stunden West-Berlin-Tour. Man konnte auch nach Ost-Berlin fahren. Wenn man nicht beim Informationsbüro buchte, mußte man sich mit der Gesellschaft in Verbindung setzen.

Zu guter letzt!

Page 181 Die alte Dame wohnte gleich hier am Kurfürstendamm. Sie plauderte gern mit uns über das alte und das neue Berlin. Unterwegs zu ihrer Wohnung mußten wir an den großen Läden, den Kinos und den Nachtclubs vorbeigehen, und als wir davon sprachen, wurde die Alte fast zornig! Das gefiel ihr gar nicht. Sie erinnerte sich an die Zeit, wo alles 'proper' war.

Sie sagte: ,,Wenn man ausgehen wollte, verbrachte man den Abend nicht in Nightclubs. Peepshows gab es auch nicht. Damals, vor dem Kreig, fuhr man mit dem Fahrrad zum Potsdamer Platz, und da tanzte man den ganzen Abend hindurch!''

CHAPTER 10

Page 184 Either grill them or steam them, in which case you brown some onions, add the mackerel, with vegetables, pour wine over them and steam with the lid on.

Page 185 Older customers are conservative in habit and cautious; they're reluctant to try new things, sticking with the old ones even when they're more expensive nowadays. Younger people are willing to be persuaded.
The supermarkets can't make salads like he does, they have to buy in quantity. Nor can they offer their customers fish prepared in the good old-fashioned way.

Jetzt sind Sie dran!
Page 186 Guten Tag!
Können Sie mir helfen?
Ich möchte ein Fischessen machen.
Ich möchte etwas zum Grillen haben.
Können Sie mir sagen, wieviel ich für vier Personen brauche?
Können Sie mir den Fisch fertig machen?

Page 188 Man muß studieren, um Arzt zu werden.
Man muß einfach eine Zeitung aufschlagen, um eine Stelle als Taxifahrer zu finden.
Man muß eine Prüfung über die Ortskunde in Berlin bestehen, um Taxifahrer zu werden.

Page 190 Ich finde es gut, daß der Fischhändler seine Kunden berät.
Es ist normal, daß Taxifahrer eine Prüfung über die Ortskunde machen müssen.
Ich denke, es ist furchtbar, daß der junge Arzt als Taxifahrer arbeiten muß.
Es ist schade, daß die alten Leute bei ihren Gewohnheiten bleiben.
Ich meine, es ist im Prinzip gut, daß die Supermärkte eine Konkurrenz für die kleineren Geschäfte sind.
Es ist schade, daß es in Berlin sehr schwer ist, eine Stelle als Arzt zu bekommen.

Page 192 You have to take your turn in assuming responsibility for doing jobs that you may not like doing; people bring in friends to eat unexpectedly; the difficulty of remaining independent.

Page 193 1 Richtig 2 Falsch 3 Falsch 4 Falsch 5 Richtig

Jetzt sind Sie dran!
Page 197 Die alten Leute bleiben bei ihren eingeführten Salaten

303

Wollen die Kunden sich auch mit Ihnen unterhalten?
Wie bist du zu dieser Arbeit gekommen? Es ist ein großes Gehege
mit vielen Tieren.

Jetzt sind Sie dran!

Page 198 Man geht ins Solarium, um sich zu bräunen. Im Solarium bräunt man
sich. Man geht in den Supermarkt, um einzukaufen. Im Supermarkt
kauft man ein. Man geht in die Bäckerei, um Brot zu kaufen. In der
Bäckerei kauft man Brot. Man geht in die Metzgerei, um Fleisch zu
kaufen. In der Metzgerei kauft man Fleisch. Man geht in den Zirkus,
um Tiere zu sehen. Im Zirkus sieht man Tiere.

Jetzt sind Sie dran!

Page 198 Ich leihe mir Geld von meinen Bekannten. Aus diesem Grunde muß
ich mich doch mal bräunen. Es gibt eine Prüfung über die Ortskunde.
Die Leute, die bei mir kaufen, kaufen auch im Supermarkt. Vom
Gewinn machen wir halbe halbe. Wir haben geöffnet von morgens
bis spät in die Nacht.

Zu guter letzt!

Page 199 Ich finde, es ist hervorragend, daß das Solarium bis spät in die Nacht
auf hat.
Es ist komisch, daß der Besitzer des Solariums keinen Gebrauch
davon macht.
Es ist normal, daß er keine Lust hat, nachts um zwölf zu bräunen.
Es ist schade, daß die Wohngemeinschaft Probleme hat.
Ich denke, es ist komisch, daß der junge Student sein Geld mit
Aktienspekulation verdienen kann.
Ich meine, es ist hervorragend, daß die Wohngemeinschaft nicht
kaputt gegangen ist.

CHAPTER 11

Page 202 Sag mal, du wohnst auch in Neukölln? Aber daß ich dich noch nie
gesehen habe, das ist ja komisch. Wir können uns nochmal treffen.
Also ich würde dich mal einladen, vielleicht abends mal einen Saft
zu trinken oder ein Eis zu essen. Das würde ich sehr gerne machen.
Ich komme mal vorbei. Ich gebe dir meine Adresse. Ich gebe dir
meine Telefonnummer.

Page 205 Nein, ich habe keine Lust dazu. Das ist eine gute Idee. Ich möchte
lieber etwas Unterhaltsames. Nicht bei diesem Wetter. Heute läuft
nichts. Du kannst mich einladen, dann komme ich gerne mit.

Jetzt sind Sie dran!

Page 207 Gut, danke! Wir haben uns seit einiger Zeit nicht gesehen.

Hast du Lust, heute abend zum Freilichtkonzert zu gehen?
Hast du morgen oder übermorgen Zeit?
Wir könnten am Abend ins Kino gehen.
Casablanca.
Der Film beginnt um acht Uhr dreißig. Treffen wir uns um acht Uhr
vor dem Kino.
Wir könnten ins Café gehen.

Page 208   Die Mutter hat ihr beim Kochen geholfen.
Uwe hat ihr beim Abwaschen geholfen.
Silke hat ihr beim Saubermachen geholfen.
Oma hat ihr beim Backen geholfen.
Peter hat ihr beim Abtrocknen geholfen.

Page 209   Der Drehorgelspieler spielt im Sommer irgendwo.
Der Drehorgelspieler spielt im Sommer im Park.
Die Drehorgelspieler spielen im Sommer im Park.
Die Drehorgelspieler stehen im Sommer im Park.
Die Drehorgelspieler stehen ziemlich häufig im Park.
Sie stehen ziemlich häufig im Park.
Sie bleiben ziemlich häufig im Park.
Sie bleiben abends im Park.
Sie bleiben abends zu Hause.

Jetzt sind Sie dran!

Page 214   Die Party fand in der Wohnung seiner Freundin statt. Viele der Dreh-
orgelspieier spielen jedes Wochenende. Wegen meiner Erkältung
kann ich nicht mit dir ausgehen. Trotz des schönen Wetters will ich
nicht zum Park. Uli wollte seine Freundin nicht sehen, weil er sich
seiner Kleider schämte.

Jetzt sind Sie dran!

Page 215   Astrid wohnt seit einiger Zeit in der Richardstraße. *Casablanca* läuft
heute im Gloria-Kino.
Franziska hat ihren Geburtstag letzte Woche mit ihren Freunden
gefeiert.

Jetzt sind Sie dran!

Page 216   Im Sommer gehen wir mit den Kindern schwimmen.
Leider weiß ich das noch nicht.
Übermorgen habe ich Zeit.
Natürlich könnten wir ins Kino gehen.

Zu guter letzt!

Page 216   Wie heißt du? Wohnst du denn auch hier in Neukölln? Bist du Berlinerin? Warum bist du nach Berlin gezogen? Was machst du hier?
Hast du viel Vorbereitung für deine Party gebraucht? Hast du alles
alleine gemacht? Was hast du denn geschenkt bekommen? Interessierst du dich für Jazz? Hast du Lust, mit mir ins Kino zu gehen?
Da läuft

Casablanca. Ist das dein Zimmer? Was hast du denn alles drin? Ein Doppelbett . . . ?

CHAPTER 12

Page 218   In the immediate post-war period the situation for artists was difficult: theatres had been destroyed, and many artists had to depend on themselves. The State's giving support to the large cultural institutions led to the growth of independent ensembles in the fields of theatre and music, giving a rich diversity to the cultural scene. Since the seventies the senate has been trying to promote this alternative activity as well.

Jetzt sind Sie dran!

Page 220   Wo findet es statt?
Kann ich mit dem Bus dahin kommen?
Wer spielt im Konzert?
Um wieviel Uhr findet es statt?
Was kosten die Plätze?
Welche Nummer muß ich anrufen, um eine Auskunft zu bekommen?

Page 221   1c 2e 3f 4a 5b 6d

Page 223   1 Unternehmer 2 organisieren 3 Handelskammer
4 feiern 5 Glück 6 Eierlaufen 7 Wirtschaft
8 Wettspiel 9 hoffen 10 dauern 11 Tiergarten

Page 224   Er hat die Erdbeeren bei Nebel geerntet. Er hat die Karotten bei Sonnenschein geerntet. Er hat den Blumenkohl bei Wind geerntet.

Hilfe!

Page 225   Weil er die Broccoli selbst geerntet hat, weiß er, daß es also nicht seit Tagen oder seit Wochen irgendwie im Wagen unterwegs war hierher, sondern daß es hier eben frisch geerntet wurde. Es ist nicht viel billiger als draußen, aber es ist eben frisch.

Page 226   1 Vorschriften 2 vermieten 3 Stammkunde
4 regelmäßig 5 Hauptgeschäft

Jetzt sind Sie dran!

Page 230   Ich weiß nicht, . . . Es ist schwer zu sagen, . . . Ich kann nicht beurteilen, . . .
. . . ob sie durch Zufall auf den Park gestoßen ist.
. . . ob sie den ganzen Tag da verbringen will.
. . . was sie von der chinesischen Ausstellung hält.
. . . warum der Herr sein eigenes Gemüse anpflanzt.
. . . ob die Ernte sehr anstrengend ist.
. . . welche Kulturbereiche in Berlin in den letzten zehn Jahren geför-

dert wurden.

... ob das Wasser im Schlachtensee nicht zu schmutzig zum Schwimmen ist.

Zu guter letzt!

Page 230 Wo findet der Flohmarkt statt? Wie lange dauert die Mondscheinfahrt? Welche Nummer muß ich anrufen, um eine Auskunft über den Flohmarkt zu bekommen? ,,Herren als Damen''? Was ist denn das? Ist das weit vom Europa-Center entfernt? Kann man täglich dahin fahren? Und wie heißt denn die Show? Wo fährt man ab? Um wieviel Uhr beginnt die Show? (die Vorstellung). An welchen Tagen findet der Flohmarkt statt? Gibt es eine Ermäßigung für Gruppen?

CHAPTER 13

Page 234 Amerikanische Touristen sind oft geneigt, Checkpoint-Charlie-T-Shirts zu kaufen. Am Potsdamer Platz wird viel verkauft wegen seiner historischen Bedeutung. Ältere Leute, die die Stadt früher kannten, sind oft empört, wenn sie die Mauer sehen.

Jetzt sind Sie dran!

Page 237 Was halten Sie von der Mauer?
Sind Sie zum ersten Mal hier?
Ja. Es ist sehr interessant die Mauer zu sehen.
Ja, aber es ist etwas ganz anderes, einen persönlichen Eindruck zu bekommen.
Es ist faszinierend, auf das Podest zu steigen und über die Mauer zu sehen.
Gewöhnt man sich daran, die Mauer zu sehen?

Page 238 flugzeugbegeistert
Heißluftballon
plötzlich
übersiedeln.

Page 240 The Wall reminds our pupils of the Middle Ages. It's clear, of course, that the situation in East Berlin isn't normal. We want to give the pupils a 'way in'. In East Berlin everything is carefully checked.

Page 241 **Hilfe!** 1b   2a   3c

Jetzt sind Sie dran!

Page 246 Verkaufen Sie mir ein Checkpoint-Charlie-T-Shirt!
Steigen Sie auf das Podest!
Sagen Sie Ihre Meinung über die Mauer!

Jetzt sind Sie dran!

Page 246 Zeigt mir euren Hängegleiter!
Erklärt, was ihr meint!

Reist nach Ost-Deutschland!

Jetzt sind Sie dran!

Komm mit nach Ost-Berlin!
Flieg mit deinem Hängegleiter über die Mauer!
Steig auf das Podest!

Zu guter letzt!

Ich will auf das Podest steigen.
Ich möchte über die Mauer sehen.
Ich kann das Brandenburger Tor sehen.
Bis seine Braut und sein einjähriger Sohn ausreisen dürfen.
Ich will jetzt nach Ost-Berlin.
Man muß ein Visum bezahlen und Geld wechseln.
Ich sollte einige Souvenirs kaufen.

CHAPTER 14

Berliners do have to have a special provisional identity card, in order
to cross to East Berlin. They can get it at any one of five special
Offices for Travel Affairs. It doesn't have to be on Monday – Herr
Krämer is suggesting Monday, early in the week, because it's such
a long-winded affair. The card has to be 'stamped', but by a rubber-
stamp (Stempel) not by one you stick on. West Berliners have to leave
East Berlin by 2 am on the day following the day they entered. The
card doesn't permit him to spend a longer period of time there. If
he wanted to go for a holiday on the Baltic, for example, then he
would need to get a visa.

Jetzt sind Sie dran!

Ich bin als Tourist hier in Berlin, und ich möchte mir Ost-Berlin
ansehen.
Können Sie mir sagen, welche Formalitäten ich erfüllen muß?
Ich bin aus Großbritannien. Ich brauche wohl meinen Paß?
Brauche ich auch ein Visum?
Muß ich Geld wechseln? Wieviel?
Wie lange kann ich in Ost-Berlin bleiben?

„Nein, man hat keine Reisefreiheit" . . . „Ja, so etwas nennt sich ein
Ausreiseantrag" . . . „Nein, zuerst haben wir einige Zeit in einem
Notaufnahmelager verbracht." . . . „Das ist ein Dokument, mit dem
man zu den verschiedenen Behörden gehen muß. Das ist ein Laufzettel."

In der DDR kann man sich die Schule nicht aussuchen.
Im Prinzip müssen alle Kinder in der DDR in die Pionierorganisation

eintreten.
In der DDR müssen Kinder von klein auf schießen lernen.

CHAPTER 15

of study in Perugia.

Jetzt sind Sie dran!

Page 276 Wenn es schön ist, gehe ich in den Zoo.
Wenn ich Zeit habe, werde ich auch den Reichstag besuchen.
Wenn es möglich wäre, würde ich auch nach Ost-Berlin fahren.
Wenn ich die Zeit gehabt hätte, wäre ich gern auch zum Grunewald
gefahren.
Ja, wenn ich nicht nach Großbritannien hätte zurückfahren müssen.

Page 276 Because there are different checkpoints for
1 West Berliners going to East Berlin or the DDR.
2 West Germans going to East Berlin.
3 non-Germans. (DDR citizens can use any).

Page 277 Dann werden viele weiterhin versuchen zu fliehen. Dann würden sie
zurückkommen. Vielleicht würde die Mauer verschwinden. Dann wird
es diese Grenzübergänge auf immer geben.

Page 281 Kneipe! Was bedeutet das?
Ich spreche Deutsch, aber ich brauche mehr Übung.
Eine große Anzahl von Touristen kommt jedes Jahr zum Schwarzwald.
Morgen miete ich mir ein Auto.
Wieviel Miele bezahlen Sie für Ihre Ferienwohnung?
Schade, daß man am Kurfürstendamm so viele Strichmädchen sieht.
Gibst du mir einen Kuß?
Dann fahre ich mit dem Bus zum Zoo.
In zwei Stunden sind wir in Berlin.
Das schmeckt köstlich.
Kannst du mein Bier auf den Tisch stellen?
100 Mark? So viel Geld habe ich nicht. Das ist zu teuer!

Jetzt sind Sie dran!

Page 283 Ich hatte die Mauer schon letzte Woche gesehen.
Ich war schon gestern zum Reichstag gegangen.
Ich hatte schon gestern im Restaurant gegessen.
Ich hatte mir schon gestern die Tiere im Zoo angeguckt.

Jetzt sind Sie dran!

Page 285 Wenn ich mehr Zeit hätte,
. . . dann würde ich Türkisch lernen.
. . . dann würde ich türkischen Kindern Nachhilfeunterricht geben.
. . . dann würde ich versuchen, zu türkischen Familien Kontakt zu finden.

Jetzt sind Sie dran!

Page 286 Wenn ich in Düsseldorf geblieben wäre,
. . . dann hätte ich in Düsseldorf die Ausbildung gemacht.
. . . dann hätte ich auch in medizinischen Kreisen etwas erreichen
können.
. . . dann hätte ich es zu einem Haus in Büderich gebracht.

Zu guter letzt!

Page 286 Wenn ich Geld hätte,

. . . würde ich nach Freiburg fahren.

. . . würde ich nach Berlin fliegen.

. . . würde ich eine Stadtrundfahrt machen.

. . . würde ich die Mauer besuchen.

. . . würde ich mir die Tiere im Zoo angucken.

. . . würde ich viele Reiseandenken kaufen.

Wenn ich Geld gehabt hätte,

. . . wäre ich nach Freiburg gefahren.

. . . wäre ich nach Berlin geflogen.

. . . hätte ich eine Stadtrundfahrt gemacht.

. . . hätte ich die Mauer besucht.

. . . hätte ich mir die Tiere im Zoo angeguckt.

. . . hätte ich viele Reiseandenken gekauft.

GLOSSARY

Notes
- Abbreviations used are: (*pl.*) plural; (*sing.*) singular; (*adj.*) adjective; (*coll*) colloquial; (*lit.*) literal; (*os.*) oneself.

- Plural forms of nouns are shown in brackets.

- For vowel changes in strong verbs, refer to the verb table. If a verb is not included, then assume it is weak.

- Numbers, days and months are not included in the Glossary. They can be found on page 136.

- Separable verbs are indicated thus: *ab/brechen*. Inseparable verbs are indicated thus: *bedienen*

- *indicates that the verb is conjugated with *sein*.

A

ab *from, of, away*
ab/brechen *to break off*
ab/füllen *to bottle*
ab/geben *to hand over, give away*
abgeneigt *adverse* (*to*)
der Abgeordnete (*–n*) *member of parliament*
das Abkommen (*–*) *agreement*
ab/legen *to discard; take off*
das Abitur ablegen *to pass the* Abitur
ab/leisten *to do, complete*
ab/schaffen *to abolish*
der Abschluß (*–sse*) *final exam*
der Abstand (*–e*) *distance*
ach! *expression like oh!* ˙
das Ackerland *agricultural land*
ab/stimmen *to vote*
sich ab/strampeln (*coll*) *to work one's guts out*
die Abwässer (*pl.*) *sewerage, waste waters*
abwechslungsreich *varied*
das Abzeichen (*–*) *badge, insignia*
der Affe (*–n*) *monkey*
ähnlich *similar*
die Aktie (*–n*) *share (financial)*
albern *foolish, silly*
allerdings *though, mind you*
allgemein *general*
im allgemeinen *in general;*
allmählich *gradually*

der Alptraum (*–e*) *nightmare*
als *as, when, than*
also *so*
die Altersstufe (*–n*) *age group*
an *at, on*
der Anbau (*no pl.*) *cultivation*
an/bieten *to offer*
der Anfänger (*–*) *beginner*
das Angebot (*–e*) *offer*
angenehm *pleasant, agreeable*
angenommen *provided, assuming*
der Angestellte (*–n*) *employee*
Angst haben vor *to be afraid of*
an/gucken *to take a look at*
an/kleben *to stick*
an/kommen *to arrive*
*an/laufen *to start*
die Annäherung (*–en*) *approach*
an/nehmen *to accept*
der Anreiz (*–e*) *incentive*
ansässig *resident*
an/schauen *to look at*
an/scheißen, *to do the dirty on*
sich an/schließen *to join*
der Anschluß (*–sse*) *connection, affiliation*
an/sehen *to look at*
an/siedeln *to settle, to establish*
ansonsten *otherwise*
der Anspruch (*–e*) *claim*
der Absprung (*–e*) *springboard*

anständig *decent, respectable*
an/starren *to peer, stare at*
*an/steigen *to rise, ascend*
anstrengend *tiring*
die Anstrengung (–en) *endeavour*
die Anteilnahme *sympathy*
die Anwendung (–en) *application;
treatment*
antworten *to answer*
die Anzeige (–n) *advertisement*
an/ziehen *to put on, get dressed*
die Anziehung (–en) *attraction*
das Arbeitsamt (–̈er) *job centre*
das Arbeitsblatt (–̈er) *worksheet*
ärgerlich *annoying*
ärgern *to annoy*
der Arzt (–̈e) *doctor*
die Atemtherapie *breathing therapy*
atmen *to breathe*
auch *also*
auf *on, in*
aufgeregt *excited*
auf/haben *to be open*
auf/halten *to stop;* sich auf/halten
to stay
auf/hören *to finish, stop*
auf/lockern *to loosen up*
auf/nehmen *to pick up, to take in*
auf/passen *to pay attention*
die Aufregung (–en) *excitement*
auf/schlagen *to open (newspaper,
eyes)*
auf/schneiden, *to cut in slices*
der Aufschnitt (*no pl.*) *sliced meat*
der Aufschrei *outcry*
auf/spüren *to track down*
*auf/stehen, *to get up*
auf/stellen *to pitch a tent*
*auf/tauchen *to loom up*
der Auftritt *appearance*
die Ausbildung (–en) *training*
aus/breiten *to spread out*
aus/dehnen *to stretch*
der Ausdruck (–̈e) *expression*
der Ausflugsverkehr (*no pl.*) *holiday
traffic*
aus/füllen *to fill out, fill in*
ausgebildet *skilled*
der Ausgeflippte (–n) (*coll.*) *freak*
ausgerechnet *just*

ausgezeichnet *excellent*
aus/halten *to bear, stand, endure*
aushilfsweise *on a temporary basis*
die Auskunft (–̈e) *information*
die Auslage (–n) *display*
aus/leihen, *to lend; borrow (dat.)*
aus/liegen *to be displayed*
*aus/reisen *to leave a country*
sich aus/ruhen *to rest*
ausschließlich *exclusively*
*aus/schweifen *to digress*
aus/sehen *to look (like)*
außer *except*
außerdem *besides*
außergewöhnlich *unusual*
außerhalb *outside*
äußern *to say, express*
die Aussicht (–en) *prospect,* view
aus/sprechen *to speak out*
aus/stellen *to display*
die Ausstellung (–en) *exhibition*
sich aus/toben (*coll.*) *to let off
steam (children)*
die Auster (–n) *oyster*
der Ausweis (–e) *identity card*
aus/ziehen *to take off*

B

die Badehose (–n) *bathing costume*
das BAFÖG *student grant*
die Bahn (–en) *railway*
der Balkon (–e or –s) *balcony*
der Bauch (–̈e) *stomach, tummy,
paunch*
der Bauchladen *vendor's tray*
bauen *to build*
beantragen *to apply for*
der Beamte (–n) *civil servant*
beben *to tremble, quake*
der Bedarf (*no pl.*) *need*
bedeutend *significant*
die Bedeutung (–en) *significance*
bedienen *to serve*
bedrücken *to depress, oppress*
die Bedürfnisse (*pl.*) *needs,
requirements*
beeinflussen *to influence*
befreundet sein *to be acquainted,
to be friends*
die Befriedigung (–en) *satisfaction*

die Begabung (–en) *talent*
die Begebenheit (–en) *occurrènce, event*
die Begeisterung (*no pl.*) *enthusiasm*
begrüßen *to greet*
behandeln *to treat*
beharren *to insist*
behaupten *to claim, maintain*
sich behaupten *to assert o.s.*
beheimatet *resident*
behelfsmäßig *provisional*
beherbergen *to accommodate*
behindert *handicapped*
die Behörden (*pl.*) *authorities*
bei *at, near, with*
beispielsweise *for example*
bei/tragen *to contribute*
beizen (Holz) *to stain wood*
sich beklagen *to complain*
beladen *to burden*
belästigen *to annoy*
die Beliebtheit *popularity*
bemalen *to paint, decorate*
benachbart *neighbouring*
benutzen *to use*
beobachten *to observe*
beraten *to advise*
die Beratung *advice, consultation*
der Bereich (–e) *area, field*
die Bereitstellung (–en) *supply, provision*
berücksichtigen *to take into account, consider*
der Beruf (–e) *profession, job*
beruflich *concerning work*
das Beruhigungsmittel (–) *tranquillizer*
berührt (*adj.*) *touched, moved*
sich beschäftigen mit *to occupy o.s. with*
Bescheid wissen *to know definitely about*
beschreiben *to describe*
die Beschwerde (–n) *complaint*
besonders *particularly, especially*
besorgen *to acquire*
besprechen *to talk about, discuss*
bestehen *to exist; to pass (examination)*
bestehen auf *to insist on*
bestehen aus *to consist of*

bestellen *to order*
bestimmen *to determine, want, intend*
der Beton *concrete*
betrachten *to consider, look at, contemplate*
betreffend *as regards*
der Betrieb (–e) *enterprise*
betroffen *affected*
beurteilen *to judge*
die Bevölkerung (–en) *population*
bevorzugen *to prefer*
bewachsen (*adj*) *overgrown*
bewahren *to preserve, keep; protect*
bewältigen *to cope with, manage*
bewegen *to move; persuade*
bewölkt *clouded*
bewußt *conscious, aware*
die Bezahlung (–en) *payment*
bezeichnen *to designate, to mark, to indicate*
beziehungsweise *or*
bezogen auf *referring to*
der Biedermeierstrauß (–̈e) *posy*
die Bildung (*no pl.*) *education*
billig *cheap*
die Bindung (–en) *tie*
bis *until, by*
bisher *so far*
ein bißchen *a little*
bitten *to request, beg*
blaß *pale*
das Blatt (–̈er) *sheet of paper; leaf*
die Blühpflanze (–n) *flowering plant*
die Blume (–n) *flower*
der Blutdruck (*no pl.*) *blood pressure*
die Börse *stock exchange*
braten *to fry*
der Brathering (–e) *fried herring*
brauchen *to need*
bräunen *to get suntanned*
die Buchhandlung (–en) *bookshop*
bügeln *to iron*
die Bühne (–n) *stage, platform*
der Bundesnachrichtendienst *Federal Intelligence Service*
die Bundeswehr *Federal armed forces*
der Bürger (–) *citizen*
der Bürgersteig (–e) *pavement*

C

D

dadurch *thereby, through it*

der Dampfer (–) *steamer*

*daran/gehen *to tackle, to set out to do*

dar/stellen *to represent*

daß *that*

die Dattel (–n) *date*

dauern *to last*

der Deckel (–) *cover, lid*

dementsprechend *correspondingly, accordingly*

denken *to think*

denn *for, because*

derselbe, dieselbe, dasselbe (*pl.* dieselben) *the same*

deswegen *therefore*

deuten *to point, interpret*

das Dia (–s) *slide (photo)*

der Diebstahl (–̈e) *theft*

das Ding (–e) *thing, object*

doch *however, yet, but still*

das Domizil (–e) *home*

der Dorfanger (–) *village green*

der Dorfhelfer (–) *community worker*

ein Dorn im Auge (*coll.*) *eyesore*

dorthin *there*

drängen *to push, press*

dran/sein: Sie sind dran *it's your turn*

draußen *outside*

die Drehorgel (–n) *barrel organ*

der Druck (–e) *pressure*

dünsten *to steam*

duften *to smell*

durch *through, by*

*durch/dringen *to penetrate, permeate*

durchqueren *to cross, traverse*

der Durchschnitt *average*

dürfen *to be allowed to*

dürftig *low, poor*

die Dusche (–n) *shower*

E

die Ebene (–n) *plain*

ebenfalls *likewise*

echt *genuine*

ehemalig *former*

ehrlich *honest*

eigen *own*

die Eigenhilfe *self help*

eigentlich *actually*

die Einbahnstraße (–n) *one-way street*

die Einbettung *integration*

der Eindruck (–̈sse) *impression*

eindrucksvoll *impressive*

einfach *simple, straightforward*

der Einfluß (–̈e) *influence*

*ein/gehen *to go down*

ein/greifen *to intervene*

ein/haken *to hook in*

die Einheit (–en) *unity*

einigermaßen *to some extent*

einiges *a few things*

ein/kaufen *to go shopping*

ein/laden *to invite*

ein/mauern *to wall in*

ein/richten *to furnish*

die Einrichtung (–en) *furnishing*

ein/schalten *to switch on*

der Einschnitt *decisive point; cut, incision*

ein/schränken *to reduce, limit*

ein/setzen *to use, insert*

einst *once upon a time*

die Einstellung (–en) *attitude*

der Einstieg (–e) *entry*

*ein/treten *to enter, join*

der Einwohner (–) *inhabitant*

die Einwohnerzahl (–en) *number of inhabitants*

der Einzelhandelskaufmann *retail trader* (*pl.* die Einzelhandelskaufleute)

die Einzelheit (–en) *detail*

einzeln *single, individual*

einzigartig *unique*

eitel *vain*

empfehlen *to recommend*

empfinden *to feel*

empört *indignant*

eng *narrow*

entdecken *to discover*

entfernt *remote, distant; away*

die Entfernung (–en) *distance*

entfremden *to alienate*

enthalten *to contain*

entladen *to unload*

entrüstet *outraged*

die Entscheidung (–en) *decision*
entschuldigen *to apologise*
entspannen *to relax*
die Entspannung (*no pl.*) *relaxation*
*entstammen *to originate*
entweder . . . oder *either . . . or*
entwickeln *to develop*
erblicken *to catch sight of*
das Erdgeschoß (–sse) *ground floor*
das Ereignis (–sse) *incident, event,*
occurrence
die Erfahrung (–en) *experience*
der Erfolg (–e) *success*
erforderlich *necessary*
erforschen *to research*
erfüllen *to fulfil*
die Erhebung (–en) *elevation*
erhöhen *to increase*
die Erholung (–en) *relaxation,*
recuperation
sich erinnern an *to remember*
erkältet *to have a cold*
die Erkältung (–en) *cold*
erklären *to explain*
erlauben, *to permit*
erleben *to experience*
erledigen *to deal with, settle*
erreichbar *accessible, within reach*
ernten, ab/ernten *to harvest*
die Ernte (–n) *harvest*
das Ernten *harvesting*
erringen *to achieve, to win*
die Errungenschaft (–en) *achievement*
*erscheinen *to appear*
erst *only, first*
erster, erste, erstes *first*
die Erwartung (–en) *expectation*
erwidern *to reply*
erziehen *to educate,* bring up
etliche *quite a few*
etwa *approximate, about*
etwas *something*
eventuell *possibly*
ewig *eternal*

F

fabelhaft *fabulous*
das Fach (–er) *school subject*
die Fachleute (*pl.*) *experts*

die Fachhochschule (–n) *similar to*
polytechnic
der Fahnenappell *saluting the flag*
*fahren *to drive*
der Fahrer (–) *conductor, driver*
die Fahrkarte (–n) *ticket*
das Fahrzeug (–e) *vehicle*
der Fahrzeugverleih (–e) *car hire*
fallen lassen *to drop*
färben *to dye*
der Fasan (–e) *pheasant*
fast *almost, nearly*
fehlen *to be lacking, missing*
die Feier (–n) *celebration*
die Feige (–n) *fig*
das Feld (–er) *field, square*
die Ferienwohnung (–en) *holiday flat*
das Fernsehen (*no pl.*) *television*
fertigen *to make, produce*
das Fest (–e) *feast*
das Fieber (*no pl.*) *temperature, fever*
das Fingerspitzengefühl (*no pl.*) *tact*
Fisch aus/nehmen *to gut fish*
der Fischhändler, die Fischhändlerin
(–, –nen) *fishmonger*
fix und fertig *finished;* ich bin fix und
fertig (*coll.*) *I'm worn out,*
exhausted
die Fluchtversuch (–e) *escape attempt*
die Fluggesellschaft (–en) *airline*
company
*folgen *to follow*
folgendes *the following*
foltern *to torture*
fordern *to demand, challenge*
fördern *to promote, support*
die Förderung (–en) *promotion,*
support, encouragement
der Förster (–) *forestry official*
die Forstwirtschaft *forestry*
fort/fahren *to carry on, continue*
fortgeschritten *advanced*
der Fotograf, die Fotografin (–en,
–innen) *photographer*
fraglich *questionable*
das Freilichtkonzert (–e) *open-air*
concert
das Freizeitangebot (–e) *leisure time*
opportunities
die Freizügigkeit *permissiveness*

fremd *foreign, alien, strange*

das Fremdenverkehrsamt (-er) *tourist office*

die Fremdstoffe (*pl.*) *additives*

fressen *to eat* (*used of animals*)

die Freude *joy, happiness*

sich freuen auf *to look forward to*

sich freuen über *to be glad, happy about*

freundlich *friendly*

die Frische (*no pl.*) *freshness*

fruchtbar *fertile*

früh *early*

das Frühstück (*no pl.*) *breakfast*

die Führung (-en) *guided tour*

der Füllfederhalter *fountain pen*

funken *to radio, send out*

sich fürchten *to fear*

der Fuß, (-sse) *foot*

die Fußgängerzone (-n) *pedestrian precinct*

G

die Gans (-e) *goose*

sich ganz *completely, totally*

das Garn (-e) *yarn*

der Gast (-e) *guest*

der Gastarbeiter (-) *immigrant worker*

das Gästezimmer (-) *guest room*

das Gasthaus (-er) *inn*

der Gebrauch (-e) *habit; use*

Gebrauch machen (von etwas) *to make use of s.th.*

sich gedulden *to be patient*

geeignet *suitable, appropriate*

die Gefahr (-en) *danger*

gefährdet *endangered*

gefallen *to please*

es gefällt mir *I like it*

die Gegend (-en) *area, region*

gegenüber *opposite*

gehören *to belong*

(Geld) anlegen *to invest*

Geld leihen *to lend money*

die Gelegenheit (-en) *opportunity*

gelegentlich *occasionally*

gelten als *to be regarded as*

das gilt nicht *that is not valid*

die Gemeinschaft (-en) *community*

die Genehmigung (-en) *approval; authorization, licence*

geneigt *inclined, willing*

das Genick (-e) *neck*

genießen *to enjoy*

gerade *just; exactly; straight*

das Gerät (-e) *piece of equipment*

gern (e) *willingly*

das Geschöpf, (-e) *creature*

gegen *against, towards*

gegen 19 Uhr *round about 7 p.m.*

die Gesellschaft (-en) *company, society*

die Gestalt (-en) *figure* (*human*), *form, shape*

das Geständnis (-sse) *confession*

gestreift *striped*

die Gesundheit (*no pl.*) *health*

getrocknet *dried*

etw. (*dat.*) gewachsen sein *to be up to* (*good enough*)

das Gewand (-er) *garment, robe*

das Gewehr (-e) *gun, rifle*

das Gewerbe (*no pl.*) *trade, business*

das Gewicht (-e) *weight*

der Gewinn (-e) *profit*

das Gewissen (*no pl.*) *conscience*

sich gewöhnen an *to become accustomed to*

die Gewohnheit (-en) *habit*

gezähmt *tamed, domesticated*

gezwungen *persuaded, forced*

glatt *smooth*

glaubwürdig *credible*

die Gleichberechtigung (-en) *equal right*

glauben *to believe*

gleich *same*

gleichzeitig *simultaneous*

das Gleis (-e) *track, rail*

der Goldbarsch (-e) *redfish*

der Gott (-er) *god*

grausam *cruel*

die Grenze (-n) *border*

der Grenzübergang (-e) *border crossing*

großartig *splendid*

die Größe (-n) *size*

der Großteil *large part, majority*

der Grund (-e) *reason, basis;*

im Grunde genommen *basically, really*

gründen *to found*

die Grundlage (-n) *basis*

der Grundstein (-e) *foundation stone*

gucken (*coll*) *to look at*

gültig *valid*

günstig *favourable, convenient*

H

haltbar *longlasting*

halten für *to consider as*

das Handwerk (*no pl.*) *craft*

der Handel *trade*

die Handelskammer (–n) *chamber of commerce*

der Hängegleiter (–) *hang-glider*

hänseln *to tease*

häufig *regular, frequent*

die Häufigkeit (*no pl.*) *frequency*

hauptberuflich *concerning main occupation*

das Hauptfach (–̈er) *main subject*

hauptsächlich *primarily*

die Hauptstraße (–n) *high street, main road*

die Hausaufgabe (–n) *homework*

der Hauseigentümer (–) *home owner*

die Hauswirtschafterin (–nen) *home economist der Hauswirtschafter*

die Haut (–̈e) *skin*

das Heideland *heathland*

das Heilbad (–̈er) *spa*

die Heimat *home land or home town*

heiraten *to marry*

heiß *hot*

heißen *to be called*

heiter *cheerful, happy*

helfen *to help*

heraus/holen *to draw out, extract*

herrlich *wonderful*

her/stellen *to produce*

das Herz (–en) *heart*

der Herzog (–̈e) *duke*

*hin/gehen *to go to*

hinter *behind*

der Hintergrund (–̈e) *background*

hinterher *afterwards*

der Hintern (–) *backside*

der Hirschkopf (–̈e) *deer's head*

die Hochschule (–n) *college, university*

der Hof (–̈e), (St-Gotthard-Hof) *yard, court*

hohl *hollow*

höflich *polite*

holen *to fetch, send for*

der Hort (–e) *refuge, shelter*

der Hundebesitzer (–) *dog-owner*

der Husten *cough*

I

Ihnen/(*to/for*) *you*

immer *always*

die Informatik *computer studies*

der Ingenieur/die Ingenieurin (–e/ –nen) *engineer*

insbesondere *particularly, especially*

die Insel (–n) *island*

interessiert *interested*

irrsinnig *mad, crazy*

J

der Jahrgang (–̈e) *academic year*

je nachdem *depending on*

jetzt *now*

K

*kaputt/gehen *to break down, go wrong*

das Karree (–s) *square*

die Karte (–n) *card, ticket*

der Kauf (–̈e) *purchase*

in Kauf nehmen *to accept s.th.*

die Kette (–n) *chain*

kichern *to giggle*

das Kino (–s) *cinema*

es klappt (*coll*) *it's all right*

klar/machen *to make clear, explain*

die Klausur (–en) *exam*

das Klavier (–e) *piano*

der Kloß (–̈e) *dumpling*

knallrot *bright red*

knapp *scarce*

knien *to kneel*

kochen *to cook*

der Koffer (–) *suitcase*

*kommen *to come*;

es kommt darauf an *it depends*

die Konditorei (–en) *cake-shop*

können *to be able to*

kontrollieren *to control, supervise*

Kontakt pflegen *to keep in touch*

körperlich *physically*

korrekturlesen *to proofread*

der Korrespondent/die Korrespondentin (–en/ –nen) *reporter*

köstlich *delicious, tasty*
kräftig *strong*
die Krankenpflege (*no pl.*) *nursing*
die Krankenschwester (–n) *nurse*
der Kratzer (–) *scratch*
das Kreuz (–e) *cross*
kriegen (*coll*) *to get, catch*
die Krippe (–) *crèche*
es kriselt (*coll*) *there's trouble
  brewing*
der Krug (–e) *jug*
die Küche (–n) *kitchen*
der Kuchen (–) *cake*
der Küchenmeister *chef*
die Kugel (–n) *ball*
kühl *cool*
die Kühltruhe (–n) *deep freeze*
Kulissen: hinter den Kulissen
  behind the scenes
der Kunde (–n) *customer*
künstlich *artificial*
der Kunstmaler, die Kunstmalerin (–,
  –nen) *(artist)* painter
die Kur (–en) *cure*
der Kuß (–sse) *kiss*

L

lächeln *to smile*
lachen *to laugh*
der Laden (–) *shop*
die Lage (–n) *situation*
die Landebahn (–en) *runway, landing
  strip*
die Landkarte (–n) *map*
ländlich *rural*
der Landwirt (–e) *farmer*
die Landwirtschaft (*no pl.*) *agriculture*
langfristig (*in the*) *long term*
der Lastwagen (–) *lorry*
*laufen *to run; to be on* (film)
der Laufzettel (–) *docket, circular*
das Leder (*no pl.*) *leather*
die Leere (*no pl.*) *void*
die Lehre (*no pl.*) *apprenticeship*
der Lehrer, die Lehrerin (–nen) *teacher*
leicht *light*
leidenschaftlich *passionate*
leider *unfortunately*
der Leistungssport *competitive sport*
lenken *to direct, guide, steer* (car)

lesen *to read*
letzt *last*
letztendlich *at long last*
die Leute (*no sing.*) *people*
lieben *to love*
lieber *rather*
am liebsten *best*
liefern *to deliver, supply*
liegen *to lie*
locken *to lure* (animal), *tempt
  (person)*
lösen *to loosen*
eine Fahrkarte lösen *to buy a ticket*
*los/gehen *to set off*
los/kaufen von *to buy free*
*los/werden *to get rid of*
der Löß (*no pl.*) (*geology*) loess
die Luft (–e) *air*
lüften *to air*
den Hut lüften *to raise one's hat*
die Lust *inclination, pleasure, desire,
  lust*

M

machen *to make, do*
die Macht (–e) *power*
die Makrele (–n) *mackerel*
Mal: das eine Mal *once*
einmal, zweimal, usw *once, twice,
  etc.*
malerisch *picturesque*
mancher/manche/manches *many a*
manchmal *sometimes*
die Mannigfaltigkeit (*no pl.*) *diversity,
  variety*
das Mansardengeschoß (–sse) *attic
  floor*
das Märchen (–) *fairytale*
der Marmorklotz (–e) *marble
  monstrosity*
der Maßstab (–e) *scale, standard,
  yardstick*
die Mauer (–n) *wall*
meckern *to moan, bleat*
meinen *to think, be of the opinion*
melden *to report, announce*
sich melden *to get in touch*
merken *to notice, realize*
die Messe (–n) *fair; mess; mass*
messen *to measure*

die Mitfahrgelegenheit (–en) *lift (in car)*
das Mittagessen *lunch*
das Mittel (–) *means*
das Mittelmeer *Mediterranean*
   mitten (in) *in the middle of*
   mittlerweile *meanwhile*
   mögen *to like*
   möglich *possible*
die Möglichkeit (–en) *possibility*
der Monat (–e) *month*
die Mühe (–n) *effort*
   mündlich *oral*
das Muster (–) *sample, pattern*
   müssen *to have to, must*

N

   nach *after*
   nach/denken über *to think about*
die Nachfrage (*no pl.*) *demand*
der Nachhilfeunterricht (*no pl.*) *private
   coaching*
die Nachricht (–en) *message, news*
   nächst *next*
die Nähe (*no pl.*) *neighbourhood,
   proximity*
   nähen *to sew*
das Nahrungsmittel *food*
   natürlich *of course*
   neben *beside*
   nehmen *to take*
   noch *still*
   noch einmal *once again*
   nörgeln *to moan, grumble*
das Notaufnahmelager *emergency
   reception centre*
der Notdienst (–e) *emergency service*
   notwendig *necessary*
   nur *only*
die Nuß (Nüsse) *nut*

O

   oben *at the top, above*
die Oberfläche (–n) *surface*
das Obergeschoß (–sse) *top floor*
die Obhut *care, protection*
das Ödland *barren land*
   öffentlich *public*
   öfters *often, frequently*
   ohne *without*
das Opfer (–) *victim, casualty*

die Ordnung (–en) *order*
das Ortsende (–n) *end of town*
die Ortskunde *local knowledge*
die Osterglocke (–n) *daffodil*

P

die Paillette (–n) *sequin*
der Papierkorb (–̈e) *waste paper basket*
   paritätische Mitbestimmung *equal
   representation (e.g.
   employer/worker in company
   affairs)*
der Parkplatz (–̈e) *car park*
der Passant (–en) *passer-by*
   passen *to suit, fit*
die Pension (–en) *guest-house, pension*
   persönlich *personal*
die Perücke (–n) *wig*
der Pfennig (–e) *1/100 Mark*
die Pflanze (–n) *plant*
   pflegen *to foster, take care of,
   cultivate*
der Pilz (–e) *mushroom*
die Plakette (–n) *plaquette, badge*
   plaudern *to chat*
   plombieren *to plug, fill (a tooth)*
die Post (*no pl.*) *post office, mail*
   prägen *to shape, mould, coin*
die Praxis (Praxen) *practice (doctor),
   (no pl.) experience*
der Preis (–e) *price, prize, reward*
   preis/geben *to expose, to leave to
   the mercy of*
   preiswert *reasonably priced*
   pro *per*
   probieren *to try, try out, (eg food)*
die Prüfung (–en) *examination*
der Putzdienst *cleaning service*
   putzen *to clean*

Q

die Quittung (–en) *receipt*
die Quittung bezahlen *to pay the price*

R

   sich rächen an *to take revenge on*
   radeln *to cycle, bike*
der Rand (–̈er) *edge, periphery, margin*
der Randbezirk (–e) *suburb*

raten *to guess*
raten *to advise s.o.*
das Rattengift (–e) *rat poison*
rauchen *to smoke*
der Raum (–̈e) *room, space*
rechnen *to calculate*
recht teuer *quite expensive*
recht haben *to be right*
rechteckig *rectangular*
rechtzeitig *on time*
reden *to speak, talk*
die Regel (–n) *rule, principle*
regelmäßig *regularly*
die Regie haben *to direct, produce*
die Regierung (–en) *government*
die Reihenfolge (–n) *sequence, order*
rein *pure, sheer*
das Reiseangebot (–e) *travel bargain,
    special travel offer*
*reiten *to ride*
der Reiz (–e) *attraction, fascination,
    appeal*
reizen *to appeal, tempt, irritate*
der Rentner (–) *pensioner*
reservieren *to reserve*
der Rest (–e) *remains, rest, scrap*
richten *to judge, address, arrange*
die Richtung (–en) *direction*
riechen *to smell*
der Riesenerfolg (–e) *great success*
riesengroß *gigantic*
riesig *huge*
das Rindfleisch (*no pl.*) *beef*
ringsum *around*
die Röhre (–n) *tube*
die Rosine (–n) *raisin*
der Rotbarsch *rosefish*
die Roulade (–n) *meat-roll*
*rudern *to row*
ruhig *quiet*
*rutschen *to slide*

S
der Saft (–̈e) *juice*
sägen *to saw*
sagenhaft *fabulous*
sammeln *to assemble, collect*
säubern *to clean*
sauertöpfisch *peevish*
schädlich *harmful, damaging*

schaffen *to create*
der Schaffner (–) *conductor*
der Schal (–e) *scarf*
sich schämen *to be ashamed*
die Schande *scandal*
schauen *to look*
das Schaufenster (–) *shop window*
die Scheibe (–n) *windscreen, window*
*scheitern *to fail*
schenken *to give a present*
das Schicksal (–e) *fate, destiny*
das Schild (–er) *sign, shield*
der Schinken (–) *ham*
die Schlafgelegenheit (–en)
    somewhere to sleep
schlagen *to beat, hit*
schlecht *bad*
die Schleife (–n) *bow*
schleifen *to rub down, polish*
schlicht *simple*
der Schlosser (–) *locksmith*
schlucken *to swallow*
schmackhaft *tasty*
schmecken *to taste*
der Schmerz (–en) *pain*
schneidern *to tailor, cut*
der Schnupfen (*no pl.*) *cold*
die Schönheit (–en) *beauty*
der Schreibtisch (–e) *desk*
die Schreinerei (–n) *carpenter's
    workshop*
schriftlich *written*
die Schulung (–en) *training*
schützen *to protect*
die Schwäche (–n) *weakness*
der Schwager, die Schwägerin (–,
    –nen) (*brother-in-law, sister-in-
    law*)
schwanger *pregnant*
der Schweinestall (–̈e) *pig-sty*
schwierig *difficult*
der Seelachs (–e) *pollack*
die Seele (–n) *soul*
seelisch *spiritual*
sehen *to see*
die Sehenswürdigkeit (–en) *sight
    (tourist), place of interest*
die Seide (*no pl.*) *silk*
seit *since*
selbstbewußt *self-confident*

die Selbstmordrate (–n) *suicide rate*
selten *rarely, seldom*
seltsam *strange, peculiar*
senden *to send, ship, broadcast (radio)*
die Sendung (–en) *sending, shipment, programme, broadcast*
die Sicherheit *security*
der Sicherheitsdienst *security service*
die Sicht (*no pl.*) *sight, view*
siegreich *victorious*
sitzen *to sit, be sitting*
sitzen/bleiben to have a repeat year (school)
der Skat *skat (cards)*
sollen *to be supposed to*
sogenannt *so-called*
die Sonderfahrt (–en) *special trip*
die Sonderschule (–n) *special school*
die Sonderstellung (–en) *special position*
der Sonnenblumenkern (–e) *sunflower seed*
sonst *otherwise, on the contrary, or else*
sonstig *other, further*
die Sorge (–n) *worry, trouble, anxiety*
sorgen für *to care for*
sorgsam *careful*
sowieso *anyway*
Spagat machen *to do the splits*
der Spaß (–̈e) *fun, joke*
die Spätvorstellung (–en) *late-night show*
der Spaziergang (–̈e) *walk, stroll*
das Spielkreuz (–e) *wooden cross (for puppet)*
das Spielzeug (–e) *toy*
die Sprechstunde (–n) *consultation hour (doctor)*
spritzen *to splash, spray, inject*
der Spruch (–̈e) *saying*
spülen *to wash up, rinse*
staatlich *state-, by the state*
der Stammgast (–̈e) *regular guest*
der Stammkunde (–n) *regular customer*
ständig *permanent, regular, constant*
statt/finden *to take place*
aus dem Stegreif *on the spur of the moment, just like that*
stehen *to stand*

der Steinmetz (–e) *stonemason*
der Stempel (–) *rubber stamp, seal*
sterben to die
stets *constantly, always*
der Steuerberater (–) *tax consultant*
die Stimmung (–en) *mood*
der Stock (*pl.*–werke) *floor, storey*
der Stoff (–e) *material, stuff, cloth*
stören *to disturb, bother, trouble*
straff *tight*
stramm *tight; sturdy*
die Straßenbahn (–en) *tram*
der Straßenlärm (*no pl.*) *street noise*
streichen *cancel; to paint (wall)*
streng *strict, severe, rigid*
das Studentenwerk (–e) *students' union, student organization*
die Stütze (–n) *support*
suchen *to seek, look for*
der Süden *South*
süß *sweet*

T

die Tätigkeit (–en) *occupation*
der Tagesablauf (–̈e) *day, course of the day, daily routine*
tanken *to fill up (with petrol)*
der Tante-Emma-Laden (–̈) *corner shop*
tanzen *to dance*
die Tapete (–n) *wallpaper*
das Taschentuch (–̈er) *handkerchief*
die Tasse (–n) *cup*
teilen *to share, divide*
teuer *expensive*
der Tiefstwert (–e) *lowest value, standard*
der Todesstreifen (–) *death strip (along border)*
der Topf (–̈e) *pot*
das Tor (–e) *gate*
die Tracht (–en) *traditional costume*
die Träne (–e) *tear*
trauern *to mourn*
der Traum (–̈e) *dream*
das Traumbild (–er) *vision*
der Treffpunkt (–̈e) *meeting place*
treu *loyal, faithful*
trocken *dry*
trödeln *to dawdle*
der Tropfen (–) *drop*

trotzdem *nevertheless*

der Tulpenbaum (¨-e) *tulip tree,
 magnolia*

der Tummelplatz (¨-e) *hotbed*

tschüß! (*coll*) *bye bye*

U

über *over, above*

überantworten *to hand over*

der Übergang (¨-e) *crossing-point*

überhaupt *in general, on the whole*

über/laufen *to run over; boil, flow
 over* (*liquid*)

überlegen *to think about, consider,
 reflect*

die Überlieferung (–en) *tradition*

übernächtigt *exhausted by a
 sleepless night*

überraschend *surprising*

*über/siedeln *to move, remove*

übertragbar *negotiable, transmittable*

*über/wechseln *to move, go over*

überwiegend *predominant,
 prevailing*

die Überwindung (–en) *overcoming,
 surmounting*

überzeugen *to convince*

die Übung (–en) *practice; exercise*

das Ufer (–) *river bank*

um/bauen *to reconstruct, rebuild*

sich um/blicken *to look round*

sich um/drehen *to turn, turn round*

umfahren *drive round*

umfangreich *extensive, voluminous,
 wide*

umfassen *to clasp, grasp;
 comprise, include*

die Umgebung (–en) *environment,
 surroundings*

umgekehrt (*adj.*) *reversed, opposite*

umgekehrt (*adv.*) *vice versa, other
 way round*

der Umkreis (–e) *area* im
 Umkreis von *within the radius of*

sich um/schauen *to look round, back*

*um/siedeln *to move, remove*

der Umstand (¨-e) *circumstance*

*um/steigen *to change* (*train*)

der Umweltfreund (–e) *person
 interested in environment*

*um/ziehen *to move*
 (*accommodation*)

sich um/ziehen *to change clothes*

unbedingt (*adj.*) *absolute,
 unconditional*

unbedingt (*adv.*) *by all means,
 without fail*

undurchlässig *impermeable,
 impervious*

unerreichbar *unattainable,
 inaccessible*

unerträglich *unbearable*

unerwartet *unexpected*

unfreundlich *unfriendly*

ungeschoren *unmolested, left alone*

unmöglich *impossible*

die Unregelmäßigkeit (–en) *irregularity*

unsicher *insecure*

unten *underneath, below*

unter *under*

unter/bringen *to place, put*

sich unterhalten *to converse, amuse os.,
 enjoy os.*

unterhaltsam *entertaining*

die Unterhaltung (–en) *entertainment;
 conversation*

unternehmen *to undertake, do*

der Unterricht (*no pl.*) *lessons, classes*

der Unterschied (–e) *difference*

unterschreiben *to sign*

unterstützen *to support, back*

die Untersuchung (–en) *examination*

die Unterwäsche (*no pl.*) *underwear*

unterwegs *on the way*

der Urlaub (*no pl.*) *holiday(s), vacation,
 leave*

das Urteil (–e) *judgement*

V

sich verabreden *to make an
 appointment*

die Verantwortung (*no pl.*) *responsibility*

sich verändern *to change, alter, modify*

verantwortlich *responsible*

verbessern *to improve, correct*

verbieten *to forbid, prohibit*

verblüfft *amazed, baffled*

die Verdammnis (*no pl.*) *damnation*

verdienen *to earn, deserve*

vereinbaren *to arrange*

vergleichen *to compare*

das Vergnügen (*no pl.*) *pleasure, amusement, enjoyment*

vergrößern *to enlarge, increase*

das Verhältnis (–se) *relationship; proportion*

verhältnismäßig *relatively*

verhauen (*coll*) *to beat up*

die Verkaufsstelle (–n) *outlet* (*wholesale*)

der Verkehr (*no pl.*) *traffic*

verkehrsreich *busy*

die Verkehrsverbindung (–en) *connection, link* (*traffic*)

die Verkörperung (–en) *embodiment, representation*

verkraften *to cope with, take* (*stock*)

der Verlag (–e) *publishing firm*

verlangen *to demand, require*

verlassen *to leave*

*verlaufen *to go, pass, proceed, happen*

sich verlaufen *to lose one's way*

verlegen *to publish*

sich verlieben *to fall in love*

der (die) Verlobte (–n) *fiancé(e)*

der Verlust (–e) *loss*

vermarkten *to market product*

vermieten *to hire, rent, let*

der Vermieter (–) *lessor, landlord*

vermitteln *to arrange, mediate, negotiate*

die Vermittlungsgebühr (–en) *commission*

die Vermutung (–en) *supposition*

verrammelt *barricaded*

verrufen *ill-reputed, ill-famed*

sich versammeln *to congregate, assemble*

sich verschreiben *to devote o.s. to*

die Verschreibung (–en) *obligation; prescription*

*verschwinden *to disappear*

verteilen *to distribute*

verweigern *to refuse*

verwirklichen *to realize*

verzichten auf *to renounce s.th.*

verzogen sein *to have moved away*

viel, e *much, many*

die Vielfalt (*no pl.*) *variety, diversity*

das Viertel (–) *quarter; district*

der Volksmund (*no pl.*) *vernacular*

voll ausgebucht *fully booked*

das Vollkornbrot (–e) *whole meal bread*

der Voluntariatsplatz (–̈e) *place as trainee*

von *from, of*

vor *in front of, before*

die Voranmeldung (–en) *advance booking*

vorausgesetzt *provided*

*vorbei/ziehen *to pass by*

*vorbei/kommen *to drop in, pop in*

sich vor/bereiten *to prepare o.s.*

die Vorbereitung (–en) *preparation*

vor/bestellen *to order in advance*

vor/führen *to perform*

die Vorhersage (–n) *prediction, forecast* (*weather*)

vor/lesen *to read to s.o.*

vorher *beforehand*

der Vorrat (–̈e) *stock, provision*

die Voraussetzung (–en) *condition, requirement*

vornehm *smart, distinguished*

die Vorschrift (–en) *regulation, instruction*

vor/schweben *to come to mind*

vorsichtig *cautious*

sich vor/stellen *to present o.s.; fancy, imagine*

die Vorstellung (–en) *concept, idea presentation*

der Vortag (–e) *the day before*

vor/ziehen *to prefer*

W

die Wache (–n) *guard*

wählen *to choose; elect*

während *during, whilst*

wahr nehmen *to perceive*

der Wald (–̈er) *wood, forest*

die Wäsche (*no pl.*) *washing*

waschecht *colourfast*

waschen *to wash*

weg/schieben *to push away*

*weiter/gehen *to go on*

der Wehrdienst *military service*

weil *because*

das Weinfest (–e) *wine festival*

weiter *further*

der Weizen (*no pl.*) *wheat*

welche *which*

sich wenden an *to turn to, address o.s. to*

wenigstens *at least*

*werden to become
wert worth
weshalb why
das Wetter (no pl.) weather
wieder again
wiederholen to repeat
das Wiedersehen (no pl.) meeting again, comeback
die Wiedervereinigung (–en) re-unification
das Wildgehege (–) game preserve
winken to wave, make a sign
die Winzergenossenschaft (–en) winegrowers' organisation/association
winzig tiny
die Wirklichkeit (no pl.) reality
der Wirt (–e) host
die Witwe (–n) widow
der Wohnsitz (–e) home, residence
wohin where (to)
sich wohl/fühlen to feel comfortable, at ease
wohnen to live
die Wohngegend (–en) area where people live
die Wohngemeinschaft (–en) living community, commune
die Wohnküche (–n) living room with kitchenette
der Wohntrakt (–e) living section of a building
die Wohnung (–en) flat
das Wohnungsamt (–er) housing office
sich wölben to bulge
die Wolle (no pl.) wool
wollen to want
das Wörterbuch (–er) dictionary
die Wunde (–n) wound
wunderschön wonderful
der Wunsch (–e) wish

Z

zahlen to pay
die Zahnbürste (–n) tooth brush
der Zahn (–e) tooth
der Zaun (–e) fence
zeigen to show
die Zeit (–en) time
der Zeitgenosse (–n) contemporary

die Zeitung (–en) newspaper
zeitweise from time to time
das Zelt (–e) tent
zelten to camp
die Zentralheizung (–en) central heating, radiator
zerrissen torn
das Zeugnis (–se) certificate, reference
ziehen to draw
*ziehen (nach) to move (to)
ziemlich rather
das Zimmerangebot (–e) offer of a room
die Zimmervermittlung (–en) accommodation service for finding rooms
zittern to tremble,
der Zivildienst community work for draft resistors
der Zopf (–e) ponytail, plait
zu to
zuerst initially, at first
der Zufahrtsweg (–e) access road
der Zufall (–e) coincidence, chance
zufolge according to
zufrieden satisfied, content
die Zukunft (no pl.) future
zunächst first of all
zu/nehmen to increase, put on weight
zurecht/machen to prepare, get ready, dress
zurück back
*zurück/fahren to travel back
zurück/ziehen to withdraw, draw back
sich zurück/ziehen to retire
zu/sagen to promise; es sagt mir zu it appeals to me
der Zusatz (–e) addition, supplement, additive
der Zuschauer (–) spectator, member of audience
zuständig responsible, competent
*zu/ziehen nach to move to
der Zwang (–e) compulsion
zwangsläufig necessary, inevitable
der Zwangsumtausch compulsory exchange of money
zwar it's true
der Zweck (–e) purpose
zweifellos without doubt
zwischen between, among

ETWAS ZUM ZUHÖREN!

CHAPTER 3

Rita   Ist es also eine Tatsache, daß Faust hier in Staufen gelebt hat? Wie lange lebte er hier? Weiß man das?

Herr Ullmann   Man nimmt an, daß – man hat sogar Belege dafür, daß der damals hier residierende Freiherr Anton von Staufen, der oben auf der Burg hier in Staufen seinen Wohnsitz hatte, daß dieser Mann, der zweifellos in Geldnöten war, Faust als Alchemist nach Staufen kommen ließ, um ihm Gold zu machen. Aber wahrscheinlich ist bei einem Experiment, bei einem alchemistischen Experiment, eine Explosion geschehen, wobei Faust nachher seinen Tod gefunden hat, und die Volksmeinung hat daraus die Legende gebildet, daß der Teufel ihm das Genick abgebrochen hätte.

Rita   Es gibt ja auch ein Hotel in Staufen, das auch Touristen offensteht. Dort soll Faust gewohnt haben. Ist das richtig?

Herr Ullmann   Ja, da gibt es mündliche Überlieferungen, die sehr gesichert sind, daß in diesem Haus, man weiß sogar den Raum – das Zimmer Nummer fünf – daß in diesem Raum Faust ums Leben gekommen sei, und eben, wie ich vorher schon sagte, im Jahr 1539 – es könnte auch 1540 gewesen sein – wie Faust damals etwa sechzig Jahre alt war. Man hatte ihn damals schon als einen alten Mann, was man ja heute nicht mehr tun würde – als alten Mann bezeichnet, und man kennt von ihm weder schriftliche Zeugnisse, noch kennt man von ihm sein Grab, noch gibt es sonst irgendwelche Urkunden, man weiß nur genau, daß er an mehreren Plätzen, etwa sieben bis neun Plätzen in Süd- und Mitteldeutschland gelebt hat und mit berühmten Zeitgenossen zusammengekommen ist.

CHAPTER 6

Arthur   Gibt es verschiedene Melodien in diesen Achttagewerken?

Verkäufer   Ja, das kann man also ... da ist eine Musikwalze drin in den Uhren, und die spielt zwei verschiedene Melodien. Und die Musikwalzen, die sind ... kann man austauschen. Wenn Ihnen die Uhr jetzt gefällt, aber die Melodie, die die Uhr gerade spielt, nicht gefällt, dann kann man auch 'ne andere Melodie einbauen. Aber es ist begrenzt, nicht, es ist also nicht, daß Sie den neusten Schlager drin haben können, das geht also nicht.

Arthur   Also, diese hier in der Mitte, die gefällt mir recht gut mit den Vögeln rechts und links.

Verkäufer	Sie meinen die hier mit dem Hasen und Fasan und mit dem Hirschkopf oben? Das ist ein sogenanntes Jagdstück, das ist jetzt schon 'ne gehobenere Preisklasse, weil das von 'nem Familienbetrieb hergestellt wird. Und zwar ist bei der Uhr folgendes zu sehen. Die hat 'n holzgeschnitzten Kuckuck und Holztanzpaare, und die Schnitzerei oder das Holz ist handgebeizt, während man bei den anderen hier . . . die ist etwas, wird mehr von der Fabrik gemacht, die hat Plastiktanzpaare und hat 'n Plastikkuckuck, und das Holz ist gespritzt. Das sieht man also, daß das Handwerkliche die Uhr schön machen tut und dementsprechend aber auch teurer ist.
Arthur	Mir gefällt die Uhr auch sehr gut. Ist es teurer, mit 'ner anderen Melodie?
Verkäufer	Nein, ist nicht teurer mit 'ner anderen Melodie.
Arthur	Dann sollten die . . . wir die vielleicht nehmen, ja?
Rita	Ja, ich möchte sie auch nehmen.
Arthur	Ja, gut, wir nehmen die.
Verkäufer	Wir haben aber da drüben aber auch noch größere, dann eben mit Achttagegewerk und Musik also.
Rita	Nein, ich glaube, wir bleiben bei der. Ich hab' mich schon in die Uhr verliebt.

CHAPTER 9

Brigitte	Ich habe gehört, daß Sie eine komische Geschichte über einen Hut erzählen können:
Frau Loewke	Ja, das kann ich gerne tun. Diese Geschichte trug sich vor fast dreißig Jahren zu, aber noch immer durchlebe ich sie. Es war folgendes: Ich hatte gerade die Hausarbeit für mein erstes juristisches Staatsexamen fertiggestellt. Sie war von einem Schreibbüro geschrieben worden, und ich hatte sie bei mir, und wollte nun nur noch korrekturlesen. Es war der letzte Tag der Abgabe, also die Deadline, ja? Ich war völlig übernächtigt, ich hatte in den letzten zwei Nächten, glaube ich, kaum geschlafen, aber fühlte mich so glücklich, daß diese Arbeit fertig war, und ich wollte nun die Rheinstraße in Friedenau entlangschlendern und in einem Café korrekturlesen, und sie dann gleich abgeben. Die Stelle, wo ich sie abgeben mußte, war dicht dabei. Nun ja, es war ein schöner Wintertag, offensichtlich muß es wohl Winterschlußverkauf gewesen sein, vielleicht Ende Januar, und ich kam zu einem Hutgeschäft, was es damals dort gab, einem sehr eleganten Hutgeschäft. Und ich sah mir die Hüte in der Auslage an, und entdeckte gut sichtbar einen ganz schicken Samthut in ganz hellem Rot, ganz schick, gefiel mir. Ich sah auf den Preis – sechs Mark, das war also für damals sehr, sehr wenig Geld, und ich hatte wenig Geld.
	Also, ich ging rein, lief so 'n bißchen drum rum und ließ mir dann den Hut geben, probierte auch andere an, das war die Gelegenheit, ließ mir dann den Hut geben, ließ ihn mir einpacken, die Tasche mit meiner Arbeit darin hatte ich an einen Stuhl gestellt. Nun, der Hut

war eingepackt, und es kam ans Bezahlen, und ich wollte aus meiner Tasche das Portemonnaie holen, und ich guckte an die Stelle, meine Tasche war aber nicht da. Und nun stürzten die zwei Nächte ohne Schlaf, die Situation, der letzte Tag der Abgabe so auf mich ein, daß ich auf der Stelle anfing zu weinen, meine Knie zitterten, und unter der Anteilnahme der Verkäuferin mußte ich mich erst einmal hinsetzen und mich ausweinen. Aber hier ist ja eine andere Tasche, hier ist ja Ihre Tasche, oder hier ist eine Tasche, sagte eine Verkäuferin. Sie kam mit einer sehr ähnlich aussehenden braunen Aktentasche an, es war zwar nicht meine, aber ein Hoffnungsschimmer! Wir öffneten sie und stellten fest, daß sie offensichtlich einer der Angestellten einer Buchhandlung gehört hatte, die auf dem Wege zu einer großen öffentlichen Berliner Bibliothek war, und der offensichtlich auch die Hüte in der Auslage gefallen hatten, und die dort einen Hut gekauft hatte. Nun, wir rufen erst . . . riefen erst einmal in der Buchhandlung an, dort war man nicht entzückt, daß die Angestellte sich in einem Hutladen befunden hatte, und dann riefen wir schließlich bei der Bibliothek an, und dort hatte die Dame inzwischen auch festgestellt, daß sie meine Tasche gegriffen hatte. Sie kam zurück und wir tauschten die Taschen aus. Es ging alles noch gut aus, aber das Kniezittern, das werd ich nie vergessen, und den richtigen Spaß hat's mir in der Konditorei beim Korrekturlesen so auch nicht mehr gemacht.

CHAPTER 12

Matthias	Warum bist du nach Berlin gekommen?
Edna	Weil ich Berlin sehr interessant finde. Ich war hier das erste Mal, als ich sechzehn Jahre alt war. Und ich hab' mir überlegt: ich möcht' nicht in Hannover bleiben, ich möcht' in Berlin studieren, weil mir Berlin sehr viel andere Möglichkeiten und Perspektiven bietet, die ich in Hannover nich' habe, kulturell. Von dem was es hier gibt, was man hier machen kann, wenn man will – ich find' das sehr multinational.
Matthias	Was machst du denn hier besonders gerne?
Edna	Oh, ich geh' gern ins Kino und gern ins Theater.
Matthias	Meinst du, daß du lange in Berlin bleiben wirst?
Edna	Nein! Also ich glaube, daß ich so lange bleiben werde, bis mein Studium zu Ende is', und dann möcht' ich nach London geh'n.
Matthias	Wann wird denn dein Studium zu Ende sein?
Edna	Wahrscheinlich in drei Jahren.
Matthias	Was studierst du überhaupt?
Edna	Ich studiere Deutsch, Jura und Philosophie.
Matthias	Und warum willst du ausgerechnet nach England gehen?
Edna	Hm, weil ich das Land sehr gern mag und die Sprache und die Leute.
Matthias	Willst du dort arbeiten oder weiter studieren?
Edna	Ich möchte erst mal in einem Jahr dahingehen als sozusagen ,,Lehrer für Deutsch'' für ein Jahr. Und nach 'm Studium möcht' ich da gern arbeiten, wenn's möglich ist.

Matthias	Hast du da schon irgendwelche Kontakte?
Edna	Ja! Ich kenn' da sehr viele Leute eigentlich.
Matthias	Und wie lange möchtest du dort bleiben?
Edna	Das weiß ich noch nich'.

CHAPTER 15

Brigitte West-Berlin hat einen politischen Sonderstatus. Kannst du beschreiben, inwiefern sich West-Berlin von einem anderen Bundesland unterscheidet?

Herr Krämer Ich möchte es machen wie immer: erstmal zu erzählen, wieso. Das ganze geht zurück auf das Treffen der Amerikaner, der Briten und der Sowjets im September '44 in London. Damals, noch während des Krieges, im Herbst '44, hatten die Alliierten Deutschland aufgeteilt in die Zonen, und die Hauptstadt von Deutschland genommen, die nochmal extra aufgeteilt in die Sektoren, und hatten gesagt, daß die Sektoren nicht zu den Zonen gehören. Das heißt eben letztendlich dann: die West-Sektoren von Berlin sind kein Bestandteil, kein konstitutiver Bestandteil der Bundesrepublik Deutschland. Das heißt: West-Berlin kann nicht, darf nicht von Bonn regiert werden. Was allerdings möglich ist: West-Berlin wird im Ausland vertreten durch den Bundesaußenminister. Aber ansonsten ist es ein eigenes Land. Das heißt, der Punkt ist jetzt der: West-Berliner und westdeutsches Handeln und Wollen ist das: möglichst die Einheit zwischen West-Berlin und Bundesgebiet zu zeigen, zu dokumentieren. Das heißt: jedes Gesetz, was in Bonn, im Parlament der Bundesrepublik Deutschland verabschiedet wird, wird verabschiedet mit einem Zusatz, der da heißt: „Dieses Gesetz gilt nach dem Dritten Überleitungsgesetz vom Januar '52 auch in Berlin." Das ist dann ganz witzig, da wird in Bonn ein Gesetz gemacht über die Rheinschiffahrt, und drunter steht, daß dieses Gesetz auch in Berlin gilt. Bißchen albern, aber es ist so! Dann muß dieses Gesetz allerdings nochmal hier im West-Berliner Abgeordnetenhaus verabschiedet werden. Das ist also ein Extragang, ist inzwischen – oder eigentlich schon immer gewesen – im Grunde genommen eine reine Proformageschichte, Da wird eben zugestimmt. Und dann gilt das Gesetz immer noch nicht, weil – und dann kommt das Wichtigste – die drei Alliierten, die Amerikaner, die Briten, die Franzosen jedes Gesetz nachkontrollieren, bei jedem Gesetz nachgucken, ob es auch nach der Gesetzeslage, nach den Anordnungen der Alliierten zu akzeptieren ist. Das heißt, in Praxis, wenn die Alliierten dreißig Tage nichts sagen, dann gilt es. Aber jedes Gesetz kann von den Alliierten verboten werden.

STRONG VERBS

This list contains most of the strong verbs appearing in DEUTSCH EXPRESS!

Compound verbs are usually not included, as their parts are the same as those of the simple verb. e.g:

*steigen steigt stieg gestiegen
*ein/steigen, steigt ... ein, stieg ... ein, eingestiegen

*kommen kommt kam gekommen
bekommen bekommt bekam bekommen

Notice however that it doesn't necessarily follow that if the simple verb takes *sein*, then the compound verb does too:

*steigen and *ein/steigen both take sein
*kommen takes sein
bekommen takes haben.

A few inseparable verbs are included, where there is no simple form of the verb e.g. *beginnen*, or where the simple form of the verb does not occur in the text e.g. *überwinden*.

Infinitive	Present Indicative 3rd person	Imperfect Indicative 3rd person	Past Participle
backen	bäckt	buk/backte	gebacken
beginnen	beginnt	begann	begonnen
bewegen	bewegt	bewog	bewogen
biegen	biegt	bog	gebogen
bieten	bietet	bot	geboten
binden	bindet	band	gebunden
bitten	bittet	bat	gebeten
*bleiben	bleibt	blieb	geblieben
braten	brät	briet	gebraten
brechen	bricht	brach	gebrochen
bringen	bringt	brachte	gebracht
denken	denkt	dachte	gedacht
dringen	dringt	drang	gedrungen
dürfen	darf	durfte	gedurft
empfehlen	empfiehlt	empfahl	empfohlen
essen	ißt	aß	gegessen
*fahren	fährt	fuhr	gefahren
*fallen	fällt	fiel	gefallen
fangen	fängt	fing	gefangen
finden	findet	fand	gefunden
*fliegen	fliegt	flog	geflogen
fressen	frißt	fraß	gefressen

gebären	gebärt	gebar	geboren
geben	gibt	gab	gegeben
gefallen	gefällt	gefiel	gefallen
*gehen	geht	ging	gegangen
gelten	gilt	galt	gegolten
genießen	genießt	genoß	genossen
gewinnen	gewinnt	gewann	gewonnen
gleichen	gleicht	glich	geglichen
greifen	greift	griff	gegriffen
haben	hat	hatte	gehabt
halten	hält	hielt	gehalten
heißen	heißt	hieß	geheißen
helfen	hilft	half	geholfen
kennen	kennt	kannte	gekannt
*kommen	kommt	kam	gekommen
können	kann	konnte	gekonnt
laden	lädt	lud	geladen
lassen	läßt	ließ	gelassen
*laufen	läuft	lief	gelaufen
leihen	leiht	lieh	geliehen
lesen	liest	las	gelesen
liegen	liegt	lag	gelegen
messen	mißt	maß	gemessen
mögen	mag	mochte	gemocht
müssen	muß	mußte	gemußt
nehmen	nimmt	nahm	genommen
nennen	nennt	nannte	genannt
raten	rät	riet	geraten
*reiten	reitet	ritt	geritten
riechen	riecht	roch	gerochen
ringen	ringt	rang	gerungen
rufen	ruft	rief	gerufen
schaffen	schafft	schuf	geschaffen
scheinen	scheint	schien	geschienen
schieben	schiebt	schob	geschoben
schießen	schießt	schoß	geschossen
schlafen	schläft	schlief	geschlafen
schlagen	schlägt	schlug	geschlagen
schleifen	schleift	schliff	geschliffen
schließen	schließt	schloß	geschlossen
schneiden	schneidet	schnitt	geschnitten
schreiben	schreibt	schrieb	geschrieben
schweigen	schweigt	schwieg	geschwiegen
*schwimmen	schwimmt	schwamm	geschwommen
sehen	sieht	sah	gesehen
*sein	ist	war	gewesen
sitzen	sitzt	saß	gesessen
sollen	soll	sollte	gesollt
sprechen	spricht	sprach	gesprochen
stehen	steht	stand	gestanden

*steigen	steigt	stieg	gestiegen
*sterben	stirbt	starb	gestorben
stoßen	stößt	stieß	gestoßen
streichen	streicht	strich	gestrichen
tragen	trägt	trug	getragen
treffen	trifft	traf	getroffen
treiben	treibt	trieb	getrieben
*treten	tritt	trat	getreten
trinken	trinkt	trank	getrunken
tun	tut	tat	getan
überwinden	überwindet	überwand	überwunden
vergessen	vergißt	vergaß	vergessen
verlieren	verliert	verlor	verloren
wachsen	wächst	wuchs	gewachsen
waschen	wäscht	wusch	gewaschen
*werden	wird	wurde	geworden
wiegen	wiegt	wog	gewogen
wissen	weiß	wußte	gewußt
wollen	will	wollte	gewollt
ziehen	zieht	zog	gezogen
zwingen	zwingt	zwang	gezwungen

INDEX ██ GERMAN LIFE

Picture Credits *Acknowledgement is due to the following for permission to reproduce photographs:*

ALLGEMEINER DEUTSCHER NACHRICHTENDIENST pages 257, 261; BARNABY'S PICTURE LIBRARY pages 21, 92; BAVARIA-VERLAG/K. W. GRÜBER page 69, BAVARIA-VERLAG/DR. REINBACHER page 74; CIRCUS KRONE page 157; GERMAN NATIONAL TOURIST OFFICE page 172; GERHARD HUML pages 39, 95; LANDESBILDSTELLE BADEN page 9; LANDESBILDSTELLE BERLIN pages 166, 200, 220, 233; WILHELM PABST pages 129, 139; DIETER RAINER pages 45, 50, 55, 59, 62, 94, 152; ANDREAS SCHMIDT pages 6 (bottom left and right), 171, 175, 184, 189, 190, 204, 217, 232, 256; SPECTRUM/G. R. RICHARDSON page 234; VERKEHRSAMT DER STADT FREIBURG pages 30, 31, 108, 113; ZEFA/KAPPELMEYER page 235, ZEFA/E. VETTER page 270.

Text extracts Reprinted in Chapter 11
Extracts from Kurt Tucholsky's 'Gesammelte Werke'
Kurt Tucholsky "Berliner auf Reisen"
Band II/Page 326 "Berlin Berlin"
From Kurt Tucholsky "Collected Works"
Copyright © 1960 by Rowholt Verlag GMbH

Extract 'This Faust Business'
From Faust's Tod in Staufen
by permission of copyright holder Leif Geiges.

Four Extracts reprinted in Chapters 1, 5 and 6 from Westermann and Deutsch Texte Deutsch 4
Copyright Georg Westermann Verlag.